U0139056

公法系列

法院組織法
—建構與實證

| 增訂五版 |

史慶璞 著

五南圖書出版公司 印行

序

　　法院爲司法制度之核心，亦爲實踐現代立憲主義國家司法獨立價值之樞紐。我國法院歷經清末維新、民初割據、抗日戰事、國土分治等非常時期，除基本建設始終處於風雨飄搖、勤儉節約之難堪窘境以外，有關司法史料及裁判書類等文件亦多所亡佚、不復查考，致使於寶島台灣重建司法之工作益加困難。所幸近半世紀以來，深耕台灣願景已形成共識，各項司法建設均不遺餘力，次第展開，除在硬體建設上完成充分適當足供人民鄰近使用之各層級及各種類之法院以外，且在軟體建設上加強法官、檢察官及所有司法人員專業及操守品質之提升，使人民仰賴司法，肯定司法，進而企盼司法能以其公信力及獨立性挺身監督政府，爲人民出口氣。由是，法院已不再是一個距離人民遙遠之冰冷衙門，而是一年三百六十五天不分晝夜、二十四小時對外營業、伸張公平正義之國營連鎖服務網。

　　我國司法是一個動態之概念，不論在過去之二十年、當下，甚或未來之十年，均面臨重大之變革，法律專業人員尚已頗感目不暇給，更何況一般民眾。本書之目的，乃在闡述我國司法制度及法院組織之理念及概況，俾便廣大讀者瞭解法院、研讀法院，進而勇於打開鄰家法院之大門，與法院做朋友。同時，由於法院組織法近年來有經法律專業學系及國家考試機關列爲講授課程及應考科目之情形，本書應可在此提供莘莘學子及有志考生若干助益。如有不足，尚祈各方先進賢達不吝賜正。

史慶璞 謹上
2021.02

目 錄 | CONTENTS

第一章 | 司法制度

第一節　司法制度之概念

第一項　司法制度之意義

司法制度者，行使國家司法權作用之法律制度也。概言之，司法制度乃係依據憲法及有關法律，就其組織、編制和職掌作成體系和運作之分工，以期有效推動司法，進而遂行國家統治權在司法部門所分立行使之司法權。是以，司法制度不僅靜態地體現國家在司法上之法律制度，同時亦動態地實踐國家在憲法上所賦予之司法權。至於實施國家司法權之主體，是爲司法機關；而司法機關之主體，則爲司法人員。前者爲司法制度運轉的樞紐；後者則爲司法制度運作的靈魂，二者缺一不可。

第二項　司法之意義

「司法」一詞之涵義，於概念上原屬一多義之法律用語，但究爲一相對於立法和行政之觀念。若依我國五權憲制之精神，「司法」一詞更與考試和監察有別。近代立法、行政與司法之劃分，始於法儒孟德斯鳩（C.L. de S. Montesquieu, 1689-1755）。渠以爲有權者必然濫用權力，造成專制局面，人民之自由必受侵害。故爲防止專制，保護人民自由，國家之權力作用須劃分爲立法、行政與司法三種，並由不同機關依制衡原理分別行使之。蓋司法若與立法結合，則法官兼任立法者，人民之生命、自由和財產，終將爲武斷之法律所蹂躪；而司法若與行政結合，則法官兼任行政官，人民之生命、自由和財產，亦不免遭受專制政府之侵害。故惟有實施三權分立，使立法者不能兼掌行政，行政官不能兼掌司法，方能保障人民之基本權利。孟氏理論契合當時社會之需要，且與風行一時之個人主義思想和自由主義思想互相呼應，影響日後民主法治之發展至深且鉅。

依據司法院釋字第392號解釋理由書之意旨，「司法」之意義有實質、形式，以及狹義、廣義之分。所謂實質意義之司法，乃指國家基於法律，對於爭訟之具體事實所爲之宣示（即裁判），以及輔助裁判權行使之作用（即司法行政）而言；形式意義之司法，則是泛指法律上納入司法權限以推動之一切作用而言，例如現行制度中之「公證」事務，其性質原非屬於司法之範疇，但仍將之歸於司法予以推動，即其一例。而所謂狹義之司法，或稱固有意義之司法，在傳統上原僅限於民刑事裁判之國家作用而言。而推動此項作用之權能，一般稱之爲司法權或審判權，又因其係專指民刑事之裁判權限，故亦有稱之爲裁判權者。惟依我國目前之憲政制度，行政訴訟、公務員懲戒、司法解釋與憲法法庭有關總統、副總統之彈劾及政黨違憲之解散等事件之審理，因其同屬「國家裁判性」作用之一部分，故亦應歸屬於狹義司法之意涵，爲憲法意義之司法。申言之，凡具有司法權獨立涵義之國家作用，均屬憲法意義之司法。從而，憲法第七章所規定之司法院地位、職權，亦即憲法第77條所稱司法院爲國家最高「司法機關」、第78條賦予司法院解釋憲法及統一解釋法律命令之司法解釋權，以及憲法增修條文第5條第4項賦予憲法法庭審理立法院所聲請總統、副總統之彈劾案及審議政黨違憲之解散事項等，均屬狹義司法之範疇；至於爲達成狹義司法之目的所進行之具有司法性質之國家作用，則爲廣義司法之內涵，例如前述之公證、非訟事件、各種司法行政事務，以及檢察官之偵查起訴等，均屬廣義司法之範疇。

茲應注意者，固有意義之司法雖已涵蓋國家司法權作用之重心，然究與我國憲法之規定有所不符；而廣義之司法又往往忽略司法爲審斷爭訟及定紛止爭之行爲之本質，其亦與權力分立理論（Doctrine of Separation of Powers）之精神有所扞格。是故，憲法意義之司法，似乎較能契合我國國民及憲政發展對於司法權之詮釋與期待。

第三項　司法權之範圍

司法權爲國家主權及統治權作用之一部分，依據孫中山先生創立五

權憲制之精神，中央政府應設置司法院行使國家之司法權，以與其他立法、行政、考試與監察四院，處於平等相維之地位，藉收分立制衡之實效。民國25年國民政府擬訂五五憲法草案，即係完全遵照孫先生之遺教而完成，於該草案第76條中曾明定：「司法院為中央政府行使司法權之最高機關，掌理民事、刑事、行政訴訟之審判及司法行政。」依此規定，五五憲草中之司法權，係指司法審判權與司法行政權而言，蓋司法行政如脫離司法權，納入普通行政權行使之範圍，則行政機關不免運用其行政監督之職權，恣意影響司法審判權之獨立與自主。是故，欲冀求國家主權作用符合權力分立之基本精神，並使司法權徹底獨立，不受國家行政權之任何干涉，非將司法行政納入司法權，恐不克達成目的。是以，法儒孟德斯鳩所主張司法權應僅指「處罰犯罪、審斷個人間爭訟」之審判權之論點，並不為孫先生遺教暨五五憲草所採納。

　　一般而言，所謂司法權，乃係指代表國家依據法律以裁判爭訟之權力。司法權為司法部門、或法院所得行使之權力，舉凡解釋法令、適用法令，以及審理訴訟、裁判案件等職權，均屬法院最重要之權力內容。此外，為彌補憲法更動不易，無法有效因應時代脈動與需求之缺憾，許多國家更賦予其司法部門或法院解釋憲法之權力。我國憲法第77條規定：「司法院為國家最高司法機關，掌理民事、刑事、行政訴訟之審判，及公務員之懲戒。」同法第78條復規定：「司法院解釋憲法，並有統一解釋法律及命令之權。」依上述之規定，我國之司法院為行使司法權之最高機關，享有對於民事、刑事和行政訴訟案件之審判權，對於公務員之懲戒權，對於憲法疑義事項之憲法解釋權，對於一般法律、命令之統一解釋權，以及依五權憲制精神賦予司法部門之司法行政權等五項權力。再依憲法增修條文第5條第4項所明定：「司法院大法官，除依憲法第七十八條之規定外，並組成憲法法庭審理總統、副總統之彈劾及政黨違憲之解散事項。」之規定可知，我國現行司法權之範圍，除憲法本文所賦予之審判權、懲戒權、釋憲權、統一解釋權與司法行政權以外，尚應包括憲法增修條文所賦予之總統、副總統彈劾權及違憲政黨解散權等。此一範圍，不僅與傳統司法權僅指對於具體爭訟個案進行裁判者明顯有別，且較孫中山先生創立中華民國

遺教暨五五憲草所設計之司法權範疇更為擴大，係為我國司法制度傾向大陸法系行政國家體制色彩之表徵。

依據憲法之規定，司法權應由司法院及其所轄屬各級司法機關或法院獨立行使之。此為原則，惟仍有以下之限制，茲分述之：

一、依據軍事審判法第1條及陸海空軍刑法第1條之規定，現役軍人戰時犯陸海空軍刑法或其特別法之罪，依軍事審判法追訴、處罰。司法院釋字第436號解釋表示，軍事審判雖係基於國家安全與軍事需要所建制之特別訴訟程序，嚴格言之非屬獨立涵義司法權作用之一部分，但軍事審判機關所行使者仍屬國家刑罰權之一種，其發動與運作必須符合憲法正當法律程序之最低要求，包括獨立、公正之審判機關與公平、合理之審理程序等。

二、依據憲法第40條之規定，總統有行使大赦、特赦、減刑及復權等之赦免權。赦免法第2條至第5條規定，受罪刑宣告之人經大赦者，已受罪刑之宣告其宣告為無效，未受罪刑之宣告其追訴權消滅；經特赦者，免除其刑之執行，其情節特殊者，得以其罪刑之宣告為無效；經減刑者，減輕其所宣告之刑。受褫奪公權宣告之人經復權者，回復其所褫奪之公權。凡此，均足以使得司法權之效力歸於無效、消滅或限縮。

惟為維持法律秩序之安定及依法執行而生之既成效果，司法院釋字第283號解釋表示，總統依憲法第40條及赦免法第3條後段規定所為罪刑宣告無效之特赦，對於已執行之刑，不生溯及既往之效力。其經宣告褫奪公權者，自赦免令生效之日起，回復其公權。

三、依據憲法第52條之規定，總統除犯內亂或外患罪外，非經罷免或解職，不受刑事上之訴究。司法院釋字第388號解釋表示，憲法第52條規定係基於總統為國家元首，對內肩負統率全國陸海空軍等重要職責，對外代表國家之特殊身分所為之尊崇與保障。依此，對於現任總統犯內亂罪或外患罪以外之罪名，除為保全證據所必要者外，法院不僅不得實施審判，為達成司法審判目的所行使具有司法性質之國家作用，類如檢察機關之偵查起訴或警察機關之逮捕拘禁等，均不得開始進行。

司法院釋字第627號解釋進一步表示，總統之刑事豁免權，不及於因

他人刑事案件而對總統所為之證據調查與證據保全。惟如因而發現總統有犯罪嫌疑者，雖不得開始以總統為犯罪嫌疑人或被告之偵查程序，但得為必要之證據保全，即基於憲法第52條對總統特殊身分尊崇及對其行使職權保障之意旨，上開因不屬於總統刑事豁免權範圍所得進行之措施及保全證據之處分，均不得限制總統之人身自由，例如拘提或對其身體之搜索、勘驗與鑑定等，亦不得妨礙總統職權之正常行使。

惟此項總統刑事豁免特權並非全無限制，司法院釋字第388號解釋理由書並表示，如總統所犯為內亂或外患罪，仍須受刑事上之訴究；如所犯為內亂或外患罪以外之罪，僅發生暫時不能為刑事上訴追之問題，並非完全不適用刑法或相關法律之刑罰規定，故為一種暫時性之程序障礙，而非總統就其犯罪行為享有實體之免責權。是憲法第52條規定「不受刑事上之訴究」，係指刑事偵查及審判機關，於總統任職期間，就總統涉犯內亂或外患罪以外之罪者，暫時不得以總統為犯罪嫌疑人或被告而進行偵查、起訴與審判程序而言。但對總統身分之尊崇與職權之行使無直接關涉之措施，或對犯罪現場之即時勘察，不在此限。

四、依據憲法增修條文第4條第8項前段之規定：「立法委員除現行犯外，在會期中，非經立法院許可，不得逮捕或拘禁。」逮捕拘禁本係為遂行司法目的所進行之具有司法性質之國家作用，其既屬司法行政權之範疇，故為國家司法權之一環，本無疑問。但為保障國會議員於任期中參與會期之身體自由，憲法明定立法委員現行犯外之免於逮捕拘禁特權，亦屬限制司法權行使之特別事項。

免於逮捕拘禁特權於美國憲法中，僅及於國會議員免於民事執行事件之拘提或限制住居等部分，至於刑事案件之逮捕拘禁部分，國會議員則不受前項特權之保障。是以，國會議員於會期中因任何犯罪被定罪，無論其為重罪或輕罪，司法機關均得依法予以逮捕或拘禁，尚無憲法免於逮捕拘禁特權之適用，故其限制司法權行使之效果可謂微乎其微。

至於監察委員本亦受到憲法第102條免於逮捕拘禁特權之保障，但因憲法增修條文第7條第2項規定，「監察委員二十九人，並以其中一人為院長、一人為副院長，任期六年，由總統提名，經立法院同意任命之」，使

得監察委員失去中央民意代表之身分。依據司法院釋字第325號解釋之意旨，於憲法增修條文第7條規定施行後，監察院已非中央民意機構，其地位與職權亦有所變更，同院釋字第76號解釋認為，監察院與其他中央民意機構共同相當於民主國家之國會自不再適用。茲此，監察委員已無再受憲法免於逮捕拘禁特權保障之必要，憲法增修條文第7條第6項因而規定：「憲法第一百零一條及第一百零二條之規定，停止適用。」

　　五、依據國際法及國際上有關慣例、條約或國家與國家間之雙邊及多方協議等，對於享有治外法權之人，原則上得不受駐在國司法權之支配。例如維也納外交關係公約及維也納領事關係公約有關外交人員對於接受國刑事、民事和行政訴訟管轄權之豁免規定者即是。

　　由於我國係採行均權制度之單一主權國家，依據憲法第107條第4款之規定，司法制度由中央立法並執行之。因之，我國司法權應統轄於中央政府，為專屬於中央之職權，尚無二元主權國家所面臨中央與地方司法權限劃分之問題，在此一併說明。

第四項　司法機關

　　司法機關係國家司法權運作之主體，亦為司法制度重要之組成部分。司法機關得分為廣、狹二義。狹義之司法機關，應係專指憲法第77條所規定之司法機關而言，包括掌理民事、刑事、行政訴訟案件之審判機關，以及辦理公務員違法、怠於執行職務或其他失職行為懲戒案件之審理機關等。至於司法院為國家最高司法機關，設大法官若干人組成憲法法庭解釋憲法或統一解釋法律及命令，審理總統、副總統之彈劾、政黨違憲之解散、機關爭議或地方自治保障等案件。司法院院長除綜理院務外，並得行使對於所屬司法機關之行政監督之權。故司法院亦為狹義之司法機關，應無疑義。

　　廣義之司法機關，則係指除前述司法院以下各級司法機關或法院以外，尚包括行使國家檢察權之檢察機關在內。蓋檢察機關代表國家從事對於犯罪之偵查、訴追與刑罰之執行等職權，其目的乃在達成刑事司法上之任務。由於此類具有司法性質之國家作用亦屬廣義司法之範疇，故而遂行

上述司法行政權之檢察機關縱非憲法第77條所指稱之司法機關，但就現行法律地位及所行使之司法職能而言，其納入廣義司法機關涵義之內，應屬可行。

事實上，檢察機關為廣義司法機關之見解早已為我國司法實務界所肯認，司法院釋字第13號、第325號，以及第384號解釋，均間接或直接地肯定檢察機關應歸屬為司法機關之論點。從而，以較廣義之層面切入探討司法機關之定位與範圍，似較符合我國憲政體制運作之實踐情形。惟應注意者，司法院釋字第392號解釋雖肯定憲法第8條第1項前段所指稱之司法機關應包括檢察機關在內，但為符合憲法保障人身自由之精神且與先進民主憲政國家保障人身自由之制度相契合，該解釋仍明確否定檢察機關在憲法上擁有「審問處罰」之權限，故與審判機關或法院之地位顯有區別。由是，實任檢察官雖得依據司法院釋字第13號解釋比照實任法官之規定享受身分或職務之保障，但仍不能改變檢察署在憲法上屬於司法行政機關之基本地位。

關於我國司法機關之組織及職權，除依據憲法相關規定以外，並分別規定於司法院組織法、憲法訴訟法、法院組織法、少年及家事法院組織法、行政法院組織法、智慧財產及商業法院組織法及懲戒法院組織法之中，茲分別說明如下：

第一款　司法院

我國憲法係採行五權分立之憲政體制，中央政府分設行政院、立法院、司法院、考試院與監察院等五院，以平等相維之精神，分別行使政府之五種治權。此種憲政體制與歐美民主國家憲政體制不盡相同，而司法權之行使更與其他國家大異其趣。司法院為國家最高司法機關，但有關民事、刑事和行政訴訟案件之審判，公務員懲戒案件之審理，以及憲法、法律和命令解釋案件之審理等，因受大陸法系國家司法二元化或多軌化體系之影響，乃分別由分設之最高法院及其以下各級法院或分院、最高行政法院及其以下高等行政法院、懲戒法院等司法機關，以及大法官若干人組成憲法法庭，以專業分工、層級負責之職能及超出黨派以外獨立行使職權之

立場，分別掌理上述之各種司法權。

惟依現行憲制，司法院除審理憲法所定解釋憲法、統一解釋法令案件，並由大法官組成憲法法庭審理總統、副總統彈劾及政黨違憲解散案件，惟司法院本身僅具最高司法行政機關之框架與定位，關於民事、刑事和行政訴訟，以及公務員懲戒案件之最終裁決，則委由最高法院、最高行政法院及懲戒法院等轄屬機關分別掌理，致使最高司法審判機關與最高司法行政機關分離。如此沿襲訓政時期司法舊制之結果，是否盡符制憲時之本旨，則不無疑義。基於民國25年國民政府擬訂五五憲法草案第76條有關「司法院為中央政府行使司法權之最高機關，掌理民事、刑事、行政訴訟之審判及司法行政」之文字，以及參酌民國36年行憲前後國民政府所公布未及施行之司法院組織法第4條第1項有關「司法院分設民事庭、刑事庭、行政裁判庭及懲戒法院」之內容，司法院釋字第530號解釋乃宣示，「為期符合司法院為最高審判機關之制憲本旨，司法院組織法、法院組織法、行政法院組織法及懲戒法院組織法應自解釋公布之日起二年內檢討修正，以副憲政體制」。本解釋所定調之司法院審判機關化或司法院法院化之方向，對於目前司法改革進程，具有指標性之意義。

事實言之，司法院審判機關化或法院化之結論，早於民國88年在全國司法改革會議之決議中即已形成共識，且自該會議圓滿結束以後，司法院即刻就會議所定程序計畫，分別依準備、近程及遠程等三階段，將司法院定位由一元多軌制朝向一元單軌制之方向逐步修正之，原定應於民國100年以前完成建置。參照司法院一元多軌制近程目標之規劃，司法院應裁併最高法院、最高行政法院及懲戒法院，以期在形成上符合司法院為最高司法審判機關之制憲本旨，並於院內分設各庭，分別行使解釋權與審判權；大法官組成憲法法庭，合議審理解釋憲法、統一解釋法律及命令、總統、副總統彈劾案及政黨違憲解散案件；司法院另設民事訴訟庭、刑事訴訟庭、行政訴訟及懲戒庭，分別審判民事、刑事、行政訴訟及公務員懲戒等案件，以法官五人合議行使之。如遇各該庭間法律見解發生歧異時，應以各該庭聯合法庭之方式統一各庭之法律見解。當時司法院所擬定送請立法院審議之司法院組織法修正草案，對於上述一元多軌制修正藍圖著墨甚

多，且於近年來已逐漸受到朝野各界之推崇。惟爲貫徹五五憲草司法院就是最高法院之制憲原意，改革司法院定位之終極目標，不應僅將司法院由訓政時期之二元化或多軌化舊制在體系上及形式上改併爲五五憲草之一元化新制，亦即將司法院單一最高法院化而已；同時在實質上爲落實司法院就是國家最高司法審判機關之制憲本旨，於司法院近程目標中原本規劃應由憲法法庭及民事、刑事、行政訴訟及公務員懲戒庭分別審理之解釋權與審判權亦應合一行使之，始屬正辦。是以，參照司法院一元單軌制遠程目標之規劃，司法院置大法官十三人至十五人，掌理憲法解釋、民事、刑事、行政訴訟審判、公務員懲戒及審理總統、副總統之彈劾及政黨違憲之解散等事項。各庭裁撤，上述事項均由司法院大法官辦理之。若此，司法院不僅將保留目前國家最高司法行政機關之性質，同時更具名符其實國家最高司法審判機關之定位，一個符合民眾期待，可使近用司法者一目瞭然且簡捷便利之科層化堅實金字塔型訴訟架構亦可同時圓滿建構。

　　依據憲法增修條文第5條第1項前段之規定，司法院院長由總統提名，經立法院同意任命之，並任大法官。院長綜理院務及監督所屬機關（司法院組織法第7條第1項），但對於轄屬司法機關所獨立行使之職權，則不得任意干涉之。是以，司法院雖僅具單純行政機關之性質，但其在憲法上卻擁有最高司法行政機關之尊崇地位。由於其所轄屬各司法機關在憲政體制及權力分立運作上仍屬司法權作用之一部分，故司法院所屬各司法機關所行使之職權，在憲法上仍應歸屬爲司法院之職權。

　　司法院院長除可以最高司法行政首長之身分召開司法院會議，集思廣益研商院內重要事項以外，並應主持大法官會議（司法院會議規則第3條前段）。同時，在總統、副總統就職宣誓時，司法院院長應爲總統、副總統就職宣誓時之監誓人（總統副總統宣誓條例第4條）。司法院院長因故不能視事時，由副院長代理其職務（司法院組織法第7條第2項）。司法院院長不能主持大法官會議時，以副院長爲主席（司法院會議規則第3條後段、司法院大法官審理案件法第16條第1項參照）。

　　司法院設各種幕僚機構，執行司法院之司法行政業務。各國司法制度不同，司法行政業務有歸屬於行政機關者，亦有歸屬於司法機關者。我

國司法行政業務分屬於司法院及法務部。依據司法院組織法之規定,司法院設秘書處、憲法法庭書記處、民事廳、刑事廳、行政訴訟及懲戒廳、少年及家事廳、司法行政廳、資訊處、公共關係處、人事處、會計處、統計處、政風處及法官學院,以及得因業務需要,於院內設各種委員會等,分別掌理所屬有關之司法行政業務(司法院組織法第9條、第15條、第18條、第19條)。

司法院院長所行使司法行政監督權和司法院各種幕僚機構所執行之司法行政業務權等職權,雖均屬司法行政權行使之性質,但究其本質仍屬行政權之類型,故有關司法裁判權獨立行使之原則,在此即無適用之餘地。其應與一般行政機關行政權之運作相同,以階層設計與命令服從關係為職務行使及執行之特色。惟應注意者,司法行政權之行使,均不得影響法官審判之獨立,自不待言。

第二款　大法官

憲法第79條第2項前段規定,司法院設大法官若干人,掌理本憲法第78條所規定之事項。憲法增修條文第5條第1項前段並規定,司法院設大法官十五人,經立法院同意任命之。司法院大法官依法成立憲法法庭行使職權,審理下列案件:一、法規範憲法審查及裁判憲法審查案件;二、機關爭議案件;三、總統、副總統彈劾案件;四、政黨違憲解散案件;五、地方自治保障案件;六、統一解釋法律及命令案件。憲法法庭審理案件,以並任司法院院長之大法官擔任審判長。憲法法庭審理規則,由司法院定之。前項規則,由全體大法官議決之(司法院組織法第3條、憲法訴訟法第1條第1項、第2條前段、第4條)。

關於大法官之職權,舉其重要者,歸納如下:

一、解釋憲法

大法官解釋憲法之事項包括:(一)關於適用憲法發生疑義之事項;(二)關於法律或命令,有無牴觸憲法之事項;(三)關於省自治法、縣自治法、省法規及縣規章有無牴觸憲法之事項等三種類別(司法院大法官審

理案件法第4條第1項參照）。例如司法院釋字第329號解釋，其內容略謂「憲法所稱之條約係指中華民國與其他國家或國際組織所締結之國際書面協定，包括用條約或公約之名稱，或用協定等名稱，而其內容直接涉及國家重要事項或人民之權利義務且具有法律上效力者而言」，乃屬關於適用憲法發生疑義之解釋事項。司法院釋字第340號解釋，其內容略謂「公職人員選舉罷免法第三十八條第二項規定『政黨推薦之區域、山胞候選人，其保證金減半繳納。但政黨撤回推薦者，應全額繳納』，無異使無政黨推薦之候選人，須繳納較高額之保證金，形成不合理之差別待遇，與憲法第七條之意旨有違，應不再適用」，即屬關於法律或命令有無牴觸憲法之解釋事項。司法院釋字第203號解釋，其內容略謂「臺灣省政府於中華民國六十七年八月二十四日修正發布之臺灣省省縣市立各級學校教職員遴用辦法，其第五十二條關於各學校對於聘約期限屆滿不續聘之教員，應開具名冊，敘明原由，報請主管教育行政機關備查之規定，旨在督促學校對教員之續聘，應審慎辦理，與憲法並無牴觸」，則屬關於省自治法、縣自治法、省法規及縣規章有無牴觸憲法之解釋事項。然而，無論屬於何種類別之解釋事項，聲請人所聲請解釋之事項，均須以憲法條文有規定者爲限（司法院大法官審理案件法第4條第2項參照）。

　　大法官解釋憲法可分爲即送解釋與聲請解釋兩種類型。憲法第114條規定：「省自治法制定後，須即送司法院。司法院如認爲有違憲之處，應將違憲條文宣布無效。」司法院對於省自治法之違憲審查，即屬即送解釋之類型，大法官得不待聲請人或聲請機關提出釋憲之聲請，即可逕予宣告違憲條文無效。然現行地方制度法係依據憲法第118條及憲法增修條文第9條第1項之規定而制定，其性質顯與憲法第112條及第122條所指稱之省、縣自治法殊異，司法院大法官得否依據憲法第114條之規定，對於現行地方制度法行使「即送解釋」之職權，則不無疑問。

　　依目前憲制，憲法第114條之即送解釋，已因憲法增修條文第9條之制定公布而失其適用。憲法第114條所明定之即送解釋制度，係專爲同法第112條省民代表大會依據省縣自治通則所制定之省自治法而設置。政府爲因應地方制度法制化之趨勢，不待省縣自治通則完成立法程序，而以憲法

增修條文第9條之規定，逕予排除憲法第108條第1項第1款、第109條、第112條至第115條及第122條等規定之適用，憲法第114條之規定亦因此而停止適用。司法院大法官審理案件法第6條規定：「本法第四條第一項第三款之解釋案件，除憲法第一百十四條規定外，準用本法第五條之規定。」依此規定，憲法第114條之即送解釋因地方制度法之施行而凍結，有關省自治法、縣自治法、省法規及縣規章有無牴觸憲法之事項，應準用憲法聲請解釋之程序，由有權聲請人或聲請機關依聲請解釋類型向司法院提出釋憲之聲請。

除上述即送解釋類型以外，司法院大法官本於司法權被動性及個案性之特徵，解釋憲法非經聲請人或聲請機關之聲請，不得為之，是為聲請解釋類型。依據現行制度，得聲請解釋憲法之情形，計有以下各點：

(一) 中央或地方機關

中央或地方機關，於其行使職權，適用憲法發生疑義，或因行使職權與其他機關之職權，發生適用憲法之爭議，或適用法律與命令發生有牴觸憲法之疑義者，得聲請解釋憲法（司法院大法官審理案件法第5條第1項第1款參照）。所謂「中央或地方機關」，應係指總統府、五院暨其所屬機關、省（市）政府、省（市）議會、縣（市）政府、縣（市）議會，以及鄉（鎮、市）公所、鄉（鎮、市）民代表會等機關而言。

惟司法院釋字第2號解釋曾表示：「憲法第一百七十三條規定憲法之解釋由司法院為之，故中央或地方機關於其職權上適用憲法發生疑義時，即得聲請解釋。法律及命令與憲法有無牴觸發生疑義時，亦同。至適用法律或命令發生其他疑義時，則有適用職權之中央或地方機關，皆應自行研究，以確定其意義而為適用，殊無許其聲請司法院解釋之理由。」基於上述解釋意旨，中央或地方機關在職權上適用法律與命令發生疑義而聲請解釋憲法，應以適用法律與命令發生有無牴觸憲法之疑義之情形為限。

(二) 人民、法人或政黨

人民、法人或政黨於其憲法上所保障之權利，遭受不法侵害，經依法定程序提起訴訟，對於確定終局裁判所適用之法律或命令發生有牴觸憲法之疑義者，得聲請解釋憲法（司法院大法官審理案件法第5條第1項第2款

參照）。新修正憲法訴訟法第59條規定：「人民就其依法定程序用盡審級救濟之案件，對於受不利確定終局裁判所適用之法規範或該裁判，認有牴觸憲法者，得聲請憲法法庭為宣告違憲之判決。前項聲請，應於不利確定終局裁判送達後六個月之不變期間內為之。」依此規定，人民對於不利確定終局裁判之該裁判本身，認有牴觸憲法者，亦得聲請憲法法庭進行違憲審查。

司法院釋字第185號解釋略謂：「確定終局裁判所適用之法律或命令，或其適用法律命令所表示之見解，經本院依人民聲請解釋認為與憲法意旨不符，其受不利確定終局裁判者，得以該解釋為再審或非常上訴之理由。」是以，受不利裁判之聲請人不得逕持司法院大法官所作成之有利解釋，要求行使審判職權之法院不經審判程序直接廢棄對其不利之終局裁判。其僅得以司法院大法官之解釋為理由，向審判法院聲請再審、提起非常上訴或依其他法定程序請求救濟。惟受不利確定終局裁判者如以司法院解釋為理由而請求再審，受訴法院自應受其拘束，不得以其僅係法律見解之歧異，認非適用法規錯誤而拒絕以司法院解釋為聲請再審之理由。

(三) 立法委員

依立法委員現有總額三分之一以上之聲請，就其行使職權，適用憲法發生疑義，或適用法律發生有牴觸憲法之疑義者，得聲請解釋憲法（司法院大法官審理案件法第5條第1項第3款參照）。由於我國立法院對於憲政及法律制度之建立、運作與發展有直接而密切之關係，且為尊重立法委員在憲法職權行使上之崇隆地位，司法院大法官審理案件法特援引德國、奧國及法國等國憲法有關賦予國會少數議員聲請抽象法規違憲審查權之相關規定，明定立法委員如依現有總額三分之一以上之聲請，得就其行使職權發生憲法上疑義，聲請司法院大法官解釋憲法，是為立法委員之抽象法規違憲審查釋憲聲請權。

就各國立法例之沿革觀察，此種釋憲制度乃是為保護國會少數政黨以間接制衡多數政黨並建立正常合理之憲政秩序而設立，其就化解朝野政治紛爭及解決法律衝突等方面而言，確具實效。惟大法官審理此類釋憲聲請案件，仍應以立法委員行使職權適用憲法發生疑義及適用法律發生有無牴

觸憲法之疑義等之司法問題爲限。如立法委員所聲請案件僅屬單純政治問題而應以政治部門自行解決爲適當時，大法官則應本於司法制約及尊重政治部門之立場，作成不予解釋之決定。

(四) 最高法院或最高行政法院

最高法院或最高行政法院就其受理之案件，對所適用之法律或命令，確信有牴觸憲法之疑義時，得以裁定停止訴訟程序，聲請大法官解釋（司法院大法官審理案件法第5條第2項參照）。一般而言，聲請解釋機關如有上級機關者，其聲請應經由上級機關層轉。上級機關對於不合規定者，不得爲之轉請。其應依職權予以解決者，亦同（司法院大法官審理案件法第9條參照）。最高法院或最高行政法院均屬中央機關，就其受理案件所適用法律或命令確信有牴觸憲法之疑義時，本應依司法院大法官審理案件法第5條第1項第1款之規定，其解釋憲法之聲請應經由上級機關亦即司法院爲其層轉。

惟司法院雖係我國最高司法機關，但僅在部分司法行政權之行使上，堪稱爲最高法院及最高行政法院之上級機關。基於司法二元主義之體系設計，最高法院及最高行政法院分別爲我國民、刑事訴訟及行政訴訟之最高審判機關。爲確保法院審判之獨立行使，不受最高司法行政機關之不當干涉，司法院大法官審理案件法第5條第2項爰設置最高法院和最高行政院長得自行聲請解釋憲法之特別規定，用以凸顯最高法院或最高行政法院獨立行使司法審判職權之特質。至於所謂「確信」，應係指依合理之具體理由，認爲其案件所適用之法律或命令，確有牴觸憲法之疑義者而言。至於是否合理，則應依客觀情狀個案認定之。由於法令違憲之疑義本係審判機關適用法律之先決問題，故應於司法院大法官作成相關解釋之前以裁定停止原訴訟程序之進行，自屬當然。

(五) 各級法院法官

憲法第171條規定：「法律與憲法牴觸者無效。法律與憲法有無牴觸發生疑義時，由司法院解釋之。」憲法第172條亦規定：「命令與憲法或法律牴觸者無效。」至於憲法之解釋，依憲法第78條及第173條之規定，由司法院爲之。我國憲法爲保障現行有效法律和命令之合憲性與安定性，

特依據上述規定經由解釋憲法機制賦予司法院行使對於法律或命令之實質違憲審查職權。依據憲法第79條第2項之規定，目前擁有法令實質違憲審查權之司法機關，僅為司法院大法官而已。至於司法院大法官以外之一般法官，以及司法院所轄屬各級司法審判機關或法院在行使其審判職權時是否亦享有對於法律或命令之實質違憲審查職權，則不無疑義。

論者以為，憲法第80條規定：「法官須超出黨派以外，依據法律獨立審判，不受任何干涉。」此之「法律」，即係指憲法第170條所謂「經立法院通過，總統公布之法律」而言。故法律對於一般法官而言具有絕對之拘束力，一般法官在審判案件及認事用法時，自不許逕自依據憲法規定或基於憲法內涵，表示有關法律之見解。

一般而言，法令牴觸憲法之原因可分為「形式違憲」與「實質違憲」二種情形。所謂「形式違憲」，係指法令不依憲法所定程序制定者而言。所謂「實質違憲」，則係指法令內容與憲法規定相牴觸者而言。學者及實務見解普遍認為，由於現行有效之法律對於實施審判之法官及行使審判職權之法院具有絕對之拘束力，一般法官對於法律僅享有形式違憲之審查權限。為保障憲法在規範層級中之最高性與維護法律適用之安定性，以及尊重立法院之立法權，且由於我國法制昔以承襲歐陸國家司法二元或多軌體系為主要，故而對於法律之實質違憲審查權限，應參酌德國、奧國及西班牙等國專設違憲審查司法機關之憲政法例，專屬司法院大法官憲法法庭行使，始屬允當。

睽諸英國、美國和日本等國之司法制度雖均賦予一般法官及審判機關或法院行使關於法律及命令之實質違憲審查之權限，但其制度之形成，或因判決先例，或依憲法規定所致。反觀我國現行司法制度，不論就憲法內容或就法院組織法或行政法院組織法等相關法律規定觀察，均未明文賦予實施民刑事及行政訴訟審判職權之一般法官行使法令實質違憲審查之職權。未來如欲賦予一般法官及審判機關或法院關於法律或命令之實質違憲審查權，則除非大幅修正我國憲法及相關法令之規定，否則恐不克順利達成。

臺灣高等法院暨臺灣臺南地方法院於民國81年3月舉行法律座談會

時，曾採取較為寬鬆之見解，認為「法院辦理具體案件時，有審查有關法律是否牴觸憲法之權限，如認法律與憲法牴觸而無效時，得拒絕適用之，並可援用大法官會議解釋而排除其他法律之類似條文的適用」。此項法律見解，旋經司法院審查通過。司法院此一舉措，似已默許一般法官擁有對於法律之實質違憲審查權，其對於憲法第80條、第170條有關法律優位制度之維繫，以及憲法第171條、第173條有關憲法解釋機關及職權範圍之確定等規定之適用，勢將造成重大之衝擊。

為此，司法院釋字第371號解釋表示：「憲法為國家最高規範，法律牴觸憲法者無效，法律與憲法有無牴觸發生疑義而須予以解釋時，由司法院大法官掌理，此觀憲法第一百七十一條、第一百七十三條、第七十八條及第七十九條第二項規定甚明。又法官依據法律獨立審判，憲法第八十條定有明文，故依法公布施行之法律，法官應以其為審判之依據，不得認定法律為違憲而逕行拒絕適用。惟憲法之效力既高於法律，法官有優先遵守之義務，法官於審理案件時，對於應適用之法律，依其合理之確信，認為有牴觸憲法之疑義者，自應許其先行聲請解釋憲法，以求解決。是遇有前述情形，各級法院得以之為先決問題裁定停止訴訟程序，並提出客觀上形成確信法律為違憲之具體理由，聲請本院大法官解釋。」

為貫徹法官依據法律獨立行使審判職權，俾其於審判之際僅服從憲法及法律，不受任何干涉，且為兼顧憲法所設法令違憲審查制度之權威性與公信力，上開解釋肯定各級法院法官於審理案件時，對於應適用之法律，依其合理之確信，認為有牴觸憲法之疑義時，得以獨任法官或合議庭審判長之名義，不待上級機關之層轉，逕向司法院大法官聲請解釋憲法，不受原司法院大法官審理案件法第5條第2項及第3項有關規定之限制。茲此，一般法官雖不得自行認定法律為違憲而逕行拒絕適用，但仍得依其合理之確信表示法律牴觸憲法之見解，並得以之為先決問題裁定暫時停止訴訟程序，待司法院大法官作成決定以後，再重啓原訴訟程序。從而，各級法院法官即可藉由此項憲法解釋聲請權，而在具體個案中間接享有關於法令之實質違憲審查權。

司法院釋字第371號解釋所謂「提出客觀上形成確信法律違憲之具體

理由」，係指聲請法院應於聲請書內詳敘其對系爭違憲法律之闡述，以及對據以審查之憲法規範意涵之說明，並基於以上見解，提出其確信系爭法律違反該憲法明確之論證，且其論證客觀上無明顯錯誤者，始足當之。如僅對法律是否違憲發生疑義，或系爭法律有合憲解釋之可能者，尚難謂已提出客觀上形成確信法律為違憲之具體理由（司法院釋字第572號解釋）。至於所謂「法官於審判案件時」，則係指法官於審理民事、刑事和行政訴訟及非訟事件等之情形而言。從而，各級法院得於提出憲法解釋聲請時以裁定停止訴訟程序，即應包括各該案件或事件之訴訟或非訟程序之裁定停止之情形而言。惟訴訟或非訟程序裁定停止後，如有急迫之情形，法官應即探究相關法律之立法目的、權衡當事人之權益及公共利益、斟酌個案相關情狀等情事，為必要之保全、保護或其他適當之處分（司法院釋字第590號解釋）。

二、統一解釋法令

司法院大法官除解釋憲法以外，並有統一解釋法律及命令之權。統一解釋法令均屬聲請解釋之類型，依據現行制度，得聲請統一解釋法令之情形，計有以下各點：

(一) 中央或地方機關

中央或地方機關，就其職權上適用法律或命令所持見解，與本機關或他機關適用同一法律或命令時所已表示之見解有異者，得聲請統一解釋法令。但該機關依法應受本機關或他機關見解之拘束，或得變更其見解者，不在此限（司法院大法官審理案件法第7條第1項第1款參照）。中央或地方機關聲請統一解釋法令，其目的乃在使多數獨立不相隸屬機關就其適用法律或命令所堅持之歧異見解，經由司法院大法官統一解釋法令之機制闡明系爭法令之正確涵義，冀以統一中央或地方各機關對於法令之見解。

惟聲請解釋機關有上級機關者，其聲請應經由上級機關層轉。上級機關對於不合規定者，不得為之轉請。其應依職權予以解決者，亦同。此為機關聲請統一解釋法令之限制。例如受內政部指揮監督之中央或地方地政機關適用農地所有權移轉登記相關法令時，對於「農地承受人於承受時無

自耕農身分，得否由主管登記機關逕行塗銷所有權移轉登記」之問題，與行政法院判決所表示之法令見解不一致，聲請司法院大法官統一解釋，自應經由內政部層轉，以行政院之名義爲之。如中央或地方地政機關逕以自己之名義聲請統一解釋，自屬不合規定，行政院不得爲之轉請。行政院亦得於其職權範圍內，以法令釋示之方式，自行研究解決所屬機關適用法令之歧見，若此，即無轉請司法院統一解釋法令之必要。

聲請機關依法應受本機關或他機關見解之拘束，或得變更其見解者，依前述但書之規定，不得聲請統一解釋法令。例如民刑事訴訟程序依法定有審級制度，下級審法院應受上級審法院法令見解之拘束。下級審法院辦理具體訴訟案件時，對於最高法院在其他同類案件之判決或決議中所表示之法律見解有不同意見時，固非不得依據法律表示適當之見解，惟仍應依審級制度解決之。是以，下級審法院僅得依上訴途徑解決法令見解之歧異，不得逕以中央機關之名義，向司法院大法官憲法法庭聲請統一解釋法令。最高法院除不得爲之轉請以外，亦應依職權解決適用法律或命令所持見解之歧異。

又如地方議會會計人員之任免、遷調及考績，應依主計機構人員設置管理條例第18條之規定，由各該管或其上級機關主計機構層報中央主計機關核辦。地方議會與地方政府雖分別爲無隸屬系統關係之平行機關，但行政院主計處爲掌理全國主計事務之中央主計機關，其所爲應經地方政府主計室核轉之意見，該地方議會會計人員仍應受其拘束。若地方議會對於上述法令所持見解與行政院主計處已表示之見解有異時，地方議會依法應受其上級監督機關行政院主計處見解之拘束，主計處亦應依職權研究解決前開歧異，不得爲地方議會層轉統一解釋之聲請。

然而，法官於審理案件時，對於應適用之法律，依其合理之確信，認有牴觸憲法之疑義時，固得聲請解釋憲法以求解決。惟若係法律見解之歧異，則依司法院釋字第216號解釋意旨以觀，法官於審判案件時既不受各機關依其職掌就有關法規所爲行政命令之拘束，各級法院法官自應秉持憲法第80條依據法律獨立審判之原則自行解決，不得逕向司法院大法官爲統一解釋法令之聲請，是應注意。

此外，聲請統一解釋法令，僅以各機關於其職權範圍內適用法律或命令發生見解上之歧異而聲請解釋之情形爲限。如中央或地方機關行使職權適用法令發生其他疑義時，則除就憲法疑義聲請司法院大法官解釋憲法以外，參酌司法院釋字第2號解釋意旨，該機關應自行研究，以確定其意義後而爲適用，殊無聲請大法官統一解釋法令之餘地。

(二) 人民、法人或政黨

人民、法人或政黨於其權利遭受不法侵害，認確定終局裁判適用法律或命令所表示之見解，與其他審判機關之確定終局裁判，適用同一法律或命令時所已表示之見解有異者，得聲請統一解釋法令。但得依法定程序聲明不服，或後裁判已變更前裁判之見解者，不在此限（司法院大法官審理案件法第7條第1項第2款參照）。是以，如在權利未受不法侵害、非依法定程序提起訴訟、非屬確定終局裁判適用法令表示見解與其他審判機關確定終局裁判適用同一法令表示見解有歧異，或得依法定程序聲明不服、後裁判已變更前裁判見解，或僅爲單純適用法令之疑義等之情形，均不得向司法院大法官聲請統一解釋法令。

所謂「其他審判機關之確定終局裁判」，乃指另一個終審機關之確定終局裁判而言。如其中一個審判機關依法得變更他審判機關之見解，或同一審判機關之不同審判庭間裁判見解發生歧異，則不屬聲請統一解釋法令之類型。又確定終局裁判之範圍亦應有所限制，凡人民因不於法定期間提起上訴或抗告聲明不服致使裁判確定者，亦不得聲請統一解釋法令。此外，法院以一裁判變更另一裁判之見解，不僅事所恆有，且爲一般法院之固有職權，故而變更法院前裁判法律見解之後一裁判，亦非統一解釋法令適用之對象。基此，舊司法院大法官審理案件法爰設置前述但書之規定，以符合司法審判體系運作之實況。

從而，對於最高法院先後裁判所表示之見解有歧異，或最高法院成立前之大理院裁判見解與最高法院裁判見解有歧異，或同一法院就同一事件所爲之兩件判決見解有歧異，均不符合聲請統一解釋法令之要件。質言之，只有在二個不同審判管轄權限之終審機關所爲終局裁判適用同一法律或命令表示見解有歧異時，始有聲請司法院大法官統一審判機關法令見解

之必要。例如最高法院與最高行政法院、最高法院與最高軍事審判機關，或於公職人員選舉罷免訴訟高等法院與最高行政法院等即是。同時，為避免人民、法人或政黨濫行聲請統一解釋法令，致影響法令適用之安定性與確定性，故而對於終局裁判確與判例互有歧異但非不得循上訴或非常上訴程序尋求救濟之情形，司法院大法官亦應不予解釋，期以表彰大法官在司法權作用上職掌統一解釋法令與統一終審機關法令見解之地位與職能。

人民、法人或政黨聲請統一解釋法令，其目的乃在周延保障人民之權益，故司法院釋字第188號解釋表示，如引起歧見之案件業經確定終局裁判，而其適用法令所表示之見解亦經司法院解釋為違背法令之本旨時，則該案件即屬適用法規顯有錯誤或違背法令，自應許當事人據此項解釋為聲請再審或提起非常上訴之理由，俾其依法定程序請求後續之救濟。惟為兼顧法律秩序之安定性與公信力，此種統一解釋法令之聲請，應於裁判確定後3個月內為之（司法院大法官審理案件法第7條第2項參照）。

三、審理政黨違憲解散案件

憲法增修條文第5條第5項規定：「政黨之目的或其行為，危害中華民國之存在或自由民主之憲政秩序者為違憲。」如有政黨之目的或行為涉及違憲，主管機關（即內政部）即得聲請司法院憲法法庭解散之（司法院大法官審理案件法第19條第1項參照）。憲法法庭審理案件，應以參與審理之資深大法官充審判長；資同時，以年長者充之（司法院大法官審理案件法第20條參照）。憲法法庭審理政黨違憲解散事件，應本於言詞辯論而為裁判。但駁回聲請而認無行言詞辯論之必要者，不在此限（司法院大法官審理案件法第21條參照）。政黨違憲解散之判決應經言詞辯論而作成，其目的乃在確保憲法法庭審理案件符合司法程序上之正當程序。同時，為確保當事人權益及兼顧審理程序之效率與裁判時效，舊司法院大法官審理案件法特援引德國聯邦憲法法院法第22條第1項及參酌我國行政訴訟法第49條之規定，允許當事人先經憲法法庭許可，委任律師或法學教授三人以內為訴訟代理人進行言詞辯論（司法院大法官審理案件法第22條參照）。

對於憲法法庭有關政黨違憲解散之裁判，不得聲明不服（司法院大法

官審理案件法第29條參照）。同時，爲貫徹憲法法庭宣告政黨違憲解散之效力，被宣告解散之政黨，應即停止一切活動，並不得成立目的相同之代替組織，其依政黨比例方式產生之民意代表自判決生效時起喪失其資（司法院大法官審理案件法第30條第1項參照）。惟政黨違憲解散案件往往涉及人民言論自由及結社權利之限制，且有關社會整體公益亦應一併考量，由是，憲法法庭審理此類案件自應格外愼重。其在案件審理期間，爲避免被聲請政黨繼續活動造成社會之動盪與不安，如認該政黨之行爲已足以危害國家安全或社會秩序，而有必要時，得於判決前依聲請機關（即內政部）之請求，以裁定命被聲請政黨停止全部或一部之活動（司法院大法官審理案件法第31條參照）。

四、審理總統、副總統彈劾案

　　憲法增修條文第4條第7項規定，「立法院對於總統、副總統之彈劾案，須經全體立法委員二分之一以上之提議，全體立法委員三分之二以上之決議，聲請司法院大法官審理」。憲法增修條文第5條第4項規定，「司法院大法官組成憲法法庭審理總統、副總統之彈劾事項」。關於憲法法庭審理總統、副總統彈劾案之效力，憲法增修條文第2條第10項規定：「立法院提出總統、副總統彈劾案，聲請司法院大法官審理，經憲法法庭判決成立時，被彈劾人應即解職。」依現行規定，立法委員對於總統、副總統提出彈劾案聲請司法院大法官審理，似不以總統、副總統有違法、失職之行爲爲限，亦無須以總統、副總統犯有內亂、外患或其他罪名爲理由。此項特別彈劾程序，應係參酌歐美民主先進國家以最高民意機關監督民選總統、副總統履行職務不逾分際之憲政制度而建立，故與一般官吏之彈劾係依據監察法及公務員懲戒法責由監察委員行使者有別。總統、副總統彈劾程序與總統、副總統罷免程序相對應，前者對事不對人，應由司法院大法官依據憲法及有關法律客觀認定之；後者則對人不對事，故可送交全體選舉人依其主觀意志共同決定之。

　　惟司法機關應以依法解決司法問題爲其主要職能，如憲法或有關法律對於立法委員提出總統、副總統彈劾案之時機和條件未能作成任何之限

制，則如因政黨惡鬥發動不理性或情緒性之彈劾，司法院大法官將如何審理類此具有濃厚政治問題性質之案件，則不無疑慮。觀察美國憲法第2條有關總統犯有叛國、賄賂、其他嚴重犯罪或輕罪應由眾議院彈劾送參議院審議且以聯邦最高法院首席大法官為審判長之規定，以及德國基本法第61條有關聯邦總統彈劾案聲請憲法法院審理應以其違反憲法或任何其他法律之情形為限之規定，總統、副總統之彈劾雖屬制衡總統、副總統之政治手段，但仍應不失其司法性質，始可移由司法機關依法審理。是故，由於總統、副總統為國家公務人員之事實不容忽視，故為維護官箴整肅風紀，以及避免良法美制不意成為惡性政爭之工具或籌碼，立法委員對於總統、副總統彈劾案之提出，仍應參酌監察法第6條之規定，以立法委員認為被聲請人有違法或失職之行為者為限，始屬允當。

　　下列案件之聲請人及相對人，為憲法訴訟法所稱之當事人：一、第三章（法規範憲法審查及裁判憲法審查）案件：指聲請之國家最高機關、立法委員、法院及人民；二、第四章（機關爭議）案件：指聲請之國家最高機關，及與其發生爭議之機關；三、第五章（總統、副總統彈劾）案件：指聲請機關及被彈劾人；四、第六章（政黨違憲解散）案件：指聲請機關及被聲請解散之政黨；五、第七章（地方自治保障）案件：指聲請之地方自治團體或其立法、行政機關；六、第八章（統一解釋法律及命令）案件：指聲請之人民。受審查法規範之主管機關或憲法法庭指定之相關機關，視為前項之相對人（憲法訴訟法第6條）。

第三款　普通法院

　　憲法第77條規定：「司法院為國家最高司法機關，掌理民事、刑事、行政訴訟之審判及公務員之懲戒。」同法第82條規定：「司法院及各級法院之組織，以法律定之。」司法院組織法基於憲法之授權，於其第6條規定：「司法院設各級法院、行政法院及懲戒法院；其組織均另以法律定之。」普通法院之組織規定於法院組織法之中。法院組織法第1條規定：「本法所稱法院，分下列三級：一、地方法院。二、高等法院。三、

最高法院。」第2條規定：「法院審判民事、刑事，及其他法律規定之訴訟案件，並依法管轄非訟事件。」

我國民事訴訟、刑事訴訟案件之審判，係以三級三審為原則；亦即以地方法院及其分院為第一級，高等法院及其分院為第二級，最高法院為第三級，並經由此一階層式之三層級法院體系，構成普通法院堅實法律審及嚴格事實審金字塔型之審級制度。為求法院審判之周詳與法律見解之統一，上級審法院有變更、撤銷、廢棄、發回、發交或自為裁判下級審法院所為裁判之權能，而下級審法院亦有接受上級審法院所為法律意見之拘束之義務。基於審級制度之作用，最高法院乃為我國民事訴訟、刑事訴訟案件之最高審判機關，對於有關裁判享有最終評決之權。

法院組織法第8條第1項規定：「直轄市或縣（市）各設地方法院。但得視其地理環境及案件多寡，增設地方法院分院；或合設地方法院；或將其轄區之一部劃歸其他地方法院或其分院，不受行政區劃限制。」第31條規定：「省、直轄市或特別區域各設高等法院。但得視其地理環境及案件多寡，增設高等法院分院；或合設高等法院；或將其轄區之一部劃歸其他高等法院或其分院，不受行政區劃之限制。」第47條規定：「最高法院設於中央政府所在地。」目前我國最高法院除設於中央政府所在地臺北市以外，在臺灣地區設有臺灣高等法院本院，臺中、臺南、高雄和花蓮等4所臺灣高等法院分院，以及臺北、士林、新北、桃園、新竹、苗栗、臺中、南投、彰化、雲林、嘉義、臺南、高雄、橋頭、屏東、臺東、花蓮、宜蘭、基隆、澎湖和高雄少年及家事法院等21所地方法院；福建省則設有福建高等法院金門分院1所，以及金門、連江等2所地方法院。關於普通法院之組織及職權之行使，則於其他有關章節中討論。

第四款　行政法院

依據司法院組織法第6條所定立法授權，行政法院之組織，依行政法院組織法及智慧財產及商業法院組織法之規定，行政法院組織法第1條規定：「行政法院掌理行政訴訟審判事務。」第2條規定：「行政法院分下

列二級：一、高等行政法院。二、最高行政法院。」行政法院為我國掌理行政訴訟審判事務之司法機關，與地方法院行政訴訟庭及智慧財產及商業法院共同建構我國目前三級二審之行政訴訟審判制度，故與普通法院掌理民事訴訟及刑事訴訟審判事務之制度有別。一般通稱行政法院為特別法院，藉此表達我國司法制度採行普通法院與行政法院二元化體系之特徵。

我國行政訴訟之審判，係以三級二審為原則；亦即以地方法院行政訴訟庭為第一級，高等行政法院為第二級，最高行政法院為第三級，並經由此一階層式之三層級法院體系，構成行政法院堅實法律審級嚴格事實審金字塔型之審級制度。為冀求法院審判之周詳與法律見解之統一，上級審法院有變更、撤銷、廢棄或發回下級審法院裁判之權能，而下級審法院自有接受上級審法院拘束之義務。基於審級制度之作用，最高行政法院乃為我國行政訴訟案件之最高審判機關，其與最高法院同屬國家最高司法審判機關，故而對於有關裁判亦享有最終評決之權。

依據司法院釋字第540號解釋意旨，一般而言，對於各種行為所生爭執之審理，如屬公法性質者應歸行政法院審判；如屬私法性質者，則應歸普通法院審判。是以，行政訴訟乃為人民因公法上權益發生爭執，而以行政機關為被告，向行政法院請求裁判之司法救濟程序。至於國家機關與人民及人民與人民之間因私權關係所發生之爭執，則理應依民事法規由該管普通法院審理，屬於民事訴訟案件之性質，人民在此即無另行提起行政訴訟之餘地。例如人民與國家因租賃契約及賠償費用等問題，發生私法關係上之爭執，即屬民事訴訟事件之範圍而應由普通法院受理審判者即是（最高行政法院45年判字第72號）。

至於受刑人不服行政機關否准假釋決定訴請救濟應由何種法院審理，則不無疑義。司法院釋字第691號解釋表示，受刑人不服行政機關不予假釋之決定，而請求司法救濟，自應由法院審理。然究應由何種法院審理、循何種程序解決，所須考慮因素甚多，諸如爭議案件之性質及與所涉訴訟程序之關聯、即時有效之權利保護、法院組織及人員之配置等，其相關程序及制度之設計，有待立法為通盤考量決定之。在相關法律修正前，鑑於行政機關不予假釋之決定具有行政行為之性質，依照行政訴訟法第2

條以下有關規定，此類爭議由行政法院審理。

　　行政法院組織法第6條規定：「省、直轄市及特別區域各設高等行政法院。但其轄區狹小或事務較簡者，得合數省、市或特別區域設一高等行政法院，其轄區遼闊或事務較繁者，得增設之。高等行政法院管轄區域之劃分或變更，由司法院定之。」第11條規定：「最高行政法院設於中央政府所在地。」目前我國最高行政法院除設於中央政府所在地臺北市以外，在臺灣地區各設有臺北高等行政法院、臺中高等行政法院、高雄高等行政法院和智慧財產及商業法院等4所高等行政法院。惟掌理行政訴訟通常訴訟程序事件第一審之高等行政法院於全國僅設有3所，對於民眾就審並不便利，影響人民訴訟權及司法近用權。爲改善此項缺憾，法院組織法第14條規定各地方法院增設行政訴訟庭，受理行政訴訟簡易訴訟程序事件第一審之審判事項，及行政訴訟相關保全程序、保全證據、強制執行等裁定事件。關於行政法院之組織及職權之行使，則於其他有關章節中討論。

　　爲保障智慧財產權，鼓勵創新發明，並優化經商環境，妥適處理智慧財產及商業案件，以促進國家科技與經濟發展，提升國家競爭力，特設置智慧財產及商業專門法院，專責審理關於智慧財產權之訴訟案件。智慧財產及商業法院組織法第2條規定：「智慧財產及商業法院依法掌理下列事務：一、智慧財產之民事、刑事及行政訴訟。二、商業之民事訴訟與非訟事件。」同法第4條規定：「智慧財產及商業法院之設置地點，由司法院定之。司法院得視地理環境及案件多寡，增設智慧財產及商業法院分院。」智慧財產及商業法院爲高等法院層級，全國以設置一所智慧財產及商業法院爲原則，地點由司法院定之。於必要時，司法院並得視地理環境與案件需要，增設智慧財產及商業法院分院，以符實際運作需求。目前我國智慧財產及商業法院設於新北市板橋區，已於民國97年7月1日起正式營運。由於本所專門法院係以全國爲區劃，管轄有關專利、商標、著作權及營業秘密等智慧財產訴訟案件，故與法院組織法第8條第2項所指稱在特定地區因業務需要而設置之專業地方法院有異，不宜混爲一談，是應注意。智慧財產及商業法院組織法第44條規定：「本法未規定者，準用法院組織法及其他有關法律之規定。」關於智慧財產及商業法院實施審判時所採行

之審級制度及訴訟程序，以及法官職權行使之有關事項等，除應依智慧財產及商業法院組織法及智慧財產案件審理法等有關規定辦理以外，準用法院組織法及其他有關法律之規定。關於智慧財產及商業法院之組織及職權之行使，則留由其他有關章節中進一步討論之。

第六款　懲戒法院

依據司法院組織法第6條規定之立法授權，懲戒法院之組織，依懲戒法院組織法之規定辦理，其第1條規定：「懲戒法院掌理全國公務員之懲戒及法官法第四十七條第一項第二款至第四款之事項。」懲戒法院為審理全國公務員懲戒案件之唯一司法機關，與普通法院掌理民事、刑事訴訟案件及行政法院掌理行政訴訟案件之審判目的與標的不同。惟公務員懲戒事件之審理亦屬國家裁判性作用之一部分，與人民權益息息相關，因其與普通法院及行政法院之審判作用類似，故亦有稱懲戒法院為特別法院者，如此，則在在凸顯我國法院係採行司法二元化制度之特點。

公務員有故意或過失違法執行職務、怠於執行職務或其他失職行為，或非執行職務之違法行為，致嚴重損害政府之信譽，如有懲戒之必要者，應受懲戒（公務員懲戒法第2條、第3條）。懲戒處分之種類則包括免除職務、撤職、剝奪、減少退休（職、伍）金、休職、降級、減俸、罰款、記過和申誡等九項（公務員懲戒法第9條第1項）。懲戒法院應於收受監察院或公務員所屬之各院、部、會長官，地方最高行政長官或其他相當之主管長官移送或移請之懲戒案件後，始得開始進行審議（公務員懲戒法第23條、第24條）。

司法院釋字第298號解釋表示，憲法第77條規定，公務員之懲戒屬司法院掌理事項。此項懲戒得視其性質於合理範圍內以法律規定由其長官為之。但關於足以改變公務員身分或對於公務員有重大影響之懲戒處分，受處分人得向掌理懲戒事項之司法機關聲明不服，由該司法機關就原處分是否違法或不當加以審查，以資救濟。是以，公務員懲戒權之行使雖得依法委由受懲戒處分公務員之長官逕予行使，但懲戒法院對於足以改變公務

員身分或對於公務員有重大影響之長官懲戒處分仍享有最終審理之權。是故，懲戒法院具有國家最高公務員懲戒審議機關之地位，應無疑問。懲戒法院分設懲戒法庭及職務法庭（懲戒法院組織法第4條、第5條）。當事人對於懲戒法庭第一審裁判不服者，得為上訴或抗告，由懲戒法庭第二審審理（公務員懲戒法第64條、第83條）。

　　懲戒法院依其處務規程設置編輯委員會，就其審議案件擇其案情或法律見解足以為例者，辦理案例要旨之編輯（懲戒法院處務規程第78條）。為此，司法院釋字第395號解釋理由書表示，其所選輯之案例與最高法院或最高行政法院之判例或決議相當，自得作為該委員會案件審議之重要參考。關於懲戒法院組織及職權之行使，則於其他有關章節中討論。

第七款　檢察機關

　　法院組織法第58條規定：「各級法院及分院各配置檢察署。」依我國現制，最高法院配置最高檢察署；高等法院及其分院配置高等檢察署及其檢察分署；而地方法院及其分院則配置地方檢察署及其檢察分署。檢察署既係配置於法院，其地位應與審判法院完全平等，二種司法機關於行使職權時並無上下隸屬或階級服從關係之存在。檢察官以實現國家刑罰權為目的，對於法院，獨立行使偵查、訴追犯罪，以及指揮刑事裁判之執行之職權。檢察官所行使之職權，概稱為檢察權，為司法行政權之一部分。而檢察機關隸屬於法務部，其性質屬於司法院釋字第392號所指稱之廣義司法機關。

　　法院組織法第63條規定，檢察官應服從檢察總長及檢察長等指揮監督長官之命令。在此所謂之指揮監督長官，應包括最高檢察署檢察總長、高等檢察署檢察長及其檢察分署檢察長，以及地方檢察署檢察長及其檢察分署檢察長等，且以檢察總長為檢察機關之最高指揮監督長官。而法務部部長則依法院組織法第111條之規定，為各級檢察署及其檢察分署檢察官之最高司法行政監督長官，對於檢察官行使檢察權，應無指揮監督之權限。從而，基於檢察一體之原則，檢察官雖得依據法院組織法第61條之規

定，對於法院或其他機關獨立行使其職權，但在檢察機關內部運作上官下屬間，則應階級收分，命令服從，且彼此間亦應脈絡連貫，息息相通，冀以構成一個以檢察總長爲中心之完整檢察體系。由於各級檢察首長及檢察官僅是遂行檢察總長整體檢察權行使意志之派出機關，故其自無適用憲法第80條法官依據法律獨立審判不受任何干涉保障原則之餘地。因此，司法院釋字第13號解釋乃表示，憲法第80條所稱之法官，不包括檢察官在內。檢察官既不屬行使審判權之法官，檢察機關自非一實質意義之審判機關。

　　由於法院審判權與檢察署檢察權二者性質迥異，且其所隸屬司法行政監督機關亦跨越司法、行政兩大平等對口部門，檢察機關配置於法院究竟爲憲法權力分立精神所默許，抑或爲方便審檢辦案之權宜措施，則不無疑問。論者有謂，由於行憲前檢察官配置於法院同屬法院成員之舊制業已深植民心，更動不易，故而仍將檢察機關暫厝於法院，使其便宜納入現行法院組織法之中，與審判機關統稱爲法院組織法之法院，或逕稱其爲廣義之法院。惟觀察世界各國司法制度，鮮少有類如我國立法例將不相類屬審判機關及檢察機關混充於單一組織法中以爲規範者。爲避免民眾對於司法認知不清，以及確保法官、檢察官行使職權不逾分際，將檢察機關自法院組織中分流，另行制定檢察署組織法，以回歸檢察機關實屬一般行政權作用意涵之本旨，恐屬未來撥雲見日、正本清源之正辦。關於檢察機關之組織及職權之行使，則於其他有關章節中討論。

第五項　司法人員

　　司法人員爲司法機關之主體，亦爲行使國家司法權之靈魂。司法人員人事條例第2條規定：「本條例稱司法人員，指最高法院以下各級法院及檢察署之司法官、公設辯護人及其他司法人員。」第3條規定：「本條例稱司法官，指左列各款人員：一、最高法院院長、兼任庭長之法官、法官。二、最高法院檢察署檢察長、主任檢察官、檢察官。三、高等法院以下各級法院及其分院兼任院長或庭長之法官、法官。四、高等檢察署及其檢察分署檢察長、主任檢察官、檢察官。」第4條規定：「本條例稱其他

司法人員，指左列各款人員：一、書記官長、書記官、通譯。二、主任司法事務官、司法事務官。三、主任公證人、公證人、公證佐理員。四、主任觀護人、觀護人。五、提存所主任、提存佐理員。六、登記處主任、登記佐理員。七、主任法醫師、法醫師、檢驗員。八、法警長、副法警長、法警、執達員。九、依法律所定，法院及檢察署應置之其他人員。」第5條規定：「本條例稱司法行政人員，指在司法院或法務部辦理民刑事行政事項之司法人員。」是以，除司法官及其他司法人員以外，於司法院或法務部辦理民刑事行政事項之司法行政人員，亦屬司法人員，此為現行司法人員人事條例對於司法人員所界定之範疇。司法人員人事條例所定司法人員之任用、訓練、進修、保障及給與，應適用司法人員人事條例有關規定辦理之。

實任法官行使司法審判職權，應受憲法第80條：「法官須超出黨派以外，依據法律獨立審判，不受任何干涉。」及憲法第81條：「法官為終身職，非受刑事或懲戒處分，或禁治產之宣告，不得免職。非依法律，不得停職、轉任或減俸。」等規定之保障。法官法第2條第1項至第3項規定：「本法所稱法官，指下列各款人員：一、司法院大法官。二、懲戒法院委員。三、各法院法官。前項第三款所稱之法官，除有特別規定外，包括試署法官、候補法官。本法所稱法院及院長，除有特別規定外，包括懲戒法院法官及其院長。」惟司法院釋字第13號解釋表示，憲法第81條所稱之法官，係指同法第80條之法官而言，不包括檢察官在內。但實任檢察官之保障，除轉調外，與實任法官同。法官法依據上開司法院解釋意旨，明定第六章實任法官之特別保障，非依法定情事或原因，不得免職、停止職務、轉任法官以外職務、地區調動或審級調動等（法官法第42條至第46條）。任何不利於實任法官之職務調動，均須事先徵得法官本人之同意。但法官法前揭關於實任法官之保障，對於同屬司法官之檢察官而言，並無適用之情形，自不待言。

行政法院法官及懲戒法院法官，同享憲法第80條及第81條有關法官職務及身分之保障。司法院釋字第162號解釋表示，行政法院法官、懲戒法院法官，就行政訴訟或公務員懲戒案件，分別依據法律，獨立行使審判

或審理之職權,不受任何干涉,依憲法第77條及第80條規定,均應認係憲法上所稱之法官。其保障,應本於發揮司法功能及保持法官職位安定之原則,由法律妥為規定,以符憲法第81條之意旨。

司法院大法官是否均為憲法第80條之法官且均受憲法第81條法官身分之保障,屢有爭議。論者有謂大法官係行使憲法第78條所定司法權職務之人,故為憲法第80條及第81條之法官。亦有論者認為大法官係經總統提名,由立法院同意而任命,故與一般法官係經考訓後任用者有別,且大法官依憲法增修條文第5條第2項規定任期為八年,亦與一般擔任審判職務之法官為終身職者不同,故大法官不屬憲法第80條及第81條之法官。

為崇隆大法官在憲法上行使解釋憲法、統一解釋法令及審理總統、副總統彈劾與政黨違憲解散事項等具有國家裁判性作用司法權之地位,以及為肯定大法官審理司法事務其重要性並不亞於一般辦理審判檢察事務司法官之事實,司法院組織法第5條特別規定:「大法官須超出黨派以外,獨立行使職權,不受任何干涉。實任法官轉任之大法官任期屆滿者,視同停止辦理審判案件之法官,不計入機關所定員額,支領法官法第七十二條第一項及第二項所定俸給總額之三分之二,並準用政務人員退職撫卹條例之規定。實任檢察官轉任之大法官任期屆滿者,準用前項規定。」惟憲法增修條文第5條第1項後段規定:「司法院大法官除法官轉任者外,不適用憲法第八十一條及有關法官終身職待遇之規定。」從而,實任法官有關終身職身分之待遇,對於非由法官或非由檢察官轉任之大法官而言,並無適用之餘地。是以,法官法第3條因而規定:「本法之規定,與司法院大法官依據憲法及法律所定不相容者,不適用於司法院大法官。」

惟上述解釋及有關規定,仍無法定位司法院大法官是否均享有憲法第80條及第81關於法官職務及身分保障之疑義。司法院大法官如仍定位未明,始終處於憲法定位不明之情況,則將影響我國整體司法改革之規劃與進程。為此,司法院釋字第601號解釋宣示,參照司法院釋字第392號、第396號、第530號及第585號等解釋意旨,司法院大法官由總統提名,經立法院同意後任命,為憲法第80條規定之法官。為貫徹憲法第80條規定法官須超出黨派以外,依據法律獨立審判,不受任何干涉之意旨,大法官無論

其就任前職務爲何，在任期中均應受憲法第81條關於法官非受刑事或懲戒處分，或禁治產之宣告，不得免職。非依法律，不得停職、轉任或減俸規定之保障。依此解釋，司法院大法官在任期中，無論其上任前之職務是否爲法官或檢察官，均屬憲法第80條所稱之法官，且受憲法第81條法官身分之保障，應無疑義。至於大法官任期屆滿卸任以後，則應回歸憲法增修條文第5條第1項後段及司法院組織法第5條第2項、第3項之規定，僅有實任法官或檢察官轉任之大法官始得適用與停止辦理審判案件法官相同之待遇與給與，是應注意。

第二節　司法制度之沿革

第一項　民國前司法制度

我國古昔，行政與司法不分，且恆以行政官兼理司法事務，始終未見重大之變革。自秦漢以降，官僚制度發達，以皇帝爲統治機構之頂點，由其命官授職。而司法事務既屬行政事務之一環，司法機關自係整體統治機關之一部分。是以，皇帝爲全國最高行政機關，同時亦爲全國最高司法機關。中央司法機關除掌理聽訟斷獄之職權外，更爲糾察全國官吏之官署；基層地方官署則未專設司法機關，由行政官掌理地方訟獄，且民、刑事不分。因地方行政官之主要職責，厥惟聽訟斷獄，故學者有謂中國之司法制度，係司法官兼理行政，而非行政官兼理司法，實良有以也。

各朝掌理司法事務官署之職稱，因朝代之更迭而數度變動。唐虞曰士，夏曰大理，殷周稱司寇。秦漢以降，廷尉掌刑獄，御史則兼理疑案；隋唐改廷尉爲大理寺，以大理寺主審判，御史主糾察，刑部主法務。宋及遼金大致仍沿用其制；元廢大理寺，而以刑名歸刑部；明清以刑部掌刑名，都察院司糾察，大理寺司駁正，故司法行政與司法審判，仍混合不分。司法審判設有專責機關，則迄至前清末葉始見端倪，並爲民國成立後司法制度之濫觴。清末變法，始有現代化法院組織之出現。

第二項　民國後司法制度

　　清末受到1898年戊戌變法運動之影響，朝廷欲刷新政治，改革司法，遂於光緒32年（即西元1906年）改刑部為法部，專任司法；改大理寺為大理院，專掌審判，並擬定大理院審判編制法，係為法院組織法之創始。

　　民國元年，改法部為司法部，置司法總長一人，職掌全國司法行政，佐以司法處長處理部務。法院組織則仍沿用清制，亦設大理院，並置同級總檢察廳，分負審判與檢察之職責；至於行政訴訟及公務員懲戒，則係於民國3年先後公布平政院編制令與文官懲戒委員會編制令，設立平政院及文官高等懲戒委員會，分別掌理行政官吏之違法不正行為與全國薦任以上高等文官之懲戒等案件。

　　地方司法制度亦沿用清末新制，於各省城設高等廳，距省城道遠而事繁之商埠設高等分廳，各府治之首縣則設地方廳及初級廳等，採四級三審制；各級審判廳分設同級檢察廳，除袁世凱於北京政府稱帝，令縣知事兼理司法，回復行政、司法混合制度之時期以外，檢察廳均對於同級審判廳獨立行使其職權。民國16年，國民政府奠都南京，司法部通令各省，將高等廳改稱高等法院，地方廳亦改稱地方法院，並裁撤檢察廳，而將檢察官配置於各級法院之內，除最高法院檢察署外，不設獨立之檢察機構。

　　如前所述，民國成立前之司法制度均附麗於行政制度之內，並無獨立之地位。自清末改制以來，歷經民國初年屢次之變革，司法權之獨立已成為一種常規。嗣於民國17年開始試行五權制度，司法權儼然已成為五種治權之一，與其他四權駢肩而立。而司法院既與其他四院立於平等之地位，遂正式確定司法院於我國政治體制中之獨立地位。司法院為國民政府最高司法機關，設院長、副院長各一人，院長綜理院務；院長因事故不能執行職務時，由副院長代理之。下設下列機關：最高法院、行政法院、懲戒法院。最高法院依法行使民刑訴訟事件之最高審判權；行政法院依法掌理行政訴訟審判事宜；懲戒法院依法掌理公務員懲戒事宜。民國21年國民政府公布法院組織法，惟順延至民國24年7月始正式施行，其中規定法院改採

三級三審制，以地方法院爲第一審，高等法院爲第二審，最高法院爲第三審，亦即以最高法院爲民事、刑事訴訟案件之終審機關。同時，實施審檢分隸，將司法行政部改隸於行政院，檢察機關配置於法院，法院爲檢察官執行職務之場所，二者並無上下服從及隸屬關係，此即爲現行司法制度之雛型。

第三節　司法制度之特性

司法制度既爲完整遂行國家司法權內涵之法律制度，故其與立法部門及行政部門同屬國家統治權作用行使之重要環節，自無疑義。司法權固與行政權之性質相同，爲適用和執行立法權所制定法律之國家權力，惟其權力之行使係以就具體事件爲事後救濟之型態爲主要，故與行政權行使之方式仍有差距。甚且，司法制度之設置，其目的不僅試圖將司法權運作獨立於行政權及立法權以外，同時更期許藉由憲法權力分立架構之設計，對於立法權及行政權形成適當及良性之制衡力量。欲瞭解司法制度在憲政制度上之角色與定位，以及爲隨時檢驗其行使司法權不逾憲政分際，司法制度之重要特性自應先予釐清。茲就司法制度之特性，分述如下。

一、多元性

各國司法制度有採司法一元主義者，如美國、日本者是；亦有採司法二元或多軌主義者，如德國、法國等。我國法制繼受歐陸國家大陸法系之精神甚多，故沿襲德、法等國二元或多軌司法制度，在司法院架構下，除設大法官若干人以外，並分設最高法院、最高行政法院及懲戒法院等司法機關，以專業分工，分層負責之設計，行使憲法所賦予司法部門之職權。

二、專業性

司法院分設大法官、最高法院及其以下各級法院、最高行政法院及其以下高等行政法院和懲戒法院等，分別掌理憲法、法律、命令之解釋，民事、刑事訴訟案件之審判，行政訴訟案件之審判，以及公務員懲戒案件

之審理等事項。各個司法機關除各有專司個別負責以外，且各自獨立，在專業職務領域上不相隸屬，相輔相成，以構成我國司法權行使之全貌。同時，各個司法機關亦依其法定權責之種類與特質，遴任具備不同專業背景之司法人員，依法承辦解釋、審判、懲戒及檢察等事務。司法人員非經考訓，不得任用，故不論其屬於何種職系，均具備相當程度之專業性。

三、獨立性

憲法第80條規定：「法官須超出黨派以外，依據法律獨立審判，不受任何干涉。」故法官審判之獨立，不僅為憲法所明文保障，同時更為現代民主法治國家司法權行使之特徵。司法審判權之行使固須全然獨立於行政權及立法權之外，不得受其牽制，亦須超出黨派，以確保審判之中立。此外，法官本人亦不得因個人好惡、一己之私或主觀成見而影響裁判之結果，應本於良知理性與司法倫理相關標準，以及不惑、不憂、不懼之節操，依法審判，不受任何干涉。自民國85年1月1日起廢止實任法官裁判書送閱制度，更使得法官審判受到司法行政單位或有關行政人員不當干涉之可能性大為降低。

四、客觀性

司法制度恆以發見真實，實現公平正義為目的，無論於解釋權、審判權，甚至部分司法行政權之行使上，司法機關均以客觀聽訟者、仲裁員或裁判員之立場，對於當事人所提出之主張及證據加以斟酌，並釐清事實真相，進而適用法律，宣示裁判之效果，用以具體實現國家社會之公平正義理念。同時，司法裁判關係人民基本權利之保障與限制至鉅，為避免人為疏失影響司法之公正與客觀，司法制度乃有階層制機關之設置及審級救濟制度之設計，俾使同一事件經由不同司法機關及司法人員共同審理，以期降低司法官員在認事用法上發生錯誤或不當之可能性，其對於提高政府威信及保障人民合法權益方面，更具實效。

五、事件性

在我國司法制度中，除於司法院大法官審理解釋憲法或統一解釋法令

等部分案件得採行抽象法規違憲審查機制以外，司法審判機關不論係爲廣義或狹義之法院，抑或爲形式或實質之法院，均僅得以具體事件爲其實施審理職權之對象，故與立法機關對於法令爲一般性或抽象性之制定者明顯有別。當事人請求審判機關或法院爲裁判之權利，謂之訴權。而訴權之行使，即以有對立當事人之存在且眞實發生具體法律權益之侵害爲前提。司法審判機關只有在實際爭執確然發生，且經有利害關係之當事人聲請裁判以後，始得針對個別事件爲特定性及事後性之救濟。關係人之法律權益如僅係有被侵害之可能，尚不足以發動訴權，其縱有發動，審判機關亦得以案件尚欠缺眞實爭執爲理由，駁回當事人之請求。

六、被動性

司法機關行使憲法、法律、命令之解釋，民事、刑事和行政訴訟之審判，以及公務員懲戒案件之審議等，均適用不告不理之被動性原則，故而非經當事人之請求，司法審判機關或法院不得主動自爲審理或作成裁判。由是，司法權被動發動之特點，自與行政權及立法權主動積極辦理事務之角色不同。此一特點，在民事訴訟案件之審理上尤爲顯著。

七、確定性

司法審判機關受理訴訟案件，如有關裁判一經終局確定，當事人即不得對之再行提起同一訴訟，否則將違反司法審判機關審理案件所堅守之「一事不再理」原則。所謂終局裁判確定，係指裁判經過上訴期間或當事人不爲上訴，或終審機關已爲裁判等之情形而言。而堅守「一事不再理」原則，乃在確保終局裁判之既判力與確定力，否則如任令終局確定之裁判反覆訴訟，不僅不符訴訟經濟之要求，同時更將虛耗司法公器，導致司法審判機關或法院喪失扮演國家裁判性作用之角色與公信力。惟「一事不再理」原則並非一成不變，如當事人認爲裁判有非常上訴或再審之理由，其非不得依法定訴訟程序請求變更業經確定之終局裁判。

八、權威性

基於憲法權力分立架構之體系運作作用，司法院爲國家最高司法機

關，與分設之最高法院、最高行政法院及懲戒法院分別為司法解釋權、審判權及懲戒權之最高審理機關。司法院大法官經由司法審查權之行使，得審查立法行為及行政行為之合憲性地位，如有違反憲法者，並得宣告系爭行為無效或失其效力。同時，最高行政法院亦得在行政訴訟中，經由裁判撤銷行政機關所為之具體行政處分。更有甚者，懲戒法院在公務員懲戒案件中，並得以判決推翻足以改變公務員身分或對於公務員有重大影響之行政懲誡處分。凡此，均屬憲法賦予司法權司法審查機制以有效制衡其他分立統治權之明證。由於司法機關對於憲法有最終解釋之權，而使得其得以分立相承架構及平等相維基礎與其他四種治權機關並立存在，其所為國家裁判性作用因在憲法上具有最高性與權威性，故而對於司法問題及法律事件乃享有最終裁決之職權。

第四節　司法制度之功能

現代民主法治國家除以民主程序產生民意機構，實現主權在民理念以外，並於其政治組織中以權力分立理論將政府統治權加以分割，使得各種權力得以分立而相互制衡。司法權在此一憲法意義下，即負有實質監督制衡行政權與立法權之任務。司法制度既為司法權行使之主體，其所具有之功能則應有以下數端，茲分述之：

一、維護憲法

憲法為國家之根本大法，人民權利義務之保證書。而司法院大法官解釋憲法，不僅有助於釐清憲法上之疑義，闡明憲法之本旨，同時更可藉由憲法解釋之聲請，掌握新時代之脈動，使憲法得以有效因應國家社會之潮流與變遷，對於國家整體憲政運作之發展及人民基本權利之保障，扮演積極與不可或缺之角色。此外，法律命令不得牴觸憲法，各級法院法官依據法律，獨立審判，於其適用法律時適時表示其合法適當之見解，亦能有效發揮憲法維護者之功能。

二、保障人權

　　憲法第16條明定「人民有訴訟之權」，而訴訟權則包括實施民事訴訟、刑事訴訟及行政訴訟等權能。法院乃為適用民、刑及行政實體法及程序法之樞紐，足為人民權利寄託之所在。至於有關人民權益之保障，司法機關除於具體訴訟事件中，以裁判作為定紛止爭、實現社會公平正義之主要手段以外，更擴大人民聲請解釋憲法及統一解釋法令之範圍，並檢討將公務員懲戒案件訴訟程序化，益加使得人民權益受到更為周延之保障。

三、勵行法治

　　民主之基礎在於法治，法治之重心則在於司法制度。現代國家莫不講求民主與法治，人民固然期待一個強而有力之萬能政府為其謀取最大福利，但又冀望政府能夠謹守分際，依法行政。是以，司法機關本於權力分立理論及制衡原理，一方面為鞏固憲政，對於其他政府部門寄予尊重；另一方面則又為保障人權，對於政府行為行使司法審查。因之，司法制度之運作，具有奠定法治基礎、勵行法治國思想之作用，要無疑義。

第二章 ｜ 法　院

第一節　法院之概念

第一項　法院之意義

「法」者，「灋」也，說文有謂：「灋，刑也，平之如水，廌所以觸不直者去之，從廌從去。」其「廌」字下又云：「廌，解廌獸也，似牛一角，古者決訟，令觸不直者。」故「法」字本身即蘊涵實現公平正義之觀念；而「院」者，則爲「官廳、場所」也。是以，所謂「法院」，應係指「實現公平正義之官廳或場所」也。然而公平正義之實現，首須仰賴公正超然之獨立機關，依法行使主權擁有者所賦予之審判權能。觀察現代民主法治國家憲政法制，莫不將審判權納入國家統治權作用之一以行使，並依憲法權力分立精神及與政府權力行使有關之制衡原理，將傳統處罰犯罪審斷個人間爭訟之實施權能歸屬於司法部門，由司法審判機關或法院獨立行使之。職是之故，法院在現代憲法上之意義，乃係指憲法所創設獨立行使司法審判權之國家司法機關而言。茲依據現行憲制，將法院之意義析述如下：

一、法院係憲法創設之國家機關

國家行使審判權，亦屬統治權作用實現之重要環節，故應有特定國家機關予以掌理，才可有效善盡上述職能。憲法基於權力分立精神，乃於憲法第82條創設各級法院，並賦予各個法院掌理憲法第77條所定民事、刑事、行政訴訟之審判及公務員之懲戒等職權，爲國家行使司法審判權之特定機關。人民得依憲法第16條所賦予實施訴訟之權，向所屬管轄法院提起訴訟，並依法請求該管法院給予適當之司法裁判及救濟。同時，在該管法院管轄權區域所及範圍內之有關人民及事務，亦有接受該管法院裁判拘束

之義務。

　　我國爲單一制國家，除依憲法第77條將審判權賦予司法院及各級法院掌理外，並於同法第107條第3款、第4款及第13款規定，關於刑事、民事、商事之法律、司法制度及憲法第77條所定關於中央之事項，由中央立法並執行之。因此，全國所有法院，無論其係屬於何種類型或層級，均屬中央政府之國家機關，故與省（直轄市）、縣（市）、鄉鎮（市）政府所屬各級機關係屬地方政府機關之性質不同。是以，地方制度法有關組織、人事及預算編列及使用等規定，對於各級法院即無適用的餘地。

二、法院係行使司法審判權之國家機關

　　司法權爲國家統治權作用行使之重要內涵，依現行憲政體制，司法權應包含審判權、懲戒權、解釋權、司法行政權及總統、副總統彈劾權和違憲政黨解散權等事項。基於司法二元或多軌化體系，各項職權均由專屬司法機關分別掌理之。是故，在我國司法機關中亦有未行使司法審判權者，例如司法院雖爲國家最高司法機關，但僅得對於各級法院行使在司法行政上的監督之權，至於民事、刑事、行政訴訟之審判，以及公務員懲戒之審理，則分別由其所轄屬各級法院直接掌理之，司法院及其所屬各個幕僚機構對於上述案件並無直接受理審議之職權者即是。甚且，司法院大法官除在總統、副總統彈劾案及政黨違憲解散案組成憲法法庭審理有當事人對立存在之具體爭執事件以外，其在行使解釋憲法及統一解釋法律及命令等職權時，不論就審理方式或就審理對象而言，均與以處罰犯罪審斷個人間爭訟爲目的，針對特定事件現時解決對立當事人間眞實爭執之傳統審判權意涵顯有不同，且依憲法規定其更有受理立法委員單純抽象法令規範違憲審查聲請而行使憲法解釋之情形。凡此，司法院大法官除與一般法院同屬遂行國家裁判性作用之司法機關以外，其職權行使在形式上甚難謂與直接行使司法審判權之普通法院或特別法院同其性質。

　　此外，國防部所屬各軍種之各級軍事法院，乃係依據陸海空軍刑法及軍事審判法等之規定，對於現役軍人及戰地或戒嚴區域之人民行使軍事審判權，其目的乃在遂行國家元首之軍事統帥權與達成國家在國防及軍事

上的戰鬥任務，故亦與各級法院係依據憲法權力分立精神行使司法審判權的性質大異其趣。從而，各級軍事審判機關或軍事法院不僅不宜歸屬爲憲法上之司法機關，其更應不宜類屬於平時憲法所創設之各級法院之意涵之內。惟司法院釋字第436號解釋表示，現役軍人負有保衛國家之特別義務，基於國家安全與軍事需要，對其犯罪行爲得以法律明定軍事審判之特別訴訟程序，但非謂軍事審判機關對於軍人之犯罪有專屬之審判權。本於憲法保障人身自由、人民訴訟權利及同法第77條之意旨，現役軍人於非戰爭期間經終審軍事審判機關宣告有期徒刑以上之案件，自應許被告直接向司法審判機關普通法院以判決違背法令爲理由請求救濟。

　　爲兼顧國家戰時追訴軍事犯罪以維護軍紀與國防實需等特別情勢及憲法對於現役軍人訴訟權之周延保障，國防部所屬各軍種之各級軍事法院對於現役軍人犯陸海空軍刑法或其特別法犯罪行爲實施追訴及軍事審判之管轄權範疇，應僅適度限縮適用於戰爭期間[1]。依據軍事審判法第1條第2項、第237條之規定，現役軍人於承平時期犯陸海空軍刑法或其特別法之罪，應由司法審判機關普通法院依刑事訴訟法追訴、處罰。軍事法院與普通法院對於軍人犯罪兼具審判權，惟二者審判行使權源及目的仍有不同。在憲法權力分立架構下，前者爲法律上之法院，踐履行政審判權，爲行政權行使範疇；後者爲憲法上之法院，踐履司法審判權，爲司法權行使範疇，要均屬國家統治權所衍生裁判性作用之表徵，且二者事實審終審裁判均受憲法賦予司法機關司法審查權之拘束與監督。軍事審判法修正施行後，軍事法院將案件移送普通法院審判，僅係審判機關變更所生之案件移轉，爲審判權責由軍事審判機關移轉管轄至司法審判機關之問題，並非軍事法院或普通法院究竟有無審判權之問題，是應注意[2]。

　　關於我國司法審判權之內涵究竟爲何，部分論者間有提及，但或許是因爲詮釋憲法之面向各有差異，或許是因爲我國憲政之發展仍待觀察，故

---

[1]　參閱立法院公報第102卷第47期院會紀錄，2013年8月6日。

[2]　參照司法院訂頒法院辦理軍事審判法修正施行後軍事法院移送軍法案件應行注意事項第4點。

而尚未形成較具共識性之結論，殊屬遺憾。有謂依據憲法第77條將審判和懲戒分別規定之立法意旨觀察，司法審判權應僅指對於民事、刑事及行政訴訟之審判而言；至於對於公務員懲戒事件之審理，則屬國家對於公務員懲戒權行使之範疇，係爲維護政府威信與整肅公務員官箴與風紀，基於公務員與國家公法上之職務關係所形成的內部監督制度，故其性質究與司法審判權未盡相同，自不宜混爲一談，影響司法機關事權劃分之明確性與嚴謹性。

惟持反對見解者則認爲，懲戒法院對於公務員懲戒案件之審理，與各級法院對於對立當事人爭執事件之審判，在本質上並無二致，二者除均屬國家裁判性作用之行使以外，懲戒法院與各級法院之裁判相同，均有限制人民權利及拘束全國機關和人民之效力。是故，懲戒法院應屬具有實質審判意涵之司法機關，其對於公務員所行使之懲戒，自與各級法院對於人民所行使之審判相同，均屬憲法所賦予司法機關司法審判權之作用。在憲政定位上，其應爲憲法所創設審理公務員懲戒案件之特別法院，與行政法院爲憲法所創設審理公法上爭執事件之特別法院之定位並無不同。

甚且，部分支持反對見解論者更強調，司法審判權之範圍，應以司法機關權限行使者是否爲憲法第80條及第81條所指稱之法官而爲認定。由於依據司法院釋字第162號解釋意旨，懲戒法院法官、最高法院及其以下各級法院或分院之法官、最高行政法院及其以下高等行政法院之法官，均屬憲法第80條及第81條所指稱之法官。是故，懲戒法院應與最高法院及其以下各級法院或分院及最高行政法院及其以下高等行政法院相同，同爲行使司法審判權之國家機關。從而，憲法第77條所定民事、刑事、行政訴訟之審判，以及公務員之懲戒，均歸屬於司法審判權之內涵，要無疑義。

就我國憲法日漸倚重司法鞏固憲政之趨勢，以及司法爲權利最終守護者之看法日漸深植民眾觀感之情形觀察，我國司法審判權之範圍，應採取上述反對意見之取向，始可符合未來憲政發展與人民權利保障之需要。茲此，憲法除應肯認懲戒法院法官亦爲憲法第80條及第81條所指稱之法官以外，司法院釋字第396號解釋更表示，懲戒機關之成員既屬憲法上之法官，依憲法第82條及司法院院釋字第162號解釋意旨，則其機關應採法院

之體制，且懲戒案件之審理，亦應本正當法律程序之原則，對被付懲戒人予以充分之程序保障，例如採取直接審理、言詞辯論、對審及辯護制度，並予以被付懲戒人最後陳述之機會等，以貫徹憲法第16條保障人民訴訟權之本旨。依據上揭解釋意旨，有關懲戒法院所掌理司法懲戒權事項應否歸屬於司法審判權內涵之問題，在我國司法實務上顯已形成積極而正面之共識。

　　此外，為強化司法院最高審判機關化或司法院法院化之建設基礎，以及為深化司法院就是最高法院之制憲原意，司法院釋字第585號及司法院釋字第599號解釋陸續表示，司法院大法官依據憲法，獨立行使憲法解釋及憲法審判權。基於上揭解釋意旨以觀，憲法解釋權與憲法審判權均屬大法官職權行使一體之兩面，二者互為表裡，前者乃以確保民主憲政國家憲法之最高規範為目的；後者則就人民基本權利保障及自由民主憲政秩序等憲法基本價值之維護，作成有拘束力之司法判斷，均為憲法所明文規定之司法核心範圍權限。

　　易言之，司法院大法官針對司法事件之憲法爭點解釋憲法，並依據適當憲法解釋作成司法性判斷，其職權行使之手段與目的，在性質上與一般法院針對特定爭執事件之法律爭點解釋法律，並依據適當法律解釋作成法院裁決並無不同。是以，司法院大法官之憲法解釋權與憲法審判權應合一行使之，以憲法解釋為手段，而以憲法審判為目的，二者在邏輯上不宜分割，且均屬司法審判權之核心內涵。若此，依據憲法第79條第2項及憲法增修條文第5條第4項所賦予司法院大法官之各種國家裁判性職權，均屬司法審判權完整內涵之一部分。現階段除依憲法訴訟法將司法院大法官自會議形式轉化為憲法法庭行使職權外，為落實司法院遠程目標朝司法一元化願景規劃，亦即將司法院轉型為最高審判機關及將大法官正名為終審法院法官，我國司法審判權內涵之沿革與發展，在未來司法改革進程中仍值得注意。

三、法院係行使司法審判權之獨立機關

　　現代民主國家實施憲政，莫不基於權力分立理論精神，將國家統治權

作成適度之分割，而各個權力部門之間亦不相隸屬，各自獨立，且經由憲法上之權力制衡設計，建立各個權力部門之間分立而依存之關係，其目的乃在確保人民權利免受無限權力政府之不當干預及恣意侵害。我國司法權自民國肇建以來，即明顯地與行政權分離，且另設法院，自成系統。各級法院行使司法權，對外固不受其他權力機關之支配；對內亦在憲法第80條及第81條之明確保障下，保證法官審判獨立不受任何力量之干涉。依我國憲制，各級法院不僅係行使國家司法權之中央機關，同時更係獨立行使司法審判權之唯一機關。

　　憲法第80條明定法官須依據法律，獨立審判。法官若悖離法律，則審判失去依據，自無獨立之可言。蓋法律乃係特定社群於特定時空背景下所形成之共同意志，其應代表當代社會所體現相當重要之公平正義理念。法官鑽研法律，體會法律，進而適用法律，應以發掘法律所蘊涵之公平正義理念為職志。若捨現行有效法律而不用，其審判必流於恣意獨斷，甚至為主觀或外在因素所左右，其結果不僅危及審判獨立，同時更使得社會公平正義之理念無法具體實現。由是，法院不僅是依據法律，獨立行使審判權之司法機關，同時更是透過獨立公權力，強制實現社會公平正義理念之國家機關。

第二項　法院之分類

　　法院依所實施審判之性質與目的而為設置，故為充分發揮司法審判權保障人民權利之實效，應對於各個法院予以分類，並針對各個法院之同質性及差異性加以歸納及分析，以正確掌握各個法院所行使職權之範圍與分際。

第一款　依審判權之內涵而為分類

　　法院依其審判權行使之內涵而為分類，可分為最廣義之法院、廣義之法院、狹義之法院及最狹義之法院等四種類型：

一、最廣義之法院

所謂最廣義之法院，乃係泛指一切行使紛爭裁決權限之國家機關而言，故最高法院及其以下各級法院或分院、最高行政法院及其以下各級行政法院，以及懲戒法院等司法審判及懲戒機關固屬最廣義之法院，司法院大法官行使職權成立憲法法庭亦屬最廣義法院之範疇。

此外，行使準司法裁決職能之行政審議機關，例如行政院所設訴願審議委員會、公平交易委員會和消費者保護委員會，以及中華民國軍艦在本國與敵國開戰期間內關於海上捕獲事項所專設之海上捕獲法庭，及國防部所設各級軍事審判法院等，亦應包括在內。由於此一類型審議機構之設置，係以透過國家公權力解決人民與人民之間或人民與政府之間有關具體爭執事件為其主要特色，且與傳統上行使處罰犯罪審斷個人間爭訟之審判法院之職能類似，故又稱此一類型之法院為固有意義之法院。

同時，為因應近代工商發展人民與人民之間交易型態及交往關係日益熱絡、複雜之情況，任何爭執事件如均請求法院審理，不僅將徒增法院訟累及辦案負擔，同時更由於案件專業程度之需求日益提高，而使得法院裁判不易使當事人甘於誠服致影響司法公信力。有鑑於此，各國立法例均有建立各種訴訟外紛爭解決途徑（Alternative Dispute Resolution, ADR）以取代或代行傳統法院審判職權之趨勢，例如以官方或民間立場所成立之仲裁庭、調解委員會或和解、協商機構，甚至以解決特定紛爭為目的由當事人所自設之迷你法庭、簡易陪審等均屬之。由於依上述訴外紛爭解決機制所作成之決定經法院認可後，在當事人之間與法院之確定判決有同一之效力，故就其所遂行之審判職能而言，亦屬最廣義法院之範疇。

二、廣義之法院

所謂廣義之法院，則係指行使司法審判權及裁判性國家作用之國家司法機關而言，故不論其係掌理民事、刑事訴訟案件審判之普通法院，或係掌理行政訴訟案件審判及公務員懲戒案件審理之特別法院，以及依憲法規定審理解釋憲法和統一解釋法律及命令案件之憲法法庭等，均屬廣義法院之範疇。

此外，行使國家檢察職權之各級檢察機關或檢察署雖非屬於職司司法審判職權之司法機關，亦非憲法第8條第1項所指稱審問處罰之法院，但自行憲以來，由於檢察機關配置於法院，而使得檢察官辦公場所往往與法官合一，形成檢察署與法院合署辦公之情形；縱使在民國69年實施審檢分隸以後，審檢合署辦公之印象仍然存在，成為民眾心目中所呈現法院之概念。為維持司法制度之安定與便利人民行使訴權，現行法院組織法第58條因而規定：「各級法院及分院各配置檢察署。」逕自將不相隸屬之各級檢察署及其檢察分署配置於普通法院之組織體系內。由是，依據法院組織法之規定，最高檢察署及其以下各級檢察署或其檢察分署亦屬廣義法院之範疇，為憲法授權法院組織法所定之法院。惟依據司法院釋字第392號解釋排除檢察機關為審問處罰法院之意旨以觀，法院組織法便宜納入各級檢察署以為規範，不僅將使司法院及法務部主管法令之事權劃分不明，同時更將使兩種職權行使不相隸屬甚且互有權力制衡關係之司法審判機關與廣義司法行政機關混而為一。此一作法，是否違反憲法第8條第1項分立規範司法機關和法院之意旨及憲法第82條憲法保留之限制，尚待釐明。

　　憲法第82條規定：「司法院及各級法院之組織，以法律定之。」司法院組織法第6條規定：「司法院設各級法院、行政法院及懲戒法院；其組織均另以法律定之。」關於普通法院之組織，乃分別制定法院組織法及少年及家事法院組織法等；而關於特別法院之組織，則分別制定行政法院組織法、智慧財產及商業法院組織法及懲戒法院組織法等。由於以上各種法院組織法均係依據憲法第82條之授權而制定，故除檢察機關外，廣義之法院又稱為憲法之法院。至於司法院大法官因憲法增修條文第5條第4項規定組成憲法法庭，並依據司法院組織法第3條規定成立憲法法庭行使憲法增修條文及憲法訴訟法所明定之各項職權，亦屬廣義法院之內涵。

三、狹義之法院

　　所謂狹義之法院，則專指各級法院為掌理民事、刑事、行政訴訟案件之審判及公務員懲戒案件之審理而分設之各個法庭及其有關司法人員等而言，至於行使法院組織法第60條所定檢察職權之檢察機關則不包括在

內。是以，各級法院院長、懲戒法院院長、庭長、法官、書記官、通譯、法警、執達員、錄事、庭務員等，分別依據法院組織法、少年及家事法院組織法、行政法院組織法、智慧財產及商業法院組織法及懲戒法院組織法等相關規定，就其職掌事項共同組成獨立且職能完整之司法審判及懲戒組織，即屬狹義法院之內涵。由於其具備遂行法院審判與懲戒之完整職能，故又稱之為形式意義之法院。

四、最狹義之法院

所謂最狹義之法院，則僅係指實際參與審判並作成司法裁判之獨任制或合議制之法官而言。由於其為法院審判實施與運作之核心，故亦稱之為實質意義之法院。最狹義之法院因法官審判之風格與特質之不同而有所差異，英美國家在司法實務上往往以獨任制法官或合議庭審判長之姓氏命名某一法庭，以凸顯特定法官之辦案傾向或風格，進而歸納分析該特定法官或法院之法律意見取向，對於提升法官與律師在法庭上之互信與良性互動，則確有助益。我國民事、刑事及行政訴訟法規定所稱之法院與公務員懲戒法規定所稱之懲戒法庭，多指最狹義之法院而言。

第二款　依設置之依據而為分類

法院依其設置之依據而為分類，可分為憲法上之法院及法律上之法院等二種類型。所謂憲法上之法院，乃係指依據憲法有關規定所設置之法院而言，例如司法院大法官依據憲法增修條文第5條第4項有關規定組成憲法法庭，以及各級法院依據憲法第82條有關規定而以法律設置者即屬之。由於憲法上之法院係依據憲法權力分立理論所設計，為確保司法權獨立完整及保證人民應受憲法第80條法官獨立審判不受任何干涉之目的而設置，故其除行使憲法所賦予之各種審判職權以外，在憲政上維護憲法及保障人民權利之使命與宗旨較法律上之法院更為明顯。

所謂法律上之法院，則係指憲法所定憲法法庭及各級法院以外，為解決紛爭或行使準司法裁判職能，而依有關法律規定所設置之其他法院而言，例如依據海上捕獲法庭審判條例所設置審判海上捕獲事件之各級海上

捕獲法庭，以及依據軍事審判法所設置審判現役軍人於戰爭時期犯陸海空軍刑法或其特別法之罪之各級軍事法院等均屬之。此外，依據法院組織法第58條之規定檢察署配置於各級法院及其分院獨立行使檢察職權，在我國司法體系中具有廣義法院之地位，但仍屬法律上法院之類型。

　　由於法律上之法院係爲履行特定準司法裁決職能而依據有關法律之授權所設置，基於法律保留及授權明確性原則，該類設權法律除應對於法律上法院所授予權限之範圍予以明確界定以外，其亦應注意所設置法院行使之職權是否涉有違反憲法權力分立理論之情事。基於憲法權力分立理論之精神，法律上法官於法律上之法院雖得依法行使有關審判或裁決之職權，但其發動與運作，對於憲法保障人身自由及人民訴訟權之實現至關重要，故除應符合憲法正當程序原則之最低要求以外，亦應受憲法上法官司法審查權行使之拘束。依此，司法院釋字第436號解釋所宣示，現役軍人於承平時期經終審軍事審判機關宣告有期徒刑以上案件應許其直接向普通法院以判決違背法令爲理由請求救濟之部分，基於舉輕明重法理，現役軍人被告於戰爭時期蒙受相同境遇時，亦應允其適用上述解釋意旨，直接向普通法院以判決違背法令爲理由請求救濟。

第三款　依管轄權之歸屬而爲分類

　　法院依管轄權之歸屬而爲分類，可分爲普通法院與特別法院等二種類型。所謂普通法院，乃係指管轄民事、刑事及其他法律規定訴訟案件審判事務之最高法院及其以下各級法院或其分院，與管轄少年及家事案件審判事務之少年及家事法院等之司法審判機關而言。所謂特別法院，則係指掌理憲法解釋及憲法審判事項之憲法法庭，管轄行政訴訟案件審判事務之最高行政法院及其以下各級行政法院與管轄智慧財產案件審判事務之智慧財產及商業法院，以及管轄公務員懲戒案件審理事務之懲戒法院等之司法審判機關而言。普通法院與特別法院本非法院組織法等相關法律之法定名稱，但自行憲以來，則始終爲司法院解釋及各級法院裁判所一再沿用，故已成爲學理上及實務上所共同認知之概念。現行民事訴訟法、行政訴訟法

部分條文及司法院訂頒有關法規已有使用普通法院代表民事、刑事通常訴訟管轄法院，刑事訴訟法部分條文亦有使用特別法院代表通常法院以外其他類型訴訟管轄法院之實例，但在法制上仍欠缺一致之立法解釋，有待改善。

其次，管轄權與審判權之意義尚有區別。某項爭執事件應否歸屬司法機關審判，係為審判權之問題；而某一司法審判機關得否就特定爭執事件進行司法審判，則係管轄權之問題。是故，審判權乃係關於國家統治權應如何分割行使之事項，例如因市民生活所致生民事爭訟事件應歸由司法審判機關普通法院進行審判，戰爭期間現役軍人犯陸海空軍刑法或其特別法之罪應歸由行政審判機關軍事法院進行審判者是；至於管轄權則係關於審判權歸屬司法審判機關行使之爭訟事件應責由何一司法審判機關進行審判之事項，例如人民與政府間因公法上行為所生爭執事件應歸由行政法院審理，人民與人民間因私法上行為所生爭執事件則應歸由普通法院審理者是。審判權與管轄權二者性質殊異，不可混為一談[3]。有關司法院憲法法庭及所屬各級法院管轄權之界定及歸屬問題，則分別釐明於司法院組織法、憲法訴訟法、法院組織法、少年及家事法院組織法、行政法院組織法、智慧財產及商業法院組織法和懲戒法院組織法，以及其他有關訴訟程序事項之相關法令之中，是應注意。

第四款　依審判之層級而為分類

法院依審判之層級而為分類，可分為初審法院與上訴審法院等二種類型。所謂審判之層級，一般概稱為審級，乃係指法院在金字塔科層化上訴制度中行使審判職權之等級而言。依據各個法院管轄事務之權限，審理第一審訴訟案件事務之法院，係為初審法院，例如於普通法院，法院組織

---

[3] 論者亦謂我國法院係採行公、私二元化體系，將司法審判權再行分割為行政審判權及普通審判權，有關行政訴訟事件之審判權，除法律別有規定外，概括歸屬行政法院或特別法院，至於民事、刑事及其他法律規定訴訟事件，則歸屬普通法院。

法第9條第1款規定，「地方法院管轄民事、刑事第一審訴訟案件」；於行政法院，行政訴訟法第229條第1項規定，「適用簡易訴訟程序之事件，以地方法院行政訴訟庭為第一審管轄法院」者即是[4]。至於審理第二審以上訴訟案件之法院，則為上訴審法院，例如法院組織法第32條第2款規定，「高等法院管轄不服地方法院及其分院第一審判決而上訴之民事、刑事訴訟案件」；同法第48條第2款規定，「最高法院管轄不服高等法院及其分院第二審判決而上訴之民事、刑事訴訟案件」；行政法院組織法第7條第2款規定，「高等行政法院管轄不服地方法院行政訴訟庭第一審判決而上訴之事件」；同法第12條第1款規定，「最高行政法院管轄不服高等行政法院裁判而上訴或抗告之事件」等即是。

　　惟前述審級之概念，與各個法院在其所屬金字塔型科層體系內所位居層級之概念並非完全一致。例如在普通法院體系中，地方法院為第一級，高等法院為第二級，最高法院為第三級；在行政法院體系中，地方法院行政訴訟庭為第一級，高等行政法院為第二級，最高行政法院為第三級。但地方法院除管轄民事、刑事第一審訴訟案件之外，並得受理不服地方法院簡易庭對於簡易訴訟程序事件所為裁判之上訴或抗告案件，使得第一級之地方法院不僅為初審法院，亦同時為上訴審法院者是；又如高等法院除管轄不服地方法院及其分院第一審裁判而上訴或抗告之第二審訴訟案件外，並審理關於內亂罪、外患罪及妨害國交罪之刑事第一審訴訟案件，亦使得第二級之高等法院不僅為上訴審法院，且同時為初審法院者亦是。智慧財產及商業法院為高等法院之層級，但其除受理關於智慧財產之民事、刑事第二審上訴或抗告案件以外，並管轄關於智慧財產之民事第一審訴訟案件，而使得同一法院兼具初審法院及上訴審法院之性質。至於最高法院位居金字塔型上訴制度之頂端，為純粹上訴審法院，其管轄不服高等法院及其分院第一審或第二審裁判而上訴或抗告之第二審或第三審訴訟案件，並掌理不服地方法院及其分院第二審裁判而上訴或抗告之第三審訴訟案件。

4　行政法院自民國89年7月1日起採行審級制。

依目前現制，憲法法庭與懲戒法院雖均採行一級制，並無審理層級之設計，但為保障人民訴權，憲法訴訟法與公務員懲戒法尚在同一層級審理機構內建置上訴審救濟制度，故亦有區分初審法院與上訴審法院之實益。

第三項　法院之職權

最高法院及其以下各級法院及其分院、最高行政法院及其以下高等行政法院，和懲戒法院等，為我國憲法所創設之獨立司法審判機關，依據司法院釋字第466號解釋意旨，各個法院依其法定職掌行使職權，不受任何干涉。除法律別有規定外，關於因私法關係所生之爭執，由普通法院審判；關於因公法關係所生之爭執，則由行政法院及懲戒法院審判之。司法院釋字第540號解釋並闡示，立法機關得依職權衡酌事件之性質、既有訴訟制度之功能及公益之考量，就審判權歸屬或解決紛爭程序另為適當之設計。此種情形一經定為法律，即有拘束全國機關及人民之效力，各級審判機關自亦有遵循之義務。至於司法院大法官成立憲法法庭審理憲法訴訟法第1條所列案件，基於司法院釋字第599號解釋意旨，亦屬依據憲法獨立行使憲法審判權之司法機關，具有憲法上法院之性質。關於憲法法庭之職權，詳如前述。茲就各個法院之職權，擇要分別敘明之。

第一款　普通法院

法院組織法第2條規定：「法院審判民事、刑事及其他法律規定訴訟案件，並依法管轄非訟事件。」關於普通法院各級法院之職權，分述如下：

一、審判民事訴訟案件

民事訴訟乃係當事人因私法上之權利義務關係發生爭執，因而請求法院加以裁判，以確定其私法上權利義務之存在及範圍之法律上程序也。此一程序係以民事訴訟法為主要法律依據，但亦涉及強制執行法及破產法等有關法律之適用。質言之，民事訴訟程序，係以實現私權、維持私法秩序

及確保市民生活之安定與祥和為目的，故而凡屬人民與人民相互間在私權上有關私法性質之爭執事件，均應受各該普通管轄法院之審判。

民事訴訟既係以解決私權爭執為目的，法院審判民事訴訟案件即應以民事實體法中所明定之權利義務關係為依歸。由於我國係採民商合一之立法例，故舉凡民法、商事法及其他有關之民事特別法等，均為法院審判民事訴訟案件之實體法律基礎。故如非屬民事實體法上權利義務關係之爭執，則非民事訴訟案件審判法院所得受理管轄之案件。至於所謂民事訴訟案件審判法院，一般而言，僅係指在各級法院中審理民事訴訟案件之各個法院之民事庭而言，故而在同一法院內審理刑事訴訟案件之各個刑事庭，及依法管轄其他訴訟案件或非訟事件之其他法庭或審判組織，則不包括在內。

二、審判刑事訴訟案件

刑事訴訟乃係對於違反刑事實體法律之犯罪事件，責由檢察官提起公訴或由犯罪被害人自行提起自訴，請求法院加以追訴、審問、裁判並確定國家刑罰權之存在及範圍，以維護社會秩序與保障人民權利之法律上程序也。此一程序係以刑事訴訟法為主要法律依據，而法院審判刑事訴訟案件則係以刑法及各種刑事特別法所明定罪名及處罰規定為其論罪科刑之唯一基礎，故其對於犯罪行為所實施之刑事制裁，自不得違反法律明確性及罪刑法定主義等有關之原則。

茲應注意者，刑事訴訟雖係以實現國家刑罰權為目的，但有時亦得基於刑事制裁行使地域、時機或適用對象之特殊性質，而使得若干違反刑事實體法律之犯罪亦有非屬普通法院刑事庭直接受理管轄審判之情形，例如現役軍人於戰爭期間犯陸海空軍刑法或其特別法之罪名，應依軍事審判法由軍事法院審判者即是。

三、審判其他法律規定訴訟案件

普通法院以民事庭審判民事訴訟案件、刑事庭審判刑事訴訟案件，並設專業法庭或指派專人審判依其他法律規定應由法院管轄之訴訟案件。由

於法院審判其他法律規定訴訟案件之事例頗爲常見，僅選擇若干具有代表性者，臚列如下：

(一) 選舉罷免訴訟案件

憲法第132條規定：「選舉應嚴禁威脅利誘。選舉訴訟，由法院爲之。」總統、副總統選舉、罷免訴訟，專屬中央政府所在地之高等法院管轄（總統副總統選舉罷免法第110條）。公職人員選舉、罷免訴訟之管轄法院，則依下列之規定：1.第一審選舉、罷免訴訟，由選舉、罷免行爲地之該管地方法院或其分院管轄，其行爲地跨連或散在數地方法院或分院管轄區域內者，各該管地方法院或分院俱有管轄權；2.不服地方法院或分院第一審判決而上訴之選舉、罷免訴訟事件，由該管高等法院或其分院管轄（公職人員選舉罷免法第126條）。

選舉、罷免訴訟既非刑事訴訟事件之類型，亦非民事訴訟事件之性質，而係因人民爲行使憲法上選舉罷免之權所引起之公法上爭議事件，本應依行政訴訟法提起行政訴訟（行政訴訟法第2條）。惟行政訴訟法特別規定，「選舉罷免事件之爭議，除法律別有規定外，得依本法提起行政訴訟」（行政訴訟法第10條）。從而，依總統副總統選舉罷免法及公職人員選舉罷免法第六章選舉罷免訴訟之規定，選舉或罷免無效之訴、當選無效之訴、資格不合當選無效之訴，以及罷免案通過或否決無效之訴等，應由普通法院管轄。至於其他屬於公法上爭議之選舉罷免訴訟，則得依行政訴訟法提起行政訴訟，例如違反競選活動限制不服選舉罷免主管機關之處罰所提起之行政訴訟者即是。

依據選舉罷免法之相關規定，選舉罷免訴訟管轄法院應設選舉法庭審理選舉罷免訴訟案件，採合議制方式爲之，並應先於其他訴訟審判之，以二審終結，不得提起再審之訴。各審受理之法院應於六個月內審結（總統副總統選舉罷免法第111條、公職人員選舉罷免法第127條）。至於選舉、罷免訴訟案件之審判程序，則除選舉罷免法規定者外，準用民事訴訟法之規定（總統副總統選舉罷免法第112條、公職人員選舉罷免法第128條）。

(二) 交通裁決事件

　　道路交通管理處罰條例第87條規定：「受處分人不服第八條或第三十七條第六項處罰之裁決者，應以原處分機關爲被告，逕向管轄之地方法院行政訴訟庭提起訴訟；其中撤銷訴訟之提起，應於裁決書送達後三十日之不變期間內爲之。」行政訴訟法第237-2條規定：「交通裁決事件，得由原告住所地、居所地、所在地或違規行爲地之地方法院行政訴訟庭管轄。」同法第237-3條規定：「交通裁決事件訴訟之提起，應以原處分機關爲被告，逕向管轄之地方法院行政訴訟庭爲之。交通裁決事件中撤銷訴訟之提起，應於裁決書送達後三十日之不變期間內爲之。前項訴訟，因原處分機關未爲告知或告知錯誤，致原告於裁決書送達三十日內誤向原處分機關遞送起訴狀者，視爲已遵守起訴期間，原處分機關並應即將起訴狀移送管轄法院。」同法第237-9條並規定：「交通裁決事件，除本章別有規定外，準用簡易訴訟程序之規定。交通裁決事件之上訴，準用第二百三十五條、第二百三十五條之一、第二百三十六條之一、第二百三十六條之二第一項至第三項及第二百三十七條之八規定。交通裁決事件之抗告、再審及重新審理，分別準用第四編至第六編規定。」

(三) 少年保護事件

　　爲落實聯合國1989年兒童權利公約（Convention on the Rights of the Child），法院處理少年保護事件，應於成人系統之外，建構專責處理少年案件之專業法院，少年事件處理法因而規定，於直轄市設少年法院，其他縣（市）得視其地理環境及案件多寡分別設少年法院。尚未設少年法院地區，於地方法院設少年法庭。但得視實際情形，其職務由地方法院原編制內人員兼任，依少年事件處理法執行之。高等法院及其分院亦應設少年法庭審理不服少年法院裁定所提起之抗告案件（少年事件處理法第5條）。少年保護事件，由行爲地或少年之住所、居所或所在地之少年法院管轄（少年事件處理法第14條）。司法院於民國101年6月1日依據少年及家事法院組織法設置少年及家事法院，專責管轄少年事件處理法之案件及其他依法由少年法院、地方法院少年法庭處理之事件（少年及家事法院組

織法第2條）。

　　少年法院依調查之結果，認為有付保護處分之原因或事由時，應為保護處分之裁定。少年、少年之法定代理人、現在保護少年之人或輔佐人對於少年法院所作成有關交付保護處分之裁定，得自送達裁定後十日內，向少年法院之上級法院提起抗告。但對於抗告法院之裁定，不得再行抗告（少年事件處理法第61條、第63條、第64條）。惟少年法院依調查之結果，認少年已滿十四歲，觸犯刑罰法律最輕本刑為五年以上有期徒刑之罪或於事件繫屬後已滿二十歲，或其犯罪情節重大，參酌其品行、性格、經歷等情狀，以受刑事處分為適當時，則應以裁定移送有管轄權之法院檢察署檢察官。檢察官受理少年法院所移送之少年刑事案件後，應即開始偵查（少年事件處理法第27條、第66條）。惟七歲以上未滿十二歲之觸法兒童，應排除本法之適用，是應注意。

(四) 社會秩序案件

　　為落實憲法第8條保障人民身體自由規定，及配合司法院釋字第166號解釋有關拘留罰役應由法院依法定程序為之意旨，社會秩序維護法規定，違反社會秩序維護法之案件，由行為地或行為人之住所、居所或所在地之地方法院或其分院或警察機關管轄（社會秩序維護法第33條）。地方法院或其分院為處理違反本法案件，應視警察轄區及實際需要，分設簡易庭及普通庭（社會秩序維護法第36條）。法院簡易庭受理警察機關移送之違反社會秩序維護法案件後，除須審問或調查者外，應迅速制作裁定書。對於警察機關移請裁定之案件，該管簡易庭認為不應處罰或以不處拘留、勒令歇業、停止營業為適當者，得逕為不罰或其他處罰之裁定（社會秩序維護法第45條、第46條）。受裁定人或原移送之警察機關對於簡易庭就社會秩序維護法第45條移送之案件所為之裁定有不服者，得自送達裁定之翌日起五日內，向同法院普通庭提起抗告。但對於普通庭之裁定，不得再行抗告（社會秩序維護法第58條、第59條）。

　　此外，被處罰人不服警察機關依社會秩序維護法第43條第1項所列各款案件之處分者，得於所作成處分書送達之翌日起五日內，向該管法院簡易庭聲明異議。簡易庭認為聲明異議無理由者，應以裁定駁回之。其認為

有理由者，則應以裁定將原處分撤銷或變更之。但對於簡易庭關於聲明異議所為之裁定，不得抗告（社會秩序維護法第55條、第57條）。法院受理違反社會秩序維護法案件，除本法有規定者外，準用刑事訴訟法之規定（社會秩序維護法第92條）。

(五) 民事保護令事件

為防治家庭暴力行為及保護被害人權利，家庭暴力防治法規定，民事保護令分為通常保護令、暫時保護令及緊急保護令。保護令之聲請，由被害人之住居所地、相對人之住居所地或家庭暴力發生地之法院管轄。前項地方法院，於設有少年及家事法院地區，指少年及家事法院（家庭暴力防治法第9條、第11條）。法院受理保護令之聲請後，應即行審理程序，不得以當事人間有其他案件偵查或訴訟繫屬為由，延緩核發保護令（家庭暴力防治法第13條第8項）。關於保護令之裁定，除有特別規定者外，得為抗告。審理保護令之程序，除本法民事保護令乙章別有規定外，適用家事事件法有關規定。關於保護令之裁定，除有特別規定者外，得為抗告；抗告中不停止執行（家庭暴力防治法第20條）。當事人或利害關係人對於執行保護令之方法、應遵行之程序或其他侵害利益之情事，得於執行程序終結前，向執行機關聲明異議。前項聲明異議，執行機關認其有理由者，應即停止執行並撤銷或更正已為之執行行為；認其無理由者，應於十日內加具意見，送原核發保護令之法院裁定之。對於前項法院之裁定，不得抗告（家庭暴力防治法第27條）。

(六) 消費訴訟案件

為保護消費者權益、促進並提升國民消費生活之安全及品質，消費者保護法規定，消費訴訟，得由消費關係發生地之法院管轄（消費者保護法第47條）。高等法院以下各級法院及其分院得設立消費專庭或指定專人審理消費訴訟案件（消費者保護法第48條第1項）。消費者保護團體對於同一之原因事件，致使眾多消費者受害時，得受讓二十人以上消費者損害賠償請求權後，以自己名義，提起訴訟。消費者得於言詞辯論終結前，終止讓與損害賠償請求權，並通知法院（消費者保護法第50條第1項）。消費

者保護官或消費者保護團體，就企業經營者重大違反消費者保護法有關保護消費者規定之行為，得向法院訴請停止或禁止之。前項訴訟，免繳裁判費（消費者保護法第53條）。

(七) 撤銷仲裁判斷訴訟案件

對於現在或將來之爭議，當事人得訂立仲裁協議，約定由仲裁人一人或單數之數人成立仲裁庭仲裁之。仲裁人之判斷，於當事人間，與法院之確定判決，有同一之效力（仲裁法第1條第1項、第37條第1項）。但如有仲裁法第40條第1項各款所列情形之一者，當事人得對於他方提起撤銷仲裁判斷之訴[5]。撤銷仲裁判斷之訴，得由仲裁地之地方法院管轄（仲裁法第40條、第41條）。仲裁判斷經法院判決撤銷確定者，除另有仲裁合意外，當事人得就該爭議事項提起訴訟（仲裁法第43條）。

(八) 國家損害賠償訴訟案件

公務員執行職務行使公權力因故意或過失不法侵害人民自由或權利，公務員怠於執行職務致人民自由或權利遭受損害，或公有公共設施因設置或管理有欠缺致人民生命身體或財產受損害者，國家應負損害賠償責任（國家賠償法第2條、第3條）。公務員因執行職務行使公權力或因公有公共設施之設置或管理所致生之國家損害賠償責任，就其目的及屬性而言

5　有下列各款情形之一者，當事人得對於他方提起撤銷仲裁判斷之訴：一、有第38條各款情形之一者；二、仲裁協議不成立、無效，或於仲裁庭詢問終結時尚未生效或已失效者；三、仲裁庭於詢問終結前未使當事人陳述，或當事人於仲裁程序未經合法代理者；四、仲裁庭之組成或仲裁程序，違反仲裁協議或法律規定者；五、仲裁人違反第15條第2項所定之告知義務而顯有偏頗或被聲請迴避而仍參與仲裁者。但迴避之聲請，經依本法駁回者，不在此限；六、參與仲裁之仲裁人，關於仲裁違背職務，犯刑事上之罪者；七、當事人或其代理人，關於仲裁犯刑事上之罪者；八、為判斷基礎之證據、通譯內容係偽造、變造或有其他虛偽情事者；九、為判斷基礎之民事、刑事及其他裁判或行政處分，依其後之確定裁判或行政處分已變更者。前項第6款至第8款情形，以宣告有罪之判決已確定，或其刑事訴訟不能開始或續行非因證據不足者為限。第1項第4款違反仲裁協議及第5款至第9款情形，以足以影響判斷之結果為限（仲裁法第40條）。

應屬公法上事件，本應專由行政法院審判。惟國家賠償法特別規定，國家損害賠償，除依本法規定外，適用民法規定；損害賠償之訴，除依本法規定外，適用民事訴訟法之規定（國家賠償法第5條、第12條）。從而，如國家賠償義務機關拒絕賠償，或自提出國家賠償請求之日起逾三十日不開始協議，或自開始協議之日起逾六十日協議不成立時，請求權人自得依民事訴訟法規定向普通法院提起國家損害賠償之訴。但已依行政訴訟法第7條規定，附帶合併請求損害賠償者，就同一原因事實，不得更行起訴（國家賠償法第11條第1項、行政訴訟法第7條）。

(九) 刑事補償事件

　　依刑事訴訟法、軍事審判法或少年事件處理法受理之案件，如有非依法律受羈押、鑑定留置、收容、刑罰或拘束人身自由保安處分之執行等情形，受害人得依刑事補償法請求國家補償（刑事補償法第1條第7款）。依刑事補償法第1條第7款規定請求補償者，由為羈押、鑑定留置、收容或執行之機關所在地或受害人之住所地、居所地或最後住所地之地方法院管轄（刑事補償法第9條第1項但書）

四、管轄非訟事件

　　非訟事件係指當事人間不具訟爭性質之事件，國家為保護私權與預防爭議之發生，因當事人或利害關係人之聲請，對於人民私權法律關係之發生、變更或消滅，由法院依據有關法律為必要之參與、處置或裁決之法律上程序也。由於其係以防患未然、預防日後發生爭執為目的，且具有疏解訟累、節約國家訴訟資源之作用，故與民事訴訟係以解決現時爭執事件為目的者仍有區別。申言之，非訟事件係以人民私權有關事項為主要內容，法院依當事人或利害關係人之聲請而依相關法令加以處理，其目的乃在保護私權，在此實與民事訴訟並無二致。惟法院處理非訟事件具有濃厚之干預色彩，其在性質上多有賴法官以職權裁量而為妥適與迅速之判斷，故不以對於有關權利義務事項有所爭執之對立當事人之存在為必要，且其側重於私權侵害之預防，與民事訴訟側重於私權侵害之救濟自屬有別，此為二者不同之處。然而，非訟事件之處理雖非屬爭訟審判之性質，但依法院組

織法第2條及第9條之規定，仍由普通法院之地方法院管轄。法院所管轄之非訟事件，除法律另有規定外，適用非訟事件法之規定（非訟事件法第1條）。

　　非訟事件之裁判，除法律另有規定外，由獨任法官以裁定行之（非訟事件法第36條）。因裁定而權利受侵害者，得爲抗告。駁回聲請之裁定，聲請人得爲抗告。因裁定而公益受侵害者，檢察官得爲抗告（非訟事件法第41條）。受裁定送達之人提起抗告，應於裁定送達後十日內，向爲裁定之原法院以提出抗告狀或以言詞爲之（非訟事件法第42條、第43條）。對於非訟事件裁定不服所爲之抗告，除法律另有規定外，由地方法院以合議裁定之。抗告法院爲裁定前，應使因該裁定結果而法律上利益受影響之關係人有陳述意見之機會。但抗告法院認爲不適當者，不在此限（非訟事件法第44條）。抗告法院之裁定以抗告不合法而駁回者，不得再爲抗告。但得向原法院提出異議（非訟事件法第45條）。抗告及再抗告，除本法另有規定外，準用民事訴訟法關於抗告程序之規定（非訟事件法第46條）。

　　非訟事件之涵蓋範圍甚爲廣泛，其就狹義而言，除泛指依前述非訟事件法所規定之民事非訟事件、登記事件及商事非訟事件以外，就廣義而言，尚包括依公證法所規定之公證事件、依提存法所規定之提存事件、依強制執行法所規定之強制執行事件、依破產法所規定之破產事件、依消費者債務清理條例所規定之消費者債務清理事件、依家事事件法所規定之丁類及戊類家事事件，以及其他依民事訴訟法所規定之禁治產宣告、死亡宣告、督促程序、公示催告裁定及確定訴訟費用額等事件，種類繁多，不勝枚舉。非訟事件，究其性質，應屬爲達成審判目的所進行具有司法行政事務性質之裁判性國家作用。由於其對於人民權利之行使及保全關係重大，故爲便利及時效計算，乃責由普通法院，尤其是民眾較易接近之地方法院管轄。

　　惟爲因應非訟事件處理專業化及專責化之需求與趨勢，以及爲合理分配司法資源，避免法官兼辦非訟事件影響審判工作且損及人民訴訟權益，非訟事件得依法律移由司法事務官處理（非訟事件法第50條）。地方法院置司法事務官（法院組織法第17-1條）。司法事務官處理就受移轉之非訟

事件所為之處分，與法院所為者有同一之效力（非訟事件法第50條、第54條、民事訴訟法第240-1條、第240-3條）。聲請人或權利受侵害者對於司法事務官就受移轉事件所為之處分，得依各該事件適用原由法院所為之救濟程序（例如抗告）聲明不服。對於救濟程序應為裁定者，由地方法院為之。對於地方法院關於聲明不服之裁定，除以聲明不服不合法而駁回者不得再為聲明不服外，得向原裁定地方法院之直接上級法院提起再抗告。但對於前述不得再為抗告之裁定，仍得向原裁定法院提出異議（非訟事件法第55條）。

第二款　行政法院

行政法院組織法第1條規定：「行政法院掌理行政訴訟審判事務。」所謂行政訴訟，乃係指審理有關公法上之爭議，以確定權利或法律上利益之司法救濟程序也。行政訴訟係以檢驗中央或地方行政機關所為行政行為為目的，既屬因公法上行為所生爭執所為之審理，故行政法院審判行政訴訟事務，即應以各種行政法及相關行政法規為其主要論斷基礎，必要時，始有適用民事實體法及其相關規定之情形。行政訴訟程序，除依行政訴訟法之規定外，準用民事訴訟法之有關規定。

行政訴訟係以保障人民權益，確保國家行政權之合法行使，增進司法功能為宗旨（行政訴訟法第1條）。故行政訴訟制度之建立，除為保障人民在法律上之正當權益外，更可直接透過司法審查之機制，監督國家行政權作用之適當行使，對於檢視國家是否厲行法治，崇尚人權，乃具有指標性之意義[6]。甚且，人民行使訴訟之權，係為憲法第16條所明文保障之基本權利，依據司法院釋字第540號解釋意旨，有關私權上之爭執事件，

---

[6] 依據英國傳統「國王不為過」（The King Do No Wrong）法諺與主權豁免理論（Doctrine of Sovereignty Immunity），非經君主同意，臣民不得對君主興訟，美國憲法增修條文第11條亦有對應之規定，但迭經憲法之解釋已見揚棄，咸認基於憲法權力分立精神，政府應受司法審查之拘束與監督，並得以法律明示或默示之方式放棄主權豁免地位，而在人們提起之行政訴訟及程序中取得被訴及應訴之當事人適格。

人民固得依民事訴訟法向普通法院提起民事訴訟以為救濟；相對而言，有關公法上之爭議，人民自得依行政訴訟法向行政法院提起行政訴訟請求保障。

由是，行政訴訟法第2條因而規定：「公法上之爭議，除法律別有規定外，得依本法提起行政訴訟。」所謂法律別有規定者，例如人民得依總統副總統選舉罷免法及公職人員選舉罷免法等有關規定，向普通法院提起關於選舉無效、當選無效或罷免無效、罷免案通過或否決無效之選舉罷免訴訟，則係法律所特別規定，在性質上屬於公法爭議之案件，卻不依行政訴訟而逕向普通法院請求救濟之典例。但關於選舉罷免事件之其他爭議，則仍得依行政訴訟法第10條之規定，向行政法院提起行政訴訟，是應注意。

惟為避免濫行訴訟及為確保訴訟經濟與裁判品質，憲法上賦予人民訴訟實施之權雖應給予充分保障，但並非漫無限制，其應經由有關法律作成適當且必要之約束，始屬允當。茲此，行政訴訟法規定，行政訴訟，係指撤銷訴訟、課予義務訴訟、確認訴訟及給付訴訟等四種類型之訴訟而言。行政法院審判行政訴訟事務，即應以上述四種訴訟類型為其主要行使範圍。此外，為尊重民眾急公好義熱忱及發揮公益性團體為民服務實效，行政訴訟法乃適度調整當事人適格限制，允許人民為維護公益，得就無關自己權利及法律上利益之事項，對於行政機關之違法行為，提起行政訴訟，是為公益訴訟之類型。但關於適用此類型訴訟之情形，則應以法律有特別規定者為限（行政訴訟法第9條）。

所謂撤銷訴訟，係指為請求法院撤銷或變更行政機關在公法上對於人民所為干涉或限制其自由或權利之不利益行政處分所提起之行政訴訟而言。是以，行政訴訟法第4條規定：「人民因中央或地方機關之違法行政處分，認為損害其權利或法律上之利益，經依訴願法提起訴願而不服其決定，或提起訴願逾三個月不為決定，或延長訴願決定期間逾二個月不為決定者，得向行政法院提起撤銷訴訟。逾越權限或濫用權力之行政處分，以違法論。訴願人以外之利害關係人，認為第一項訴願決定，損害其權利或法律上之利益者，得向行政法院提起撤銷訴訟。」以上情形，係為人民向

行政法院提起撤銷訴訟之要件。

　　至於所謂行政處分，則係指中央或地方行政機關就公法上具體事件所爲之決定或其他公權力措施而對外直接發生法律效果之單方行政行爲。關於行政機關就具體事件所爲之決定或其他公權力措施，並非僅以對於特定相對人所爲者爲限。相對人雖非特定，而依一般性特徵可得確定其範圍者，或就有關公物之設定、變更、廢止或一般使用所爲之行政行爲，亦屬行政處分之內涵（行政程序法第92條、訴願法第3條），例如依據司法院釋字第156號解釋意旨，主管機關變更都市計畫如直接限制一定區域內人民之權利、利益或增加其負擔，即具有行政處分之性質者是。換言之，撤銷訴訟之提起，應以有行政機關所爲行政處分之存在爲前提。如行政機關所爲決定或其他公權力措施非屬行政處分，或系爭行政處分業因訴願及其他行政爭訟救濟程序予以撤銷，則行政法院審理該項行政訴訟事件之法律基礎即屬不存在，行政法院自應以裁定作成不受理該項訴訟事件之決定。同時，行政訴訟之標的，應以中央或地方行政機關所爲違法之行政處分爲限。所謂「違法」，依據司法院院字第354號解釋之意旨，乃係指違反現行一切有效法令規章者而言。如於法規並無違反，僅係實際上有害公益者，則僅屬不當之行政處分，當事人對於不當之行政處分，只得依訴願法向行政訴願管轄機關提起訴願，或依法向其他行政救濟機關請求申訴、申復等，行政法院不宜僭越分際，恣意干預行政機關在法律授權及自由裁量範圍下所作成之任何行政行爲。其次，所謂「違法行政處分，認爲損害其權利或法律上之利益」，則應指因違法行政處分所生之具體效果，直接損害其本人之權利或法律上之利益者而言。如於權利或法律上之利益並無損害，即無向行政法院訴請司法救濟之理由。惟權利或法律上利益是否確有損害，則依人民主觀意見或認知而爲決定，縱事實上並未發生實際損害，亦不影響人民提起行政訴訟之權益。

　　此外，因不服中央或地方機關之行政處分而循訴願或行政訴訟等行政爭訟程序請求救濟之人民，依現行法令之解釋及判例意旨以觀，除應包括受行政處分之人外，尚應包括利害關係人在內。至於所謂利害關係，則應僅指法律上之利害關係而言，法律以外在事實上之利害關係則不包括在

內[7]。從而,因違法行政處分受有損害,而得以請求行政訴訟以資救濟之訴訟上利益,除法律上所賦予之權利以外,尚應包括在法律上所保護之利益在內。依據司法院釋字第469號解釋意旨,但凡法律保護範圍以外之事實上利益,舉如因行政行為之實施所衍生之反射利益者,由於人民對於此類利益尚欠缺保護必要要件與當事人適格地位,故而上述之事實上利益,要非在行政訴訟程序上所得主張之行政爭訟利益,是應注意。至於法律上利害關係之判斷,則應以該解釋所闡釋新保護規範理論為界定利害關係第三人範圍之基準。如法律已明確規定特定人得享有權利,或對符合法定條件而可得特定之人,授予向行政主體或國家機關為一定作為之請求權者,其規範目的在於保障個人權益,固無疑義;如法律雖係為公共利益或一般國民福祉而設之規定,但就法律之整體結構、適用對象、所欲產生之規範7效果及社會發展因素等綜合判斷,可得知亦有保障特定人之意旨時,即應許其依法請求救濟。準此,非處分相對人起訴主張其所受侵害者,若可藉由保護規範理論判斷為其法律上利益受損害,固可認為具有訴訟權能,而得透過行政訴訟請求救濟;但若非法律上利益,而僅係單純政治、經濟、感情上等反射利益受損害,則不許提起訴願或行政訴訟[8]。

　　所謂課予義務訴訟,則係指人民向行政機關請求作成授予其利益之行政處分,因授予機關怠於作為或予以駁回,為請求該行政機關應為行政處分或應為特定內容行政處分所提起之行政訴訟而言。此種行政訴訟類型係為避免行政機關對於人民依法申請授予利益案件,應作為而不作為致影響人民權益所增訂。從而,行政訴訟法第5條規定:「人民因中央或地方機關對其依法申請之案件,於法令所定期間內應作為而不作為,認為其權利或法律上利益受損害者,經依訴願程序後,得向行政法院提起請求該機關應為行政處分或應為特定內容之行政處分之訴訟。人民因中央或地方機關對其依法申請之案件,予以駁回,認為其權利或法律上利益受違法損害者,經依訴願程序後,得向行政法院提起請求該機關應為行政處分或應為

7　參照行政法院75年度判字第362號判例。

8　參照司法院釋字第469號解釋理由書及最高行政法院102年度判字第554號判決。

特定內容之行政處分之訴訟。」以上情形，係為人民向行政法院提起課予義務訴訟之要件。

　　行政機關對於人民依法申請之案件，於法律或命令所定期間內，應作為而不作為時，若因此致生損害於人民之權利或法律上利益，其結果實與行政機關積極作成違法行政處分致生人民法律權益之損害相同，故增設上述課予義務訴訟，與前述撤銷訴訟並列，俾供人民有效利用完整行政爭訟制度與程序，以周延保障人民關於在公法上爭議之權益。茲應注意者，課予義務訴訟與撤銷訴訟相同，均屬訴願前置之司法救濟程序，是以，基於憲法權力分立精神與憲法各個權力部門間之相互尊重及自我制約，人民應在依訴願程序窮盡行政機關內部救濟機制仍未獲得適當解決以後，始得依行政訴訟法向行政法院提起撤銷訴訟與課予義務訴訟等外部司法救濟程序。為避免人民因疏於熟稔行政訴訟類型而錯誤起訴，致未依法踐履訴願程序或延誤訴訟期間，影響人民訴訟救濟權益，行政訴訟法第6條第4項規定：「應提起撤銷訴訟、課予義務訴訟，誤為提起確認行政處分無效之訴訟，其未經訴願程序者，行政法院應以裁定將該事件移送於訴願管轄機關，並以行政法院收受訴狀之時，視為提起訴願。」

　　所謂確認訴訟，乃係指人民為確認行政處分是否無效，公法上法律關係是否成立或存在，以及已執行而無回復原狀可能之行政處分或已消滅之行政處分是否違法為目的所提起之行政訴訟而言。由是，行政訴訟法第6條第1項至第3項規定：「確認行政處分無效及確認公法上法律關係成立或不成立之訴訟，非原告有即受確認判決之法律上利益者，不得提起之。其確認已執行而無回復原狀可能之行政處分或已消滅之行政處分為違法之訴訟，亦同。確認行政處分無效之訴訟，須已向原處分機關請求確認其無效未被允許，或經請求後於三十日內不為確答者，始得提起之。確認訴訟，於原告得提起或可得提起撤銷訴訟、課予義務訴訟或一般給付訴訟者，不得提起之。但確認行政處分無效之訴訟，不在此限。」以上情形，即為人民向行政法院提起確認訴訟之要件。

　　為防止濫行訴訟及考量節用司法資源，確認訴訟之提起，應以原告之權利或法律上利益有即受侵害之危險，且確有非以確認訴訟判決無法及

時排除該危險之法律上利益存在，否則不得任意爲之。確認訴訟對於人民實施訴權以爲權利救濟之整體制度觀察，僅具補充性質而非並立或替代性質，其補充性不僅只針對撤銷訴訟類型而言，基於訴訟經濟及最適法律保護原則，人民如依有關法律程序可得提起課予義務訴訟或一般給付訴訟，其有關確認利益既已於前揭訴訟程序中一併獲得解決，自無須另行提起確認訴訟以爲救濟。由於確認訴訟非屬訴願前置司法救濟程序之類型，故於提起該類型訴訟之前，毋庸踐履訴願程序，是應注意。

所謂給付訴訟，係指人民以請求中央或地方機關作成基於公法上原因所發生財產上或非財產上給付爲目的所提起之行政訴訟而言。是以，行政訴訟法第8條規定：「人民與中央或地方機關間，因公法上原因發生財產上之給付或請求作成行政處分以外之其他非財產上之給付，得提起給付訴訟。因公法上契約發生之給付，亦同。前項給付訴訟之裁判，以行政處分應否撤銷爲據者，應於依第四條第一項或第三項提起撤銷訴訟時，併爲請求。原告未爲請求者，審判長應告以得爲請求。」以上情形，係爲人民向行政法院提起一般給付訴訟之要件。

人民與行政機關間因公法上原因所發生之財產上給付，與人民之間在私法關係上所發生之財產上或非財產上給付，在性質上尚屬有別，如有爭執，自不宜勉強依循民事訴訟程序予以解決，故而在行政訴訟法增訂一般給付訴訟類型之規定，俾供人民得以依循行政訴訟程序，有效解決此類在公法關係上所衍生有關財產上及非財產上給付之爭執。給付訴訟與確認訴訟相同，不採訴願前置主義，惟應注意者，人民依行政訴訟法第8條所規定因公法上原因發生財產上給付所提起一般給付訴訟時，其所請求之金錢給付，應以該訴訟可直接行使給付請求權者爲限。如依實體法規定尚須經行政機關核定或確定其給付請求權者，則原告應於提起一般給付訴訟前，先行提起課予義務訴訟，請求行政法院作成命行政機關作成核定或確定給付請求之行政處分。例如對於請求金額已核定或已確定之金錢支付或溢領金額之返還，人民自得向行政法院直接提起一般給付訴訟。但對於尚待行政機關核定或確定之公法上請求權，例如稅務機關不當得利之存在及返還金額等，則應請求主管行政機關先爲核定或確定。如捨上述途徑而逕向行

政法院提起一般給付訴訟，則行政法院終將以訴訟請求欠缺權利保護必要且未具行政爭訟利益爲基礎，以無理由駁回該項行政訴訟之請求[9]。

　　此外，爲保護人民訴訟實施權益及簡化訴訟程序，應准許人民於提起行政訴訟之際，合併請求損害賠償或其他財產上之給付，故而於行政訴訟法第7條規定：「提起行政訴訟，得於同一程序中，合併請求損害賠償或其他財產上給付。」是以，人民向行政法院所附帶提起之損害賠償請求，自應合併適用行政訴訟上之程序，但其實體法上法律關係之判斷，則仍應以民法及有關民事實體法之規定爲主要準據。從而，民法第216條有關損害賠償不以填補債權人所受損害者爲限，尚包括依通常情形或依已定計畫、設備或其他特別情事可得預期之利益在內之所失利益等，亦應屬債權人請求損害賠償之範圍，故其在公法上所發生損害賠償之訴求，上揭民事實體法律之有關規定，亦非無準用之餘地，是應注意。

　　行政訴訟既爲裁決行政上爭訟之法律制度，其性質究與民刑事訴訟有別，是故，行政訴訟法第216條因而規定：「撤銷或變更原處分或決定之判決，就其事件有拘束各關係機關之效力。原處分或決定經判決撤銷後，機關須重爲處分或決定者，應依判決意旨爲之。前二項判決，如係指摘機關適用法律之見解有違誤時，該機關即應受判決之拘束，不得爲相左或歧異之決定或處分。前三項之規定，於其他訴訟準用之。」行政法院爲國家唯一審判行政訴訟事務之司法機關，具有最高性與終局性，中央、地方機關，以及普通法院等關係機關均有受行政法院判決拘束之義務，不得作違反行政法院裁判之處置。如行政訴訟判決構成其他有關民刑事訴訟案件之先決前提時，普通法院亦應以行政訴訟判決爲其裁判之依據。普通法院與行政法院應依司法機關一事不再理之原則，不得再對業經行政訴訟裁判之事件更行起訴。關於行政訴訟判決之執行，行政訴訟法第304條規定：「撤銷判決確定者，關係機關應即爲實現判決內容之必要處置。」行政處分經判決撤銷確定後，溯及失其效力，關係機關自應以判決所示之見解

---

[9]　參照最高行政法院103年度判字第215號判決。

為依據，重行作成處分或決定，或為其他必要之處置，俾判決內容得以實現。茲此，行政訴訟判決之拘束力、確定力與執行力等效力，與民、刑事訴訟判決之效力相較，在本質上已無存在甚大之差異。

第三款 智慧財產及商業法院

智慧財產及商業法院組織法第2條規定：「智慧財產及商業法院依法掌理下列事務：一、智慧財產之民事、刑事及行政訴訟。二、商業之民事訴訟與非訟事件。」由於科技發展及商業型態呈現多元化面向，因專利、商標及著作所形成之知識性智慧財產權不僅在性質上與傳統財產權有異，且在權利保障上亦與一般財產權不同。各國關於保護智慧財產權之實體性法律雖已藉由加入國際性組織及簽訂國際性條約等方式而能漸趨一致，但徒法不足以自行，如冀望國內知識性產權保障法制能與國際組織順利接軌及與先進國家同步實踐，非建構一套完整便捷且足以令國內外有關人士一目瞭然、易於接近之訴訟制度，恐不為功。

就傳統訴訟事件類型而言，民事、刑事及行政訴訟之審判應分軌並行，由各個專責法院或法庭分別行使之。但在今日科技產物推陳出新，進入智慧財產及商業型態多樣性之時代，同一專利權或商標權客體發生爭訟所涉及之糾紛層出不窮，在同一或相互牽連之案件中除可能涉及權利存在性及有效性之行政爭訟事件以外，亦可能同時涉及侵權行為損害賠償之民事訴訟事件與違反智慧財產刑事法律之刑事訴訟事件。為妥適因應科技產業知識產權爭執事件之特殊性質及考量智慧財產案件之專業性與時效性，以及為優化整體經商環境妥適處理商業案件，爰酌引有關國家重視智慧財產權保護之相關立法例，設置智慧財產及商業法院專門法院，掌理與智慧財產有關民事、刑事及行政訴訟案件，以及依商業事件審理法規定由商業法院管轄之商業案件[10]。

---

[10] 例如位於泰國曼谷市之中央智慧財產及國際貿易法院（The Central Intellectual Property and International Trade Court, CIPITC），即係採行智慧財產專門法院國家中將刑事納入

第四款　懲戒法院

懲戒法院組織法第1條規定：「懲戒法院掌理全國公務員之懲戒及法官法第四十七條第一項第二款至第四款之事項。」所謂公務員之懲戒，係指依據公務員懲戒法第2條之規定，公務員因有違法執行職務、怠於執行職務或其他失職行為；或有非執行職務之違法行為，致嚴重損害政府之信譽應受懲戒且有懲戒之必要者，應由監察院或各級主管首長移送懲戒法院審理之案件而言。至於移付懲法院懲戒之公務員，依司法院釋字第262號解釋意旨，應係指公務員服務法第24條所指稱之受有俸給之文武職公務員及其他公營事業機構服務人員而言。是故，無論係屬中央或地方機關之公務員，或係屬政務官或事務官之性質，所有公務員之懲戒處分案件均得送由懲戒法院審理，其目的乃在建構統整體制，以集中事權與強化憲政，進而確保政府公務員在服公職方面之法律上及程序上之正當權益。

公務員之懲戒處分係以訴訟制度為架構，對於懲戒案件之受理係採取司法機關不告不理之原則，故懲戒法院並無主動舉發公務員違法、怠於執行職務或其他違失之職權，非經監察院或各級主管首長之移送，對於公務員之懲戒案件不得逕為審理或作成判決。至於有關懲戒案件之審理與裁判程序，觀乎公務員懲戒法之內容，則包括被付懲戒人到庭言詞辯論、懲戒法院依職權進行調查、合議庭審理評議程序、懲戒案件作成裁判，以及原移送機關或受判決人提起再審等，凡此，均與民、刑事訴訟及行政訴訟案件之審理與裁判程序，在本質上並無軒輊。從而，懲戒法院為司法審判權行使之一部分，其所掌理之公務員懲戒事件亦屬憲法上法院職權行使之內涵，自屬毋庸置疑。是以，司法院釋字第162號解釋將懲戒法院肯認為憲法第80條及第81條所稱之法官，同院第396號解釋亦重申懲戒法院應採行法院對審審判機制行使職權。懲戒法院於我國司法制度中扮演實質法院之角色，在在為司法實務界所肯定，其審判權之行使與普通法院並駕齊驅，

智慧財產及商業法院之先河，且有專屬檢察機關之配署。參閱經濟部智慧財產局出席第5屆智慧財產司法會議報告，C09401614，2005年6月21日。

在保障憲法賦予人民工作權、公職權與訴訟權等權益方面，確已發生極為顯著之實效，其重要性自不容各界忽視。

第四項　法院之審級制度

第一款　概說

審級者，法院審判之層級也。法院設立審級制度，係就同一訴訟事件，於下級法院完成審判後，再移由上級法院更行審理，藉以確保裁判之公正，減少裁判之錯誤，增進人民對於裁判之信賴，進而提升社會大眾對於司法審判機關之信心與公信力。上級法院多係由學驗兼優之資深法官擔任審判，並組成合議庭，於實施審判時集思廣益、同負其責，用能達成採行審級制度之目的。而終審法院更係位於類同金字塔結構之法院審判制度之頂點，具有匡正下級法院裁判，統一法律見解之實效。下級審法院因審級制度之作用，亦有受終審法院所為裁判及法律見解拘束之義務。故而，審級制度於司法制度上備受推崇，且成為舉世先進國家所共同採行之司法審判制度。

同時，審級制度亦係為人民在憲法上所保障之訴訟利益而建立。憲法第16條雖規定人民有訴訟之權，但法院之裁判絕非始終正確無訛，任何訴訟事件如僅以一次審判即告確定，而無審級救濟制度之存在，則人民之訴訟權益自將極易為法官之獨斷專擅、情緒好惡或思慮不周所影響，甚至使法院成為貪贓枉法、營私舞弊、黑箱暗鬥之溫床。如此，人民縱有憲法實施訴訟之基本權利，仍無法依正當法律程序獲得公平合理之周延保障。故而，憲法第16條訴訟權之意涵，自應包括人民於訴訟救濟上可得接近利用之審級利益在內；而適當建構公平審理各類型訴訟事件之審級制度，更係滿足人民憲法保障訴訟基本權之先決問題。

審級制度如付諸闕如，缺乏救濟途徑，固易造成裁判不公，罔顧人民權益。惟建立層級過多之審判制度，又將造成案件稽延欠缺時效，進而違背訴訟經濟原則，人民在法律上所爭執之權益亦將無法早日確定。是故，法院審級數量之多寡，乃係採行審級制度首應解決之問題。世界各國所採

行之審級制度，因法院組織體系建制之不同而互有差異，有採三級三審制者，例如美國聯邦法院以地區法院為第一審，上訴法院為第二審，最高法院為第三審是；有採四級三審制者，例如日本法院以簡易裁判所及地方裁判所合掌第一審，地方裁判所及高等裁判所分掌第二審，高等裁判所及最高裁判所則為第三審是；有採三級二審制者，例如宏都拉斯共和國憲法規定共和國司法權由最高法院、上訴法院及普通法院掌理，但任何案件不得超過二審是；更有分割司法審判權而採行不同審級制度者，例如德國之聯邦法院體系以聯邦憲法法院為一審終結制，普通法院體系為四級三審，稅務法院體系為二級二審，其他如行政法院、勞工法院及社會事務法院等體系則為三級三審是。世界各國所採行之審級制度龐雜分歧，不一而足。

　　我國古昔行政、司法不分，但仍有類似審級之司法救濟制度之存在。自漢至唐，乃略同於三審制；自宋迄清，則略同於四審制。宣統元年頒布法院編制法，採行四級三審制，以初級審判廳及地方審判廳合掌第一審，地方審判廳及高等審判廳分掌第二審，高等審判廳及大理院則為第三審。因其係繼受於日本裁判所構成法，故其審級體系之外觀自與日本法院體系所採行者頗為神似。

　　民國肇建，清末四級三審制之法院體系與共和國國體尚無牴觸，故經臨時大總統下令准予沿用。民國3年，因各地司法人才缺乏，經費短絀，乃裁撤初級廳，而於地方廳內附設簡易庭，取代初級廳之地位；但卻使得地方審判廳兼掌訴訟案件第一審及第二審之審判。如此，來自同一法院之裁判，強稱之為二審，不僅名實不符，抑且滋惑觀聽，人民甚難措其手足。由於遭致極大之詬病，大幅調整法院組織乃勢在必行。經過多方奔走協商，國民政府遂於民國21年訂頒法院組織法，將原設之四級三審制改採三級三審制。自此，我國有關憲法第77條所稱之民事、刑事訴訟案件，則分別以地方法院為第一審，高等法院為第二審，最高法院為第三審，體系嚴謹、審級分明，頗令人有耳目一新之感受，而上述法院組織法乃成為我國日後設置法院體系之藍圖與基本法典。

　　茲應注意者，我國憲法司法乙章採德、法等歐陸國家立法例，將司法審判權作成二元化或多軌化之分割，分成民事、刑事及行政訴訟之審

判，以及公務員之懲戒，對於民事、刑事案件之審判，普通法院依法院組織法設置三級三審之審級制度；對於行政訴訟之審判，行政法院依行政法院組織法及行政訴訟法設置三級二審之審級制度；對於公務員懲戒事件之審理，懲戒法院則依公務員懲戒法建構一級二審之審級制度。各個審判軌道為適當建構更符合程序正義之公平審判機制，均已採行合理審級救濟制度，對於極大化人民訴權保障及極小化特別權力關係影響等方面，意義重大。

第二款　現行審級制度

依現行審級制度，普通法院係以採行三級三審制為原則。就普通法院組織之層級而言，係以地方法院為第一級，高等法院為第二級，最高法院為第三級；而就普通法院審判之層級而言，一般之民刑事訴訟案件，應先由地方法院審理，是為第一審；如不服地方法院之裁判，得向高等法院上訴或抗告，是為第二審；如對於高等法院所為裁判仍有不服，則得再向最高法院上訴或抗告，是為第三審，亦為終審。行政法院則係以採行三級二審制為原則。就行政法院組織之層級而言，係以地方法院行政訴訟庭為第一級，高等行政法院為第二級，最高行政法院為第三級；而就行政法院審判之層級而言，一般行政訴訟事件，應先由高等行政法院審理，是為第一審；如不服高等行政法院之裁判，則得向最高行政法院上訴或抗告，是為第二審，亦為終審。民國100年11月23修正公布法院組織法規定，於各地方法院成立行政訴訟庭，受理行政訴訟簡易訴訟程序事件、交通裁決事件、收容聲請事件之第一審，以及行政訴訟相關保全程序事件、保全證據事件、強制執行事件等事項。故就上述行政訴訟事件而言，地方法院行政訴訟庭為第一審，如不服地方法院行政訴訟庭所為之裁判，則得向高等行政法院上訴或抗告，是為第二審，亦為終審。由於地方法院行政訴訟庭非屬高等行政法院所轄審判組織，其雖設置於各地方法院，仍可視為係增設一個層級之行政法院，故使得我國行政法院之審級制度正式邁向三級二審制之規模，對於維護民眾接近司法及便利就審等訴訟實施權益而言，確有助益。

惟審級制度並非一成不變。依據司法院釋字第442號解釋、第507號解釋、第512號解釋及第574號解釋意旨，憲法第16條所規定人民有訴訟之權，旨在確保人民得依正當法律程序提起訴訟請求救濟並受公平之審判，為憲法保障之核心內容。惟訴訟權如何行使，應由法律予以規定。為防止濫行興訟致妨害他人自由權利，或為避免虛耗國家有限之司法資源，人民訴訟救濟所應遵循之審級制度、程序及其他相關要件等，得由立法機關衡量各種訴訟案件之種類、性質，訴訟政策目的，以及訴訟制度之功能等因素，以法律為正當合理之規定。是以，對於憲法所明定應由司法機關依循法院體制審理之各種訴訟案件，立法機關自應本於憲法正當法律程序之原則，分別建立符合程序正義要求之審級制度。由是，為權衡保障人民訴權與考量節約司法資源二項利益並予兼籌並顧，法律非不得斟酌訴訟案件之種類、性質或其他政策因素，對於普通法院所採行三級三審之原則作成三級二審之調整，及對於行政法院所採行三級二審之原則作成三級一審之調整，是為例外。

一、普通法院

　　普通法院除以採行三級三審制為原則外，對於部分案件之裁判則採行三級二審制，係為例外。茲分述如下：

(一) 民事訴訟案件

　　民事訴訟法第437條規定：「對於第一審之終局判決，除別有規定外，得上訴於管轄第二審之法院。」同法第464條規定：「對於第二審之終局判決，除別有規定外，得上訴於管轄第三審之法院。」以上為民事訴訟案件採行三級三審制之情形，是為原則。惟仍有以下之例外。

　　民事訴訟法第466條規定：「對於財產權訴訟之第二審判決，如因上訴所得受之利益，不逾新臺幣一百萬元者，不得上訴。對於第四百二十七條訴訟（簡易程序訴訟），如依通常訴訟程序所為之第二審判決，仍得上訴於第三審法院，其因上訴所得受之利益不逾新臺幣一百萬元者，適用前項規定。前二項所定數額，司法院得因情勢需要，以命令減至新臺幣五十萬元，或增至一百五十萬元。計算上訴利益，準用關於計算訴訟標的價額

之規定。」司法院函示上訴利益增至新臺幣150萬元（91院台廳民一字第03075號）。同法第467條規定：「上訴第三審法院，非以原判決違背法令為理由，不得為之。」同法第468條規定：「判決不適用法規或適用不當者，為違背法令。」同法第469-1條規定，「以（第四百六十九條所列當然違背法令各款事由）外之事由提起第三審上訴者，須經第三審法院之許可。前項許可，以從事法之續造、確保裁判之一致性或其他所涉及之法律見解具有原則上重要性者為限」。以上規定，結合第三審法院許可上訴制之建立，即成為民事訴訟案件上訴最高法院請求為第三審嚴格法律審審判之限制，係法院採行三級二審制之例外情形。

　　地方法院第二審合議庭依簡易訴訟程序，對於民事訴訟法第427條第2項至第4項簡易訴訟所為之第二審裁判，如其上訴利益亦逾同法第466條所定之數額者，為促進審級制度之公平劃一，民事訴訟法第436-2條規定，當事人仍得以其適用法規顯有錯誤為理由，逕向最高法院提起第三審之上訴或抗告。由於上述之規定，使得前述同法第466條所定三級二審制之例外情形，復歸三級三審制之原則。同時，由於在此有飛躍高等法院逕向最高法院提起上訴或抗告之情形，故稱之為飛躍上訴[11]。但由於同法第436-3條第1項規定：「對於簡易訴訟程序之第二審裁判，提起第三審上訴或抗告，須經原裁判法院之許可。」故而如適用上述許可上訴制度，又使得前述適用簡易程序之民事訴訟案件仍有採行三級二審制例外之情形。

---

[11] 所謂飛躍上訴，係指地方法院終局判決飛躍高等法院，逕向最高法院提起上訴者而言，較常見於地方法院合議庭就簡易訴訟程序所為之第二審裁判，其上訴利益逾民事訴訟法第466條所定數額之情形。前揭飛躍上訴，在實質上仍維持三級三審之局面。但依同法第466-4條之規定：「當事人對於第一審法院依通常訴訟程序所為之終局判決，就其確定之事實認為無誤者，得合意逕向第三審法院上訴。前項合意，應以文書證之，並連同上訴狀提出於原第一審法院。」於此，當事人得以合意飛躍民事訴訟法第437條第一審終局判決之第二審審判，而逕向第三審法院（立法本意應係指第三級法院）上訴，其在實質上已儼然形成普通法院三級二審之另一項例外情形。對於此類飛躍上訴之案件，民事訴訟法第477-2條規定：「第三審法院就第四百六十六條之四所定之上訴，不得以原判決確定事實違背法令為理由廢棄該判決。」

此外，民事訴訟法第436-8條所定關於請求給付金錢或其他代替物或有價證券之小額訴訟程序，由於其標的金額或價額均在新臺幣10萬元以下，前述同法第466條所定不逾新臺幣150萬元不得上訴之規定，在此亦有適用之餘地。由是，同法第436-30條乃規定：「對於小額程序之第二審裁判，不得上訴或抗告。」此一情形，亦為三級二審制之例外。

(二) 刑事訴訟案件

刑事訴訟法第361條第1項規定：「不服地方法院之第一審判決而上訴者，應向管轄第二審之高等法院為之。」同法第375條第1項規定：「不服高等法院之第二審判決而上訴者，應向最高法院為之。」以上為刑事訴訟案件採行三級三審制之情形，是為原則。惟仍有以下之例外。

刑事訴訟法第4條但書規定，「左列案件，第一審管轄權屬於高等法院：一、內亂罪。二、外患罪。三、妨害國交罪」。同法第376條規定，「下列各罪之案件，經第二審判決者，不得上訴於第三審法院：一、最重本刑為三年以下有期徒刑、拘役或專科罰金之罪。二、刑法第三百二十條、第三百二十一條之竊盜罪。三、刑法第三百三十五條、第三百三十六條第二項之侵占罪。四、刑法第三百三十九條、第三百四十一條之詐欺罪。五、刑法第三百四十二條之背信罪。六、刑法第三百四十六條之恐嚇罪。七、刑法第三百四十九條第二項之贓物罪」。同法第377條規定：「上訴於第三審法院，非以判決違背法令為理由，不得為之。」同法第378條規定：「判決不適用法則或適用不當者，為違背法令。」以上規定，即為刑事訴訟案件上訴最高法院請求為第三審嚴格法律審審判之限制，係法院採行三級二審制之例外情形。

茲應注意者，為加強運用簡易程序，刑事訴訟法第451條第1項規定：「檢察官審酌案件情節，認為宜以簡易判決處刑者，應即以書面為聲請。」同法第451-1條第1項規定：「前條第一項之案件，被告於偵查中自白者，得向檢察官表示願受科刑之範圍或願意接受緩刑之宣告，檢察官同意者，應記明筆錄，並即以被告之表示為基礎，向法院求刑或為緩刑宣告之請求。」法院依當事人所請經認罪協商程序具體科刑後，基於禁反言原

則及維護司法威信與公信力，應限制刑事被告在認罪協商後之上訴權益。由是，同法第455-1條第2項規定：「依第四百五十一條之一之請求所爲之科刑判決，不得上訴。」此亦屬刑事訴訟案件審級制度採行三級三審制之例外情形。

此外，爲維護刑事審判之公正合法與迅速以保障人權及公共利益，以及爲因應刑事訴訟程序採行改良式當事人進行主義，檢察官與自訴人就起訴與自訴事件所提示各種證據均已負實質舉證責任，故而對於第二審法院持續維持第一審法院無罪判決之刑事訴訟案件，自應合理限制檢察官或自訴人上訴之權，以符合憲法第16條人民應受公正、合法及迅速審判之訴訟權保障本旨。由是，刑事妥速審判法第8條規定：「案件自第一審繫屬日起已逾六年且經最高法院第三次以上發回後，第二審法院更審維持第一審所爲無罪判決，或其所爲無罪之更審判決，如於更審前曾經同審級法院爲二次以上無罪判決者，不得上訴於最高法院。」此項規定，除可避免檢察官濫權追訴及自訴人濫行興訟外，且可兼顧法院審理刑事案件之品質及公信力，亦屬刑事訴訟審級制度採行三級二審制之例外情形。

(三) 裁定

裁定乃係法院就訴訟程序上之事項所爲之意思表示，其與法院就當事人實體上之權利爭點所爲之判決，同屬法官行使審判之結論，訴訟當事人自得享有與判決相同之審級利益。我國現行民刑事訴訟法，對於裁定之不服，乃分別於民事訴訟法第482條、第486條，刑事訴訟法第403條、第415條等規定設立關於裁定抗告及再抗告之程序，亦係採行三級三審制，尤其對於關涉當事人及其他關係人利害關係至鉅之程序上事項，更以明文肯認抗告利益之存在。惟仍有以下之例外。

民事訴訟法第484條規定，「不得上訴於第三審法院之事件，其第二審法院所爲裁定，不得抗告」。刑事訴訟法第405條亦規定：「不得上訴於第三審法院之案件，其第二審法院所爲裁定，不得抗告。」爲使訴訟程序上之事項早日確定，以及爲避免當事人利用抗告程序延滯訴訟，上述規定乃係對於裁定採行三級二審制之例外情形。至於在訴訟程序進行中所爲

之裁定，例如法院命當事人補繳裁判費者，其因係屬純粹之程序上事項，參照民事訴訟法第483條及刑事訴訟法第404條之規定，除法律別有規定外，不得抗告。司法院釋字第192號解釋表示，對於上開裁定不許抗告，乃在避免訴訟程序進行之延滯，無礙人民訴訟權之適當行使，故與憲法第16條之規定並無牴觸。

(四) 選舉罷免訴訟

總統副總統選舉罷免法第111條及公職人員選舉罷免法第127條規定，選舉罷免訴訟，以二審終結，並不得提起再審之訴。總統、副總統選舉罷免訴訟，專屬中央政府所在地之高等法院管轄。公職人員第一審選舉罷免訴訟，由選舉罷免行為地之該管地方法院或其分院管轄；不服地方法院或分院第一審判決而上訴之選舉罷免訴訟事件，由該管高等法院或其分院管轄。上述選舉罷免訴訟，係採行以地方法院為第一審，高等法院為第二審並為終審之三級二審制之例外情形。

(五) 殘害人群訴訟

意圖全部或一部消滅某一民族、種族或宗教之團體，而有殘害人群治罪條例第2條第1項所列行為之一者，係為殘害人群罪。同條例第6條規定，犯本條例之罪者，其第一審由高等法院或分院管轄之。高等法院或分院管轄殘害人群罪第一審訴訟案件之審判，係採行以高等法院為第一審，最高法院為第二審並為終審之三級二審制之例外情形。

(六) 社會秩序案件

社會秩序維護法第55條規定：「被處罰人不服警察機關之處分者，得於處分書送達之翌日起五日內聲明異議。聲明異議，應以書狀敘明理由，經原處分之警察機關向該管簡易庭為之。」同法第57條第3項規定：「對於簡易庭關於聲明異議所為之裁定，不得抗告。」第58條規定：「受裁定人或原移送之警察機關對於簡易庭就第四十五條移送之案件所為之裁定，有不服者，得向同法院普通庭提起抗告；對於普通庭之裁定，不得再行抗告。」對於社會秩序案件有關裁定之抗告程序，係採行以地方法院簡易庭為第一審，地方法院普通庭為第二審並為終審之三級二審制之例外情形。

(七) 少年保護事件

少年事件處理法第61條、第62條規定，少年、少年之法定代理人、現在保護少年之人或輔佐人，以及少年行為之被害人等，對於少年法庭有關少年保護處分之裁定，得提起抗告。同法第63條規定：「抗告以少年法院之上級法院為管轄法院。對於抗告法院之裁定，不得再行抗告。」對於少年保護處分之抗告程序，係採行以少年法院為第一審，高等法院為第二審並為終審之三級二審制之例外情形。

二、行政法院

我國司法審判體系顯係採行二元多軌制取向，民、刑事訴訟事件歸屬普通法院審判，以三級三審為原則，三級二審為例外；行政訴訟事件歸屬行政法院審判，以三級二審行之，但仍有部分例外；公務員懲戒事件歸屬懲戒法院審判，以一級一審行之；如再將憲法解釋事件類屬為廣義審判之範疇，則憲法解釋事件歸屬大法官會議審判，亦以一級一審行之。各種類法院分別在其所屬次元空間內踐履審判職權，各守其分，各行其道，亦不失其大度。但對於廣大群眾而言，面對司法審判如此多元繽紛面貌，其憲法保障訴訟權應如何善盡實踐，則仍有待商榷。

行政訴訟法第235條規定：「對於簡易訴訟程序之裁判不服者，除本法別有規定外，得上訴或抗告於管轄之高等行政法院。前項上訴或抗告，非以原裁判違背法令為理由，不得為之。對於簡易訴訟程序之第二審裁判，不得上訴或抗告。」同法第238條第1項規定：「對於高等行政法院之終局判決，除本法或其他法律別有規定外，得上訴於最高行政法院。」同法第242條規定：「對於高等行政法院判決之上訴，非以其違背法令為理由，不得為之。」同法第243條第1項規定：「判決不適用法規或適用不當者，為違背法令。」同法第264條規定：「對於裁定得為抗告。但別有不許抗告之規定者，不在此限。」行政訴訟程序之上訴審均為法律審，以上規定，即為行政訴訟事件上訴高等行政法院或最高行政法院請求嚴格及純粹法律審救濟之限制，亦為行政訴訟事件採行三級二審制之實證規定。

惟為避免延滯訴訟，俾便行政訴訟程序之順利進行，行政訴訟法第

265條因而規定：「訴訟程序進行中所爲之裁定，除別有規定外，不得抗告[12]。」此外，爲避免簡易訴訟程序事件因以高等行政法院爲終審而衍生原裁判所持法律見解與裁判先例歧異之問題，高等行政法院於受理該種類上訴或抗告事件而有確保裁判見解統一之必要時，不應自爲裁判，而應以裁定移送最高行政法院裁判之，行政訴訟法第235-1條爰予規定：「高等行政法院受理前條第一項（對於簡易訴訟程序之裁判不服）訴訟事件，認有確保裁判見解統一之必要者，應以裁定移送最高行政法院裁判之。前項裁定，不得聲明不服。最高行政法院認高等行政法院裁定移送之訴訟事件，並未涉及裁判見解統一之必要者，應以裁定發回。受發回之高等行政法院，不得再將訴訟事件裁定移送最高行政法院。」以上情形，均係行政法院採行審級制度之例外規定。

第三款　審級制度之檢討

審級制度之建立，不僅可確保審判之周詳與法院法律見解之統一，同時更有保障人民權利，使當事人甘於誠服之作用，對於維護政府威信，奠定民主法治基礎之功效，不容忽視。

現行普通法院係採行以三級三審爲原則，三級二審爲例外；行政法院則係採行以三級二審爲原則，三級一審爲例外之審級制度，就整體而言，尚無重大缺失。由於審級之設計具有簡明劃一之特色，不僅使人民易於辨識及接近法院，俾便其訴訟權之實施與行使，同時亦符合現代民主法治國家簡化訴訟程序達成便民禮民目標之潮流。至於對於特殊或輕微之案件則採行二審或一審終結制，則更能促進法院結案迅速，減免訟累，俾使當事人之權益早日確定，對於減低社會成本、節約國家財力、人力及司法資源方面，卓有效益。

---

12 依行政訴訟法第266條之有關規定，受命法官或受託法官之裁定，不得抗告。但其裁定如係受訴行政法院所爲而依法得爲抗告者，得向受訴行政法院提出異議。前項異議，學理上稱爲準抗告，準用對於行政法院同種裁定抗告之規定。但對於受訴行政法院就準抗告所爲之裁定，得依行政訴訟法關於抗告程序之規定提起抗告。由於此類裁定得爲抗告，致復歸行政訴訟三級二審之原則。

　　惟民主法治先進國家或地區亦不乏有採行四級三審制而著有聲譽者，如德國、日本，以及美國多數州之法院體系是，頗值吾人借鏡。以美國加州法院體系為例，除設立上級法院（Superior Court）、上訴法院（Court of Appeals）及最高法院（Supreme Court）等三級法院，分別掌理通常訴訟程序之第一審、第二審及第三審之審判以外，並於上級法院以下再行設置小額賠償法院（Small Claims Court）、交通法院（Traffic Court）、治安法院（Police Court）等初級法院，審理簡易民事案件及輕微犯罪案件。初級法院法官多由年長或退休法官，或當地資深律師擔任，當事人可不委任訴訟代理人而逕行訴訟，訴訟程序較通常訴訟程序通俗簡化。法官可當日當庭宣判，不必製作冗長繁瑣之筆錄。由於初級法院法官之學養經歷令人信服，當事人甚少有不服初級法院之判決而向上級法院提起上訴者，對於減輕法院訟累，提高簡易裁判品質，加強司法公信力與增進法院審判效能等方面，則著有績效。

　　法院組織法第10條規定：「地方法院得設簡易庭，其管轄事件依法律之規定。」地方法院設置簡易庭，以簡易程序審理案情較為輕微或較不複雜之民刑事訴訟案件及非訟事件。對於簡易庭之裁判如有不服，當事人得依民事訴訟法第436-1條及刑事訴訟法第455-1條等相關規定提起上訴或抗告，請求法院為第二審及第三審之裁判。是以，我國現行之法院審級制度，似已有採行四級三審制之實質內涵。目前各地方法院簡易庭之設置雖已大致建制完成，但對於減輕法官辦案負擔及提升法院審判效能而言，仍未見到明顯之成效。相反地，由於地方法院仍須受理不服簡易庭裁判所提起之上訴或抗告案件，而使得地方法院合議庭法官之工作負荷相對倍增。此一結果，應非法院組織法設置簡易庭之本意。由是，如何檢討修正以改良現制提升司法功能，應係司法改革運動中另一項值得重視之課題。

第五項　法院之審判制度

　　法院實施審判，必須遵循一定之方式或型態，始能有效發揮司法功能，維護人民訴訟權益。依目前現制，法院所採行審判制度，縈其與人民訴訟權行使關係較為密切之數點，臚列析述於下：

一、當事人主義與職權主義

　　關於訴訟進行之審判制度，有所謂當事人主義（Adversarism）和職權主義（Inquisitorialism）等典型。訴訟程序之開始、進行和終結悉依當事人之意思而爲決定，係爲當事人主義。訴訟程序之開始、進行和終結由法院依職權決定，不受當事人之意思之拘束，則係爲職權主義。由於在民事訴訟程序中係以當事人雙方積極參與的訴訟活動爲中心，依據當事人所提出之主張及證據爲法官審判之基礎，且強調當事人及辯護律師在審判程序上之主動地位，故有採取當事人主義之取向。民事訴訟法第221條第1項規定：「判決，除別有規定外，應本於當事人之言詞辯論爲之。」係民事訴訟程序採行當事人主義及言詞辯論主義之明證。在此，法官在職權探知上並未積極參與論辯，而是以中立裁決者之立場，評判當事人在舉證及攻防過程中是否違反訴訟程序有關法則，且據以對於所審理之案件作成裁判。相對而言，由於在刑事訴訟程序中係以發現眞實爲核心，故著重法官職權探知職能之發揮，且較強調其在刑事審判過程中之主動性及主導地位，故有採取職權主義之取向。在此，法官不僅是訴訟程序之裁決者，亦是追訴犯罪之參與者。

　　民事訴訟法第388條規定：「除別有規定外，法院不得就當事人未聲明之事項爲判決。」民事訴訟程序係爲解決人民私法上權利義務關係之紛爭而設立，故有關私權爭執應受法院判決之事項，應由當事人依其自由意志向法院聲明之。法院本於私法自治之精神，對於當事人未爲聲明之事項，則不得加以裁判，是爲採取當事人主義及處分權主義之明證。但有關訴訟程序開始後與終結前之訴訟進行事項，例如言詞辯論期日之指定，審判長闡明權之行使，訴訟應於何時方到達可爲裁判之程度等，則與私權爭執本身並無直接關係，故可由法院依職權決定之，是又有同時採取職權主義之情形。

　　至於刑事訴訟程序乃係爲實現國家刑罰權之目的而存在，故與人民私權爭執幾乎無涉，其具有濃厚職權主義色彩，亦能符合社會公益與人民期待。惟司法院釋字第582號解釋表示，憲法第16條保障人民之訴訟權，就

刑事被告而言，包含其在訴訟上應享有充分之防禦權。刑事被告詰問證人之權利，即屬該等權利之一，且屬憲法第8條第1項規定非由法院依法定程序不得審問處罰之正當法律程序所保障之權利。基於憲法無罪推定原則，刑事訴訟法第154條規定：「被告未經審判證明有罪確定前，推定其爲無罪。犯罪事實應依證據認定之，無證據不得認定犯罪事實。」爲確保被告對證人、鑑定人之詰問權，證人或鑑定人於審判中應依法定程序到場具結陳述，並經包括被告在內之當事人、代理人或辯護人之詰問後，其陳述如經法院本於心證確信具有相當程度之證明力，始得作爲認定被告犯罪事實之證據與判斷之依據[13]。

　　刑事訴訟法第166條第1項前段規定：「當事人、代理人、辯護人及輔佐人聲請傳喚之證人、鑑定人，於審判長爲人別訊問後，由當事人、代理人或辯護人直接詰問之。」是故，爲發見眞實所必要，當事人應依刑事訴訟法相關規定聲請以交互詰問方式詰問包括被告在內之他方證人，否則證人在法庭內所爲證言即欠缺適當證據能力，法官即不得據以作爲對於刑事被告論罪科刑之基礎。由於當事人雙方均得對立參與交互詰問程序以論辯證人證詞，法官獨自依職權探知犯罪事實之完整權力亦將爲當事人交互詰問結果所拘束。由是，以當事人主義方向修正典型職權主義刑事訴訟程序，應係充分保障刑事被告在憲法上所享有正當法律程序權益之務實作法[14]。

---

[13] 至於作爲犯罪事實判斷依據之證據，其證明力應達到何種程度始屬相當，刑事訴訟法第155條雖明定應依法院本於確信且未違背經驗法則及論理法則之自由判斷，並排除無證據能力或未經合法調查證據之適用。但對於法院判斷證據證明力形成自由心證之客觀基準究竟何在，則仍付之闕如，殊屬遺憾。爲重拾民眾對於司法審判之公信力及對於法律安定性之期待，證據法則實定化之建構與實踐則確有其必要，尤其在刑事訴訟法採行改良式當事人進行主義後更爲重要。以美國刑事審判程序適用證據法則爲例，當事人雙方於法庭上經由交互詰問提示證據與反證之過程，將證明力較低之證據遞次推翻與揚棄，直到經由詰問與更行詰問等多重論辯程序獲致超越合理懷疑（Beyond a Reasonable Doubt）證據後，其證明力始足以認定及判斷刑事被告之犯罪事實。

[14] 刑事訴訟法第161-2條規定：「當事人、代理人、辯護人或輔佐人應就調查證據之範圍、次序及方法提出意見。法院應依前項所提意見而爲裁定；必要時，得因當事人、

行政法院受理行政訴訟事件係以審判公法上爭議為範圍，故亦採行職權進行主義。行政訴訟法第125條規定，「行政法院應依職權調查事實關係，不受當事人主張之拘束。審判長應注意使當事人得為事實上及法律上適當完全之辯論。審判長應向當事人發問或告知，令其陳述事實、聲明證據，或為其他必要之聲明及陳述；其所聲明或陳述有不明瞭或不完足者，應令其敘明或補充之。陪席法官告明審判長後，得向當事人發問或告知。」同法第133條規定，「行政法院於撤銷訴訟，應依職權調查證據；於其他訴訟，為維護公益者，亦同。」第134條規定，「前條訴訟，當事人主張之事實，雖經他造自認，行政法院仍應調查其他必要之證據。」上述規定，均係行政法院於行政訴訟程序採行職權調查主義及職權探知主義之明證。此外，公務員懲戒法第42條前段規定，「懲戒法庭審理案件，應依職權自行調查之，並得囑託法院或其他機關調查。」懲戒法院審理公務員懲戒案件應依職權自行調查證據，不受被付懲戒人或移送機關之陳述或主張所拘束，故亦屬採行職權調查主義之司法審判程序。

二、言詞審理制與書面審理制

　　關於裁判基礎之審判制度，有所謂言詞審理制與書面審理制等典型。法院以當事人或訴訟關係人於法庭中所提出之言詞主張及陳述作為裁判基礎，係為言詞審理制。如法院僅以當事人或訴訟關係人於法院所提出之書面主張及陳述作為裁判基礎，則為書面審理制。言詞審理制能使法院

代理人、辯護人或輔佐人之聲請變更之。」同法第163條規定：「當事人、代理人、辯護人或輔佐人得聲請調查證據，並得於調查證據時，詢問證人、鑑定人或被告。審判長除認為有不當者外，不得禁止之。法院為發見真實，得依職權調查證據。但於公平正義之維護或對被告之利益有重大關係事項，法院應依職權調查之。法院為前項調查證據前應予當事人、代理人、辯護人或輔佐人陳述意見之機會。告訴人得就證據調查事項向檢察官陳述意見，並請求檢察官向法院聲請調查證據。」此一規定，即為刑事訴訟法採行改良式當事人進行主義之典例。依此，證據之調查係由當事人主導，法院僅於事實真相亟待澄清或為維護公平正義及被告重大利益所必要時，發動職權調查程序以充分探知及掌握犯罪證據。

於言詞辯論中知曉當事人之主張及陳述，縱使當事人表達不明確或不善於表達，審判長亦得行使闡明權使當事人善盡攻擊防禦之能事。當事人於訴訟程序中未以言詞主張或陳述之事項，法院雖不得據以作為裁判，但對於訴訟內容冗長複雜之案件，如不許當事人提出書狀補充言詞主張或陳述所未盡周詳之事項，則不免損及當事人訴訟權之正當行使，故而書面審理制亦有採行之必要。

　　民事訴訟法第221條第1項明定：「判決，除別有規定外，應本於當事人之言詞辯論為之。」行政訴訟法第188條第1項規定：「行政訴訟除別有規定外，應本於言詞辯論而為裁判。」刑事訴訟法第307條規定，「第三百零二條至第三百零四條（免訴、不受理及管轄錯誤）之判決，得不經言詞辯論為之」。依據上述規定，民事、刑事及行政訴訟程序有關事實審部分均係以採行言詞審理制為原則，而以採行書面審理制為例外。至於最高法院及最高行政法院因係行使嚴格法律審法院，其裁判係以下級審法院所認定之事實及證據作為判斷依據，故其審判得不經言詞辯論，逕以書面審理方式為之。

　　至於懲戒法院審理公務員懲戒案件，公務員懲戒法第46條規定：「懲戒法庭應本於言詞辯論而為判決。但就移送機關提供之資料及被付懲戒人書面或言詞答辯，已足認事證明確，或應為不受懲戒、免議或不受理之判決者，不在此限。前項情形，經被付懲戒人、代理人或辯護人請求進行言詞辯論者，不得拒絕。」為發揮法律審辯論法律問題之功能，以提升當事人對裁判之信賴，懲戒法庭審理公務員懲戒案件第一審及第二審均以採行言詞審理制為原則，惟懲戒法庭第二審審理公務員懲戒案件仍應以懲戒法庭第一審判決確定之事實為基礎，如懲戒法庭第二審認為不必要者，則得不行言詞辯論例外採行書面審理制，是應注意（公務員懲戒法第74條、第75條第1項）。

三、公開審理制與秘密審理制

　　關於法庭開閉之審判制度，有所謂公開審理制與秘密審理制等典型。法院開庭審理訴訟案件，允許與案件無關之第三人自由蒞庭，聆聽關

於訴訟案件之辯論及裁判之宣示等事項，係為公開審理制。法院開庭審理訴訟案件，除本案當事人或訴訟關係人外，不准他人蒞庭旁聽，則為秘密審理制。法院組織法第86條規定：「訴訟之辯論及裁判之宣示，應公開法庭行之。但有妨害國家安全、公共秩序或善良風俗之虞時，法院得決定不予公開。」為使法院審判公正公開，昭信於民，法院審理訴訟案件應以採行公開審理制為原則，而以採行秘密審理制為例外。只有在訴訟案件內容涉及國家安全、影響風俗民情或侵犯個人隱私權益等事項而以不公開法庭為適當時，始有例外採行秘密審理制之必要。至於法庭採行秘密審理制之時機，則除法律另有規定者外，應屬審判長指揮訴訟之職權，依據法院組織法第88條及智慧財產及商業法院組織法第32條有關審判長指揮權之規定，責由審判長依實際需要個案決定之。前述所謂法律另有規定者，例如少年事件處理法第73條、性侵害防治法第18條及家庭暴力防治法第12條等有關法院審理不得公開之規定即是。

公開審理制固可令訴訟程序昭然若揭，但卻使得某些訴訟關係人因畏懼法庭內特定之人員或聽眾，而於出庭應訊或作證時不敢暢所欲言，影響訴訟發見真實之成效。相對而言，秘密審理制固可令訴訟程序進行平順，避免節外生枝，但卻又使得某些關係人喪失親自參與本案訴訟之機會，有違法院公平審判訴訟案件之宗旨。執其兩端，皆有偏頗。拜通訊設備及視訊科技之發展，法院開庭透過電子語音及影像傳訊等遠距訊問方式與法庭外當事人、辯護人、利害關係人、證人、鑑定人或其他訴訟關係人溝通，不僅可使言詞審理制順暢進行，同時更可收秘密審理制之實效，值得在各類型訴訟上善予運用。

民事訴訟法第305條第1項、第5項因而規定，「遇證人不能到場，或有其他必要情形時，得就其所在訊問之。證人所在與法院間有聲音及影像相互傳送之科技設備而得直接訊問，並經法院認為適當者，得以該設備訊問之」；刑事訴訟法第177條第1項、第2項亦規定，「證人不能到場或有其他必要情形，得於聽取當事人及辯護人意見後，就其所在或於其所在地法院訊問之。前項情形，證人所在與法院間有聲音及影像相互傳送之科技設備而得直接訊問，經法院認為適當者，得以該設備訊問之」；行政訴訟

法第176條並規定，「民事訴訟法第三百零五條之規定，於本（第四節證據）節準用之」。上述情形，如經法院認爲適當，均屬公開審理制之延伸設計[15]。

四、獨任制與合議制

關於法庭裁決之審判制度，有所謂獨任制與合議制等典型。法院審判案件，如由法官一人獨立行使，係爲獨任制，如由法官數人共同行使，則爲合議制。法院組織法第3條規定：「地方法院審判案件，以法官一人獨任或三人合議行之。高等法院審判案件，以法官三人合議行之。最高法院審判案件，除法律另有規定外，以法官五人合議行之。」行政法院組織法第3條規定，「高等行政法院之審判，以法官三人合議行之。最高行政法院之審判，除法律另有規定外，以法官五人合議行之。」智慧財產及商業法院組織法第6條第1項規定，「智慧財產及商業法院審判案件，民事第一審訴訟程序，以法官一人獨任行之；民事、刑事第二審上訴、抗告程序及行政訴訟程序，以法官三人合議行之」。懲戒法院組織法第4條第2項規定：「懲戒法庭第一審案件之審理及裁判，以法官三人合議行之，……；第二審案件之審理及裁判，以法官五人合議行之，……。」依據上述規定，除地方法院第一審訴訟、聲請事件，地方法院行政訴訟庭簡易訴訟程序事件、交通裁決事件、收容聲請事件，以及智慧財產及商業法院民事第一審訴訟事件係採行獨任制審判以外，其他事件審判程序均係以採行合議制審判爲原則，例如高等法院、高等行政法院及懲戒法院第一審由法官三人合議行之，最高法院、最高行政法院及懲戒法院第二審則由法官五人合議行之者是。合議法官人數均以單數值組成，其目的乃在便利裁判過半數評議決定之形成。惟應注意者，所謂審判案件以合議行之，並非專指一切應行合議審判程序之訴訟案件皆須全程以合議方式行之。由於訴訟準備及

---

[15] 法院對於證人以外之鑑定人、法定代理人或其他訴訟關係人之遠距訊問，分別適用各級法院辦理民事事件遠距訊問作業辦法、刑事訴訟遠距訊問作業辦法、法院刑事遠距訊問擴大作業要點及法院辦理智慧財產案件遠距訊問作業辦法等規定辦理。

調查程序僅屬審判前之程序事項，其尚未進入實體審理階段，故而非不得允許合議庭法官一人在無損及合議審判品質之虞之前提下，承審判長之命單獨行使之。

　　司法院訂頒「臺灣各地方法院行合議審判暨加強庭長監督責任實施要點」，明定因營建工程事件、醫療糾紛、海洋污染、工業污染、環境保護、祭祀公業派下權、著作權、商標權、專利權、積體電路、電路布局、營業秘密、國際貿易及海商事件、保險契約或勞動契約涉訟，訴訟標的之金額或價額逾新臺幣600萬元，或其他訴訟標的法律關係繁雜之民事事件，除依法行簡易程序或不得上訴第三審法院者外，均為重大案件。除其他訴訟標的法律關係繁雜之民事事件外，法院於分案前，應先經分案之庭長或審判長審核，如認有行合議審判之必要者，經報請院長核定後，分案依合議方式審理；認為不必要者，則依輪分方式，交由法官獨任審判。對於前述其他訴訟標的法律關係繁雜或已依前開程序交由法官獨任審判之案件，如認有行合議審判之必要者，得報經庭長或審判長轉報院長後行之。庭長或審判長認有行合議審判之必要者，亦得於徵詢法官之意見，陳報院長後行之；院長認有行合議審判之必要者，亦得徵詢庭長或審判長及法官意見後，命組織合議庭審理之。

　　至於重大刑事案件之認定標準，則應依司法院訂頒「法院辦理重大刑事案件速審速結注意事項」之規定[16]。對於刑事重大案件之審理，應與

16　第一審法院應認為重大刑事案件，適用本注意事項審理者：犯刑法第226條第1項之強制性交、猥褻等而致被害人於死罪；犯刑法第226-1條之強制性交、猥褻等而故意殺被害人既遂罪；犯刑法第271條第1項之殺人既遂罪；犯刑法第272條第1項之殺直系血親尊親屬既遂罪；犯刑法第332條之強盜結合罪；犯刑法第347條第1項之擄人勒贖既遂罪；犯刑法第347條第2項之擄人勒贖既遂而致人於死或重傷罪；犯刑法第348條之擄人勒贖結合罪；犯毒品危害防制條例第4條第1項之製造、運輸、販賣第一級毒品既遂罪而數量達200公克以上者；犯毒品危害防制條例第4條第2項之製造、運輸、販賣第二級毒品既遂罪而數量達2,000公克以上者；犯毒品危害防制條例第5條第1項之意圖販賣而持有第一級毒品罪而數量達200公克以上者；犯毒品危害防制條例第6條第1項之以強暴等非法方法，使人施用第一級毒品既遂罪；犯毒品危害防制條例第6條第2項之以強

民事重大案件相同，各地方法院民、刑事庭法官分受此類案件後，均應切實行合議審判程序（臺灣各地方法院行合議審判暨加強庭長監督責任實施要點第1點至第4點）。合議庭審判應依法定程序行使對於裁判之評議與裁決，如參與審判之法官意見分歧時，則應依民主程序尋求解決，以過半數之評議決定作成裁判（法院組織法第101條至第105條）。合議庭審判長在此即應扮演折衝協調之角色，以確保審判法庭所作成裁判評議之時效與品質。至於獨任制法官獨自行使審判職權，自無適用合議庭評議規則作成裁判決定之餘地。

五、陪審制與參審制

　　法院職司審判事務，透過哲學上三段論證之法律邏輯思維模式，將抽象之法律規範，適用於受審之具體事件，並經由聽審與裁判之程序，以決定當事人法律責任之歸屬及實現法律所預設公平正義之效果。是故，審判權（Adjudicative Powers）應包含認定待證事實（fact-finding）與適用有關法律規範（application of law）等兩項職能，二者缺一不可[17]。依照先儒

暴等非法方法，使人施用第二級毒品既遂罪；犯毒品危害防制條例第12條第1項之意圖供製造毒品之用，而栽種罌粟或古柯之罪，而栽種數量達1萬株以上者；犯槍砲彈藥刀械管制條例第7條第1項之未經許可，製造、販賣或運輸槍砲、彈藥既遂罪；犯槍砲彈藥刀械管制條例第7條第2項之未經許可，轉讓、出租或出借槍砲、彈藥既遂罪；犯槍砲彈藥刀械管制條例第7條第3項之意圖供自己或他人犯罪之用，而犯第7條第1、2項既遂罪；犯槍砲彈藥刀械管制條例第8條第1項或第3項之既遂罪；犯兒童及少年性交易防制條例第26條之犯同條例第24條第1項、第2項或第25條第2項之罪，而故意殺害被害人或因而致被害人於死罪；違反銀行法、證券交易法、期貨交易法、洗錢防制法、信託業法、金融控股公司法、票券金融管理法、信用合作社法、保險法、農業金融法等案件，被害法益達新臺幣1億元以上，或其他使用不正之方法，侵害他人財產法益或破壞社會經濟秩序，被害法益達新臺幣1億元以上者，以及下列刑事案件，報經院長核定者：1.違反組織犯罪條例案件；2.以強暴、脅迫或其他非法方法介入公共工程之案件；3.案情繁雜或社會矚目之貪污案件；4.案情繁雜或社會矚目之賄選案件；5.其他認為於社會治安有重大影響之案件（法院辦理重大刑事案件速審速結注意事項第2點）。

[17] 法律三段論證思維過程如下：一、大前提：抽象法律（如民法、刑法、行政法

盧梭、霍布斯等政治哲學家所主張國家起源論有關社會契約論（Doctrine of Social Contract）及國民主權論（Popular Sovereignty）之闡述，國家主權為人民所擁有，政府須經被統治者即人民之同意始得正當行使統治權，且須在人民所同意之限度內行使其有限之權力，憲法乃據以建構政府之有限權力（limited powers），而保留下來之剩餘權（residual powers）則不論其範圍為何，均歸屬於全體人民。審判權既為政府權力行使之一部分，本質上亦屬政府應事先取得人民同意始得正當行使之國家統治權作用，當人民面對司法公權力行使薄弱或公信力展現不張，致積極表達欲參與司法共同行使審判職權之意願時，法院自應尊重主權者意志，還權於民，並借重人民得依社會通念及其生活經驗與處事態度所可累積獲得對於受審事件在認事用法上之一般判斷能力，而就待證事實之認定上，還審於民，由人民裁奪[18]。至於在法律規範之適用上，因涉及法律解釋、證據採擇及判例沿用等法律專業之應用事項，故仍應責由法律專業法官作成決定為妥。惟在美國部分州法院於刑事訴訟案件之審判，在法院認定待證事實續為適用相應法律規範之裁決時，亦有交付陪審員裁奪量刑類別、期程及數額多寡之情形。此一還審於民之趨勢，頗值吾人觀察。

　　關於聽審職能之審判制度，有所謂陪審制與參審制等典型。法院審判訴訟案件，由陪審員（juror）認定案件事實，由法官適用相應法令，係為陪審制，英美法系國家多採之。陪審員從受理法院所屬行政區劃之合格公民陪審員候選群組中，依個案需求隨機選出，陪審團由六至十二位陪審員組成之，每位陪審員所代表之種族、性別、社群、職業等類別應力求均衡。陪審團就事實認定部分，應作成有罪與否（guilty or non-guilty）之裁奪。在刑事案件方面，陪審團針對某項罪名應否成立，如認為有關

……）：二、小前提：具體事實（如違約、侵權、違規、犯罪……）；三、結論：法律效果（如回復原狀、損害賠償、制裁、懲處……）。

[18] 「還權於民」之概念，參照美國第四十五任總統川普（Donald J. Trump）於2017年1月20日就職演說之部分內容：我們不僅要把權力從一個政府移轉到另一個政府，或從一個政黨轉換到另一個政黨，更是要把權力從華府交還給你們人民。

證據已達超越合理懷疑（evidence beyond a reasonable doubt）之程度，則應以無異議之可決作成有罪之裁奪，否則該項罪名未能成立；在民事案件方面，陪審團對於某項責任應否負擔，如認爲有關證據已達明確且具說服力（clear and convincing evidence）之程度，則應以絕對多數以上之可決作成有罪之裁奪。相對而言，法院審判訴訟案件，由法官及參審員（assessor）共同組成合議庭以認定案件事實及適用相應法令，則爲參審制，歐陸國家常採之。參審員依受理案件專業性質之差異而分別由一般公民或專業人士若干人充任之，俗稱非專業法官（lay judge），與法律專業法官（professional judge）共同組成合議庭進行審判，如德國勞工法院由一位專業法官及二位非專業法官組成，其中一位非專業法官由勞方推薦，另一位非專業法官由資方推薦，三位於合議庭上均爲法官，該名法律專業法官並爲審判長，此即爲參審制實施之典例。

　　陪審制與參審制經常爲司法實務及法學界所提及，咸認對於提升司法審判認事用法功能之客觀性及適當性等方面而言應確有助益，在司法制度之改革上亦極具參考價值。惟由於考量國情、法律建制、法治素養或司法人事經費等因素，完整之陪審制或參審制二種審判制度均未爲我國法院所採納。

　　司法院曾推動人民觀審制，使觀審員全程蒞庭，並有表示意見之權利，但人民仍欠缺參與審判之實質職能，觀審員在觀審上所表示之意見，對於法院及審判長雖具有建議及提醒之效果，但對於國家機關審判權之行使而言，不僅在法律上或在事實上均無任何拘束力，且與人民積極參與司法審判之期望與決心尙有極大出入，其推動及建構因各界質疑而停滯[19]。

---

[19] 論者或謂人民非憲法第80條之法官，自不得參與審判；縱使參與審判，亦僅得在審判程序上蒞庭聆聽並表達意見提供法官參考，國民觀審制即依上述觀點以爲推動，亦爲司法院研擬開放人民參審之最大限度。惟憲法第80條「法官須超出黨派以外，依據法律獨立審判，不受任何干涉」等文字，應係就我國憲政體制及秩序有關司法獨立（Independence of Judiciary）保證事項所明定關於憲法保留之規定。至於法官身分與資格應如何界定及取得等部分，顯非憲法第80條憲法保留保證司法獨立事項之範疇。人

　　爲因應近年來工商發展民刑事及行政訴訟事件日漸複雜，法官法律以外專業知識恐不足以符合審判之需要，司法院乃訂頒專家諮詢要點，特別就刑法第173條第1項至第3項、第174條第1項至第3項、第177條第2項、第187-2條、第187-3條、第190-1條及第193條案件，因醫療行爲、交通肇事致死或重傷案件，職業安全衛生法第40條案件，性侵害犯罪案件，違反著作權法、商標法、營業秘密法案件，違反證券交易法及期貨交易案件，及少年刑事案件等，第一審或第二審法官認爲必要時，得依職權行專家諮詢；因商標權、專利權、電路布局，因海洋污染、土壤及地下水污染、水污染、噪音管制、廢棄物清理、毒性化學物質管理、飲用水管理、環境用藥管理等所涉之行政訴訟事件，智慧財產及商業法院、高等行政法院及地方法院行政訴訟庭認爲必要時，亦得依職權行專家諮詢。惟受邀進行諮詢之專家僅限於專業上意見之提供，不參與事實認定及法律判斷之審判工作，故和參審制參審員與法官共同參與審判以認事用法之職權顯有不同，實不宜混爲一談。

　　爲使國民與法官共同參與刑事審判，提升司法透明度及增進國民對於司法之瞭解與信賴，我國現階段制定國民法官法，建構國民法官制。依據國民法官制之規劃，年滿二十三歲，且在地方法院管轄區域內繼續居住四個月以上之中華民國國民，有被選任爲國民法官、備位國民法官之資格。行國民參與審判之案件，由法官三人及國民法官六人共同組成國民法官法庭，共同進行審判，並於國民法官法庭辯論終結後，由法官與國民法官就事實之認定、法律之適用及科刑等事項共同討論、表決，完成終局評議程序。國民法官之職權，除國民法官法另有規定外，與法官同。國民法官法第5條第1項規定：「除少年刑事案件及犯毒品危害防制條例之罪之案件

民經由陪審制或參審制等相關審判制度參與審判行使法官職權，縱非屬法官法第2條所指稱之法官，但其參與審判行使法官職權，僅涉及與法官身分取得有關之法令應否作成相應修正之問題，管見以爲尚未致生違憲疑義之情形。法官法上之法官可歸類爲專業法官（professional judge），參與審判之人民則可歸類爲非專業法官（lay judge），二者依法各有所掌，各司其職，共同行使關於司法審判之職權。

外，下列經檢察官提起公訴且由地方法院管轄之第一審案件應行國民參與審判：一、所犯最輕本刑為十年以上有期徒刑之罪。二、故意犯罪因而發生死亡結果者。」國民法官法自民國115年1月1日起全面施行（國民法官法第1條至第6條、第8條、第12條、第113條）。

六、事實審與法律審

　　關於法院職權之審判制度，有所謂事實審與法律審等典型。法院審理各種訴訟案件，除適用法律外，並以認定事實為行使審判之重點，係為事實審。如法院於審理各種訴訟案件時，不再審究與本案有關之事實，而僅側重於審查法律之適用及嚴謹法律之見解，則為法律審。事實審並非忽視法律，更非不適用法律，而係以事實之正確認定為法律適用之先決條件，如關於言詞辯論之舉行、證據之調查、證人之傳喚、鑑定人之陳述等事項，均屬事實審之範圍。相對而言，法律審並非忽視事實，更非與事實無關，而係以法律之正確適用為事實認定之堅強基礎。是故，事實審與法律審實係相互依存，相輔為用，二者甚難截然劃分或互相排斥。我國司法制度中雖無事實審與法律審二者之法定區分，但由於掌理民刑事訴訟案件第一審及第二審之地方法院及高等法院，以及掌理行政訴訟案件第一審之高等行政法院在實施審判時，將審斷案件事實是否存在，不以審究法令適用是否違法為限，故咸認其為事實審法院。而掌理終審裁判之最高法院及最高行政法院實施審判，僅審究法令適用是否違法，對於案件事實是否存在則無審斷之職能，如有疑義則仍須發回或發交事實審法院重予審判，故咸認其為法律審法院。民事訴訟法第467條規定，「對於第二審判決上訴，非以其違背法令為理由，不得為之」。同法第468條規定：「判決不適用法規或適用不當者，為違背法令。」刑事訴訟法第377條規定：「上訴於第三審法院，非以判決違背法令為理由，不得為之。」同法第378條規定：「判決不適用法則或適用不當者，為違背法令。」行政訴訟法第242條規定：「對於高等行政法院判決之上訴，非以其違背法令為理由，不得為之。」同法第243條第1項規定：「判決不適用法規或適用不當者，為違背法令。」依據上述規定，最高法院及最高行政法院均為實施嚴格法律審

之法院。

　　此外，司法院訂頒加強第一、二審法院認定事實功能注意事項及最高法院就上訴第三審有關認定違背法令之界限與得自爲裁判之範圍應行注意事項等，對於地方法院、高等法院事實審及最高法院法律審之行使，均有詳實周延之規定，亦爲司法界肯認事實審與法律審應予區分之明證。至於懲戒法院採行一級二審制，公務員懲戒法第66條第1項、第2項規定：「對於懲戒法庭第一審判決之上訴，非以判決違背法令爲理由，不得爲之。判決不適用法規或適用不當者，爲違背法令。」依據上述規定，懲戒法庭第二審應爲懲戒法院所屬嚴格法律審之法院。

七、集中審理制與合併審理制

　　關於法庭期程之審判制度，有所謂集中審理制與合併審理制之典型。法院審理特定案件乃集中於一次言詞辯論期日一舉爲之，或連續舉行數次言詞辯論期日一氣呵成，係爲集中審理制，又稱繼續審理制，美國、德國、日本等國家採之。法院併行審理多數案件，且就特定案件乃分別於數次不連續之言詞辯論期日逐步完成，則爲合併審理制，又稱分割審理制。爲落實法院審理訴訟案件邁向集中化趨勢，藉以提升裁判品質及司法公信力，以及爲配合民事訴訟法朝向集中審理程序取向進行修正，冀以促進審判效能並維護當事人權益，司法院訂頒民事訴訟集中審理程序參考要點，加強推動各級法院辦理關於民事事件之集中審理事宜。

　　依目前現制，法院依民事訴訟法辦理民事事件集中審理程序之具體作法，係在其受理民事案件後暫不開庭，責由雙方當事人先予踐行書狀交換程序，待獲致相當成果後，再由法官擇期開庭審理案件與進行言詞辯論。在開庭前，雙方應先就有關事實爭點及法律爭點加以釐清，並在必要準備程序中提出證據與聲明證據爭點，俟正式開庭時，當事人則僅需就爭點部分進行言詞辯論及提出詰問攻防（民事訴訟集中審理程序參考要點第2點至第5點），如此應可有效縮短審判期程及減少開庭次數，冀使各級法院

逐步達成集中審理制之目標與實效[20]。

　　此外，在審理刑事訴訟案件方面，現行法制亦有朝向採行集中審理制之趨勢。例如爲維護刑事審判之公正、合法、迅速，保障人權及公共利益，刑事妥速審判法第5條第1項規定：「法院就被告在押之案件，應優先且密集集中審理。」同法第12條並規定：「爲達妥速審判及保障人權之目的，國家應建構有效率之訴訟制度，增加適當之司法人力，建立便於國民利用律師之體制及環境。[21]」

八、法定上訴制與許可上訴制

　　關於裁判救濟之審判制度，有所謂法定上訴制與許可上訴制等典型。不服法院裁判得逕依法律規定提起上訴或抗告，無須受理法院之許可，係爲法定上訴制。不服法院裁判除應依據法律規定提起上訴或抗告外，仍須經受理法院之許可始得開始審理，否則應以裁定駁回其上訴或抗告，則爲許可上訴制。民事訴訟法第436-3條第1項規定：「對於簡易訴訟程序之第二審裁判，提起第三審上訴或抗告，須經原裁判法院之許可。」同法第469-1條第1項規定，「以前（第四百六十九）條所列（當然違背法令）各款外之事由提起第三審上訴者，須經第三審法院之許可」。依目前現制，除上述規定適用許可上訴制以外，當事人對於原裁判提起上訴或抗告，應以採行法定上訴制爲原則。至於原裁判法院或第三審即最高法院行使許可上訴或抗告之裁量權限，並非漫無限制，應以訴訟事件對於從事法之續造、確保裁判之一致性或其他所涉及之法律見解具有原則上重要性之理由等三種情形爲其範圍，是應注意。

---

[20] 關於民事集中審理制度，參閱許士宦，集中審理制度之新審理原則，國立臺灣大學法學論叢，第38卷第2期，2009年6月，頁1-70。

[21] 刑事集中審理制度，參閱林俊益，刑事集中審理制，月旦法學教室，第31期，2005年5月，頁24-25。

第六項　法院之設立與管轄

　　法院為行使國家司法審判權之唯一機關，如將全國訴訟案件集中於同一法院，不僅將使人民深感不便，法院行使職權亦相當困難，故須設置若干法院，依特定標準劃定管轄權，使所有訴訟案件各有歸屬，進而獲得適當之審判。

　　劃定管轄權之標準有二，一為土地管轄，二為事務管轄。各法院均有其管轄區域，訴訟案件以法院之管轄區域為標準，決定管轄權之歸屬，係為土地管轄。各法院亦有其專業分工，訴訟案件以法院之專業分工為標準，決定管轄權之歸屬，則為事務管轄。土地管轄與事務管轄必須同時存在，特定法院始得對於特定訴訟案件具有管轄權以進行實體上之審判。基於「以原就被」原則，為考量訴訟及法院在證據取得上之便利，並為避免原告濫行訴訟，如某一法院對於特定被告有審判權且就訴訟事件具有適當管轄權，上述被告即有服從該審判之義務，學理上稱之為審判籍（Venue）。

　　法院之管轄區域，乃為法院所設立之土地區劃也。法院組織法第8條規定：「直轄市或縣（市）各設地方法院。但得視其地理環境及案件多寡，增設地方法院分院；或合設地方法院；或將其轄區之一部劃歸其他地方法院或其分院，不受行政區劃限制。在特定地區，因業務需要，得設專業地方法院；其組織及管轄等事項，以法律定之。」同法第31條規定：「省、直轄市或特別區域各設高等法院。但得視其地理環境及案件多寡，增設高等法院分院；或合設高等法院；或將其轄區之一部劃歸其他高等法院或其分院，不受行政區劃之限制。」同法第47條並規定：「最高法院設於中央政府所在地。」因此，除最高法院以全國為其管轄區域外，高等法院（分院）及其以下各級法院（分院）均劃分全國土地以定其管轄區域，不受行政區域劃分之限制。

　　行政法院組織法第6條前段規定：「省、直轄市及特別區域各設高等行政法院。但其轄區狹小或事務較簡者，得合數省、市或特別區域設一高等行政法院，其轄區遼闊或事務較繁者，得增設之。」同法第11條規定：

「最高行政法院設於中央政府所在地。」因此，除最高行政法院以全國為其管轄區域以外，高等行政法院均劃分全國土地以定其管轄區域，不受行政區域劃分之限制。

智慧財產及商業法院組織法第4條規定：「智慧財產及商業法院之設置地點，由司法院定之。司法院得視地理環境及案件多寡，增設智慧財產及商業法院分院。」是以，全國以設置一所智慧財產及商業法院為原則，但於必要時，司法院仍得視地理環境與案件需要，增設智慧財產及商業法院分院，以符實際運作需求。至於懲戒法院設於中央政府所在地，未有分院或分區委員會之設置，故應以全國為其管轄區域，自不待言。

關於法院管轄區域之劃分或變更，法院組織法第7條規定：「地方法院及其分院、高等法院及其分院管轄區域之劃分或變更，由司法院定之。」行政法院組織法第6條後段規定：「高等行政法院管轄區域之劃分或變更，由司法院定之。」司法院為國家最高司法機關，綜理全國司法行政業務，而法院管轄區域之劃分或變更，乃屬司法行政業務之範疇。法院組織法授予司法院統籌辦理管轄區劃訂定及變更之完整權限，自係尊重司法獨立之表徵。但有關法院之設立或廢止，因直接涉及國家各機關組織之調整事項，依中央法規標準法第5條法律保留原則之規定，自不得授權司法行政機關以命令方式自行決定之。至於懲戒法院，則與最高法院及最高行政法院相同，尚無管轄區域劃分或變更之問題。

法院之專業分工，則為各個法院所特定之管轄事件也。法院組織法第9條規定：「地方法院管轄事件如左：一、民事、刑事第一審訴訟事件。但法律別有規定者，不在此限。二、其他法律規定之訴訟案件。三、法律規定之非訟事件。」同法第32條規定：「高等法院管轄事件如下：一、關於內亂、外患及妨害國交之刑事第一審訴訟案件。二、不服地方法院及其分院第一審判決而上訴之民事、刑事訴訟案件。但法律另有規定者，從其規定。三、不服地方法院及其分院裁定而抗告之案件。但法律另有規定者，從其規定。四、其他法律規定之訴訟案件。」同法第48條規定：「最高法院管轄事件如左：一、不服高等法院及其分院第一審判決而上訴之刑事訴訟案件。二、不服高等法院及其分院第二審判決而上訴之民事、刑事

訴訟案件。三、不服高等法院及其分院裁定而抗告之案件。四、非常上訴案件。五、其他法律規定之訴訟案件。」

此外,行政法院組織法第7條規定:「高等行政法院管轄事件如下:一、不服訴願決定或法律規定視同訴願決定,提起之行政訴訟通常訴訟程序事件。但法律另有規定者從其規定。二、不服地方法院行政訴訟庭第一審判決而上訴之事件。三、不服地方法院行政訴訟庭裁定而抗告之事件。四、其他依法律規定由高等行政法院管轄之事件。」同法第12條規定:「最高行政法院管轄事件如下:一、不服高等行政法院裁判而上訴或抗告之事件。二、其他依法律規定由最高行政法院管轄之事件。」

智慧財產及商業法院組織法第3條規定:「智慧財產及商業法院管轄案件如下:一、依專利法、商標法、著作權法、光碟管理條例、營業秘密法、積體電路電路布局保護法、植物品種及種苗法或公平交易法所保護之智慧財產權益所生之第一審及第二審民事訴訟事件,及依商業事件審理法規定由商業法院管轄之商業事件。二、因刑法第二百五十三條至第二百五十五條、第三百十七條、第三百十八條之罪或違反商標法、著作權法、營業秘密法及智慧財產案件審理法第三十五條第一項、第三十六條第一項案件,不服地方法院依通常、簡式審判或協商程序所為之第一審裁判而上訴或抗告之刑事案件。但少年刑事案件,不在此限。三、因專利法、商標法、著作權法、光碟管理條例、積體電路電路布局保護法、植物品種及種苗法或公平交易法涉及智慧財產權所生之第一審行政訴訟事件及強制執行事件。四、其他依法律規定或經司法院指定由智慧財產及商業法院管轄之案件。」

由上述規定可知,各個法院組織法依訴訟案件之種類、性質、輕重,據以確定各個法院第一審之管轄,並依訴訟案件之類別、程度,決定具有共通管轄區域之各個法院之審級管轄。是以,法院之事務管轄,除具有各個法院就其專業而為分工之特質以外,更涵攝訴訟案件第一審管轄及審級管轄之意義。

法院管轄權之劃分,乃為司法審判權劃分行使之問題,屬於不同法院間之外部關係。至於司法事務之分配,則為法院業務分配與代理之問題,

屬於同一法院職屬間之內部關係。是故，管轄劃分與事務分配二項概念顯有不同，其所據以行使之法令依據亦有差異，切不容混爲一談，是應注意。

第二節　法　官

第一項　法官之意義

　　法官爲法院職掌審判事務官員之職稱。我國歷代對於折獄聽訟、平亭曲直者之稱謂不一，唐虞曰士，夏曰大理，殷曰司寇，周曰秋官，漢曰廷尉，唐稱法曹、司法參事或推事，宋曰通判或判官等。由於宋朝官制設有大理寺置左右推事，負推鞫訟事之責，故在我國法制上早已習用推事一詞。清末及民國以來歷次之法院組織法，亦以法官推斷事理而稱之爲推事。迨至民國78年法院組織法第八次修正及司法人員人事條例公布施行，始將推事一詞正名爲法官，俾與憲法第80條及第81條所指稱之法官之意涵一致。爲配合法院組織法修正，司法院旋即函示各級法院製作民刑事裁判書類及有關文書，應一律將推事改稱爲法官，例如審判長推事改稱爲審判長法官，陪席推事改稱爲陪席法官，以及受命推事改稱爲受命法官等，庶期各級法院用語一致。

第二項　法官之分類

　　法官得依其遴任資格、任命程序、職務種類、官等職等、審判地位、法院配置或保障給與等標準而爲分類，俾以瞭解不同類別法官之定位及職權行使之性質與分際。茲就現行法令有關規定，列述法官之分類如下：

一、依保障之不同而為分類

　　法官得依保障之不同而爲分類，可分爲憲法上法官與法律上法官二種類別。所謂憲法上法官，係指其職務及身分均應受憲法第80條「須超

出黨派以外，依據法律獨立審判，不受任何干涉」，以及第81條「爲終身職，非受刑事或懲戒處分或禁治產之宣告，不得免職。非依法律，不得停職、轉任或減俸」等規定直接保障之法官而言，依據司法院釋字第396號解釋，自應包括普通法院各級法院院長及法官、行政法院各級法院院長及法官，以及懲戒法院院長及法官等司法機關之成員。至於司法院院長、副院長及大法官雖同屬憲法第80條所規定之法官，惟其因受憲法增修條文第5條第1項後段「除法官轉任者外，不適用憲法第八十一條及有關法官終身職待遇之規定」及第2項「司法院大法官任期八年」等規定之限制，是故，依據司法院釋字第601號解釋意旨，其僅得在任期中享有憲法第81條關於法官「非受刑事或懲戒處分，或禁治產之宣告，不得免職。非依法律，不得停職、轉任或減俸」等規定之保障。

　　所謂法律上法官，則係指其職務及身分非依憲法規定而僅由法律規定予以間接保障之法官而言，例如檢察官雖非憲法第80條及第81條等規定所指稱之法官，但除轉調外，得依據法官法及司法人員人事條例等有關規定享有與法官相同之保障與給與者即是。

二、依任命之不同而為分類

　　法官得依任命之不同而爲分類，可分爲候補法官、試署法官與實授法官等三種類別（法官法第9條、司法人員人事條例第10條）。所謂候補法官，係指具有法官法第5條第1項第1款所定法官任用資格經遴選及研習者，取得初任法官資格，因無適當法官員額充署而暫予分發至地方法院或其分院辦事之法官而言[22]。任命候補法官之期間爲五年，期滿考查其服務成績，並應陳報司法院送請司法院人事審議委員會審查，審查及格者，予以試署，試署期間一年；不及格者，應於二年後再予考核，報請審查，仍不及格時，停止其候補並予以解職。候補法官於候補期間，除得獨任輪辦

---

[22] 法官法第8條第3項規定：「經遴選爲法官者，應經研習；其研習期間、期間縮短或免除、實施方式、津貼、費用、請假、考核、獎懲、研習資格之保或廢止等有關事項之辦法，由司法院定之。」司法院爰依上述規定之授權，訂定「遴選法官職前研習辦法」，設置遴選法官研習委員會，幕僚作業由司法院法官學院辦理。

地方法院少年案件以外之民刑事有關裁定事件[23]、民刑事簡易程序案件、民事小額訴訟程序事件或刑事簡式審判程序案件等事務外，並得於候補第三年起，獨任辦理刑事訴訟法第376條第1款、第2款所列之罪之案件。所謂試署法官，係指具備法官資格再經任命候補法官五年期間期滿，考核其服務成績，經陳報司法院送請司法院人事審議委員會審查及格，初予任命，分發至高等法院以下各法院、高等行政法院試用之法官而言。任命試署法官之期間爲一至二年，期滿考查其服務成績及格者，予以實授；不及格者，應於二年內再予考核，報請審查，仍不及格者，停止其試署，並予以解職。所謂實授法官，則係指試署法官試署期間期滿，考核其服務成績，經陳報司法院送請司法院人事審議委員會審查及格，予以實授，正式占用法官職缺之實任法官而言。

三、依官等之不同而為分類

法官得依官等之不同而爲分類，可分爲薦任法官、簡任法官與特任法官等三種類別。所謂薦任法官，係指官等爲薦任，屬於第六職等至第九職等之各級法院法官而言。所謂簡任法官，係指官等爲簡任，屬於第十職等至第十四職等之各級法院法官而言。至於所謂特任法官，則係指官等爲特任，掌理憲法解釋及憲法審判之司法院院長、副院長、大法官，以及綜理最高法院、最高行政法院、懲戒法院等最高司法審判機關並任院長之法官而言。司法人員之任用，另以法律定之。但有關任用資格之規定，不得與公務人員任用法牴觸（公務人員任用法第32條）。

法院組織法第12條第1項規定：「地方法院置法官，薦任第八職等至第九職等或簡任第十職等至第十一職等；試署法官，薦任第七職等至第九職等；候補法官，薦任第六職等至第八職等。」同法第34條第1項規定：「高等法院置法官，簡任第十職等至第十一職等或薦任第九職等；試署法官，薦任第七職等至第九職等。」同法第51條第1項規定「最高法院置

---

[23] 關於民刑事聲請案件等非訟事件，例如收養認可裁定、拋棄繼承准予備查、除權判決、定應執行刑及假釋中付保護管束等事項，得於候補第一年獨任爲之。

法官，簡任第十三職等至第十四職等」。行政法院組織法第10條第1項規定：「高等行政法院每庭置法官三人，簡任第十職等至第十一職等或薦任第九職等。」第15條第1項規定：「最高行政法院每庭置法官五人，簡任第十三職等至第十四職等。」上述關於法官任用官等之規定，不僅配合法院金字塔型審級制度之設計而建制符合公務人員任用法之法官晉升機制，同時更能使法官專業涵養與司法倫理之考量兼籌並顧，對於促進司法機關及司法人員整體人事和諧與專業精進而言，確有其必要。

四、依職務之不同而為分類

法官得依職務之不同而為分類，可分為審判長法官、受命法官與受託法官等三種類別。一般而言，合議庭法官居於首位者或獨任制法官，係為審判長法官。審判長法官於合議庭審判時，統一指揮訴訟程序。受審判長法官之命，依法實施訴訟事務之法官，係為受命法官。至於受其他法院或法庭之囑託，依法實施訴訟事務之法官，則係為受託法官。受命法官之指定與受託法官之囑託，則由法院之審判長法官依法行使之（民事訴訟法第202條）。合議庭之法官除審判長以外，其餘均稱之為陪席法官，與審判長法官共同參與裁判之評議。

受命法官承合議庭審判長之指定，應於訴訟程序中，分別依民事訴訟法第270條行準備程序、依同法第269條為證據調查，及依同法第377條試行和解，或依刑事訴訟法第279條訊問被告及蒐集或調查證據，依行政訴訟法第131條行準備程序、依同法第139條為證據調查，及依同法第219條試行和解等職權。同時，合議庭審判之裁判書，實務上亦多指定由受命法官製作。另一方面言，法院間或法庭間處理審判事務，本應合作互助，訴訟程序始得迅速確實，進而確保人民權益。受託法官即應基於此項意旨，同意接受其他法院或法庭之囑託，依民事訴訟法第269條、第290條、第377條，刑事訴訟法第195條，及行政訴訟法第139條、第219條等相關規定，協助為囑託之法院或法庭行使有關調查證據及試行和解等之職權。

五、依任職之不同而為分類

　　法官得依任職之不同而爲分類，可分爲實任法官與優遇法官二種類別。所謂實任法官，係指實際辦理審判事務之現職法官而言。所謂優遇法官，則係指實任法官任職十五年以上年滿七十歲應停止辦理審判案件，或任職十五年以上年滿六十五歲，經中央衛生主管機關評鑑合格之醫院證明身體衰弱，難以勝任職務，得申請停止辦理審判案件，不計入其任職機關所定員額之內，但仍支領法官俸給總額之三分之二之現職法官而言（法官法第77條、第89條）。

　　爲貫徹憲法關於法官爲終身職及國家尊崇司法人員辛勞之意旨，並參酌公務人員退休法第16條有關命令退休不適用於法官之規定，司法院於民國68年2月22日以（68）院台人字第0189號函，修正核定最高法院年高法官放寬辦理審判工作準則，給予最高法院年高體衰之法官減少或停止辦理案件，但薪俸待遇照常支給之禮遇，係爲今日全面實施法官優遇制度之濫觴。殆至民國78年12月22日公布司法人員人事條例，始將上述優遇制度法制化。司法人員人事條例第40條規定，「實任司法官任職十五年以上年滿七十歲者，應停止辦理案件，從事研究工作。實任司法官任職十五年以上年滿六十五歲，身體衰弱，不能勝任職務者，停止辦理案件。停止辦理案件司法官，仍爲現職司法官，支領司法官之給與，並得依公務人員退休法及公務人員撫卹法辦理退休及撫卹。但不計入該機關所定員額之內。」依目前現制，所謂司法官，係包括憲法第80條及第81條之法官，以及司法院釋字第13號解釋所保障之檢察官在內。

第三項　法官職權之行使

第一款　概　說

　　法官之職權，係以行使國家司法審判權爲主要，而司法審判之獨立，不僅係現代司法權行使之特質，同時更係建立民主法治國家之先決要件。憲法第80條規定：「法官須超出黨派以外，依據法律獨立審判，不

受任何干涉。」法官依據法律實施審判，與司法審判之獨立，乃屬一體之兩面，二者缺一則司法權將因而蕩然無存，法治國理念亦難眞正實現。是故，依據法律及獨立審判二者，應爲法官職權行使之內涵。

第二款　依據法律審判

　　法官依據法律審判，始得保證司法審判權之獨立行使。所謂法律，應係指憲法第170條所指稱經立法院通過，總統公布之法律而言。惟其內涵是否包括優位於上述狹義法律之上之憲法，則不無疑義。論者有謂，法律恆淵源於憲法而產生，法律不得牴觸憲法，其牴觸者無效，故法律既爲法官審判之依據，則憲法自應爲法官審判之依據。但持反對見解者則認爲，憲法第78條、第79條及第173條規定，憲法之解釋，由司法院大法官爲之，故而法律對於一般法官而言，具有絕對之拘束力，法官應以其爲審判之依據，不得自行認定法律爲違憲而逕予拒絕或排除其適用。

　　司法院釋字第371號解釋則認爲：「各級法院法官依憲法第八十條之規定，應依據法律獨立審判，故依法公布施行之法律，法官應以其爲審判之依據，不得認定法律爲違憲而逕行拒絕適用。惟憲法乃國家最高規範，法官均有優先遵守之義務，各級法院法官於審理案件時，對於應適用之法律，依其合理之確信，認爲有牴觸憲法之疑義者，自應許其先行聲請解釋憲法以求解決，無須受訴訟審級之限制。」此一解釋，一方面肯定法官應有優先遵守憲法之義務；另一方面則又重申大法官行使違憲審查權之獨一性及排他性，是爲一執兩用中之見解，頗符合我國司法制度之現況與需要。但一般法官爲實施審判而解釋包括憲法在內之法律，不僅世所恆有，且爲英、美、日等法治國家建構完整違憲審查制度之前提。肯定各級法院法官對於憲法之實質解釋權及對於法律之違憲審查權，應係在未來司法改革運動另一項值得重視之議題。

　　此外，總統依憲法增修條文第2條第3項所發布之緊急命令，立法院依憲法第63條所議決之條約，以及人民依憲法第136條所創制之法律，均與憲法第170條所指稱之法律具有相同之位階，具有法律之效力，故亦爲

法官審判之依據，要無問題。同時，司法院釋字第38號解釋表示：「所謂依據法律者，係以法律為審判之主要依據，並非除法律以外，與憲法或法律不相牴觸之有效規章，均行排斥而不用。」是以，各機關依其法定職權或基於法律授權所訂定發布之法規命令及行政規則，地方自治組織或人民依地方制度法所議決及創制之自治法規，如與憲法或中央法令並無牴觸，法官自不得逕行排斥而不予適用。

　　法官於審判案件適用法律時，對於法律之疑義，依其自己之正確意見加以解釋，自屬司法解釋之一環。惟如法官之見解，與其他各機關執行法律時所作成之解釋發生齟齬，且又不符合聲請大法官統一解釋法律之要件時，法官得否逕予排斥而不適用，則不無疑義。法律解釋之效力，應以立法解釋最優先，其次為司法解釋，再其次則為行政解釋。故法官於審判案件時所提出之法律見解，自得優位於各機關對於法規所為之釋示。惟權力分立之憲政架構除強調各權力部門間之制衡關係以外，更著重各權力本身之制約及相互間之尊重，尤其在專業分工益形嚴密精細之今日，法官對於各機關就其職掌所作成有關法規釋示之行政命令，自應加以遵循。

　　由是，司法院釋字第137號解釋即表示：「法官於審判案件時，對於各機關就其職掌所作成有關法規釋示之行政命令，固未可逕行排斥而不用，但仍得依據法律表示其合法適當之見解。」由於法官解釋法律之專業素養，仍應受到其他權力部門相當程度之重視。是故，法官對於有關法規之解釋與其他各機關行政命令之意見有所分歧時，其雖不得逕予排斥而不用，但非不得就其職責範圍內，在認事用法系爭焦點有作成正確闡明之必要時，乃本於公正誠實之篤信，於裁判書內提出合法適當之見解，以為審級機制統一法律見解及司法院大法官統一法律解釋之參考基礎。司法院釋字第137號解釋理由書亦表示：「法官如認為該項釋示與法意有出入，或牴觸憲法或法律者，自得不受其拘束，逕予排斥而不用，此乃法官依據法律獨立審判所應有之結論。」基於上述解釋理由書意旨，司法院大法官似乎認許各級法院法官對於各機關所作成有關法規釋示之行政命令，擁有較實質之違憲審查權。

　　至於司法院或法務部等最高司法行政監督機關就其職掌所發布關於

司法行政上之命令，或最高法院、最高行政法院、懲戒法院所製作有關庭長法官聯席會議之決議，如有涉及審判上之法律見解者，法官是否亦應受其拘束，則不無疑義。爲此，司法院釋字第216號解釋表示：「法官依據法律獨立審判，憲法第八十條載有明文。各機關依其職掌就有關法規爲釋示之行政命令，法官於審判案件時，固可予以引用，但仍得依據法律，表示適當之不同見解，並不受其拘束，本院釋字第一三七號解釋即係本此意旨；司法行政機關所發司法行政上之命令，如涉及審判上之法律見解，僅供法官參考，法官於審判案件時，亦不受其拘束。惟如經法官於裁判上引用者，當事人即得依司法院大法官審理案件法第五條第一項第二款及第七條第一項第二款之規定聲請解釋。」

　　此一解釋，再次重申憲法上法官應依據法律獨立審判，不受任何干涉之立場。縱使司法行政機關爲各級法院法官之上級行政監督機關，法官審判仍應不受其拘束。是故，司法院、法務部、最高法院、最高行政法院、懲戒法院等上級司法機關就司法行政事項以行政命令或其他方式所發布之法規釋示、釋答、決議或研究彙編等法律意見或解釋性法規，僅可供作法官審判時之參考書類。如其所持法律見解與法官於審判時所持法律見解有歧異時，法官可不受其拘束。除非該類法律意見或解釋性法規之內容經法官於裁判上自願引用，否則不得逕自成爲法官審判所應適用之法律依據。

　　至於最高法院、最高行政法院或懲戒法院等最高司法審判機關依法定程序所選編彙集之有關判例，對於法官審判具有如何之拘束力，則非無疑義。論者有謂，最高司法審判機關所選編彙集之判例不僅非屬憲法第170條所指稱「經立法院通過、總統公布」之法律，其亦欠缺習慣法或慣例之性質。參酌行政程序法第159條之規定，判例應僅具有解釋性法規之效力，依據司法院釋字第216號解釋意旨，其僅爲提供法官審判參考之法律見解，對於法官之審判，不具法律上之拘束力。惟爲謀求全國法律見解之統一，法官審判如未遵循判例要旨，其裁判結果將有遭到上級法院廢棄、撤銷改判或發回更審之可能，對於法官之聲望、同儕觀感及生涯規劃等而言確有影響。是以，基於法律以外之因素及壓力，判例對於法官之審判，仍具有事實上之拘束力。反對論者則認爲，最高司法審判機關所選編、彙

集之判例具有民法第1條所指稱法理之性質，如其所持法律見解尚屬合理並符合現行有效法律制定之目的及宗旨，且對於社會正義之實現確有助益時，則其對於法官之審判，應具有法律上之拘束力。我國司法實務意見即肯認判例為法官所應適用之法規之一，與司法院解釋及現行法規並列，對於法官審判具有法律上之拘束力。

司法院釋字第374號解釋理由書略謂：「司法機關在具體個案之外，表示其適用法律之見解者，依現行制度有判例及決議二種。判例經人民指摘違憲者，視同命令予以審查，已行之有年（參照釋字第一五四號、第一七七號、第一八五號、第二四三號、第二七一號、第三六八號及第三七二號等解釋），最高法院之決議原僅供院內法官辦案之參考，並無必然之拘束力，與判例雖不能等量齊觀，惟決議之製作既有法令依據（法院組織法第七十八條及最高法院處務規程第三十二條），又為代表最高法院之法律見解，如經法官於裁判上援用時，自亦應認與命令相當。」司法院釋字第620號解釋理由書亦維持相同見解。基於此項見解，司法機關之決議及判例如經法官於裁判上援用者，視同中央法規標準法第3條不具形式意義之命令，其內容如涉及中央法規標準法第5條、第6條應以法律而不得以命令規定之事項者，自應受憲法上有關法律優位及法律保留原則之拘束，是應注意。

第三款　獨立審判

法官法第13條第1項規定：「法官依據憲法及法律，本於良心，超然、獨立、公正審判，不受任何干涉。」同法第14條並規定，「法官於就職時應依法宣誓，其誓詞如下：『余誓以至誠，接受國家任命，恪遵憲法及法律之規定，秉持超然獨立之精神，公正廉明，勤奮謹慎，執行法官職務，如違誓言，願受最嚴厲之制裁。謹誓。』。」司法審判權獨立行使，始可確保法官依據法律審判，不受任何力量之干涉。民主政治之基礎在於法治，而實現法治之前提，則維繫於司法審判之超然獨立。是以，審判獨立之意涵，不僅係指法官審判案件應依據法律，唯法律是賴以外，同時更

應在其職務行使上完全獨立，不受任何外在、內在等因素之干涉。

　　所謂不受任何外在因素之干涉，係指法官行使審判職權，不受任何機關或團體之干涉，其應以客觀之立場，作公平公正之裁判。法官須獨立於中央政府機關或各級地方自治政府機關之外，其所屬法院或其上級法院及有關司法行政主管機關，除依法為司法行政上之監督以外，亦不得干涉其關於審判之意向與作為。除此之外，法官審判更須超出黨派之影響以外，不受任何形式之干涉。關於法官參與政治活動之限制，法官法第15條規定：「法官於任職期間不得參加政黨、政治團體及其活動，任職前已參加政黨、政治團體者，應退出之。法官參與各項公職人員選舉，應於各該公職人員任期屆滿一年以前，或參與重行選舉、補選及總統解散立法院後辦理之立法委員選舉，應於辦理登記前，辭去其職務或依法退休、資遣。法官違反前項規定者，不得登記為公職人員選舉之候選人。」

　　至於社會輿論、公共評述等外界壓力，雖為民意與言論自由之表現，但法官仍應依據法律，本於良知，審慎體察案情，基於法律之合理確信，作成客觀與適切之裁判，不得受其拘束。而新聞媒體之傳播與報導，對於審判工作之影響最為顯著，法官應在人民知情權（right to know）與法院公平審判（fair trial）二大公益之間，審酌社會所付成本及民眾所獲利益是否均衡並取得其平衡點，如有必要，非不得對於大眾傳媒之動機及舉措作成適當之疏導與溝通，冀以獲致法院審判、民眾知情、媒體監督三贏之局面。

　　所謂不受任何內在因素之干涉，則係指法官獨立審判，不因個人喜怒哀樂之情緒，或先入為主、成竹在胸之好惡偏見等心理因素而影響審判之結果。法官應尋求精神層次之自我提升，本於良知良能及倫理道德有關規範，以及不惑、不憂、不懼之節操素養，基於天地正氣與公益，依法審判，不受任何干涉。所謂「我心如秤，其平如水」，即係法官內在修為達到清淨自持最高境界之寫照。

第四款　法官自律

司法院訂頒法官守則乙種，以督促法官作為審判上及日常生活中之行為準則，其內容臚列於下：

第1條　法官應保有高尚品格，謹言慎行、廉潔自持，避免不當或易被認為不當的行為。

第2條　法官應超然公正，依據憲法及法律，獨立審判，不受及不為任何關說或干涉。

第3條　法官應避免參加政治活動，並不得從事與法官身分不相容的事務或活動。

第4條　法官應勤慎篤實地執行職務，尊重人民司法上的權利。

第5條　法官應隨時汲取新知，掌握時代脈動，精進裁判品質。

為確保法官審判之獨立與公正，司法院訂頒法官社交及理財自律事項乙種，共計六點，作為法官進行社交及理財之行為準則，其內容臚列於下：

一、法官不得與案件繫屬中之當事人，關係人及其代理人、辯護人酬酢往來。但合於一般禮俗、學術、司法、公益等活動者，不在此限。

二、法官應避免經常與特定律師在社交場所出現。但有前條但書之情形者，不在此限。

三、法官應避免與律師、案件之當事人有財務往來。但該當事人為金融機構且其交易係正當者，不在此限。

四、法官不得以投機、違反公平方式、利用法官身分或職務，獲取不當利益或財物。

五、法官應避免讓律師經常進出其辦公室。但因公務或有其他正當理由者，不在此限。

六、法官應避免其他有損法官形象之應酬或交往。

為維護法官優良之品德操守及敬業精神，提升司法形象，司法院依據法官法第13條第2項之立法授權，訂頒法官倫理規範，務期各級法院法官

遵循。法官如有違反法官倫理規範，情節重大之情事，應付司法院法官評鑑委員會進行個案評鑑（法官法第30條）。法官評鑑委員會如認法官有懲戒之必要者，報由司法院移送監察院審查，並得建議懲戒之種類；如無懲戒之必要者，報由司法院交付司法院人事評議委員會審議，並得建議處分之種類（法官法第39條第1項）。至於法官之懲戒，應由監察院彈劾後移送懲戒法院職務法庭審理（法官法第51條第1項）。

　　為明確自律規範、強化自律功能及確保自律審議程序與決議之作成符合正當法律程序要求，法官法第23條立法授權司法院分別就大法官與懲戒法院委員及各級法院法官之自律事項、審議程序、決議之作成及處分種類等有關事項，分別訂定司法院大法官自律實施辦法及各級法院法官自律實施辦法。自律會由法官代表組成，院長為當然委員（各級法院法官自律實施辦法第3條第1項）。各級法院院長或法官三人以上，於本院法官有下列情形之一者，得檢具相關資料，送交自律會審議：

　　一、違反職務上義務、怠於執行職務或言行不檢。

　　二、違反本法第15條規定。

　　三、兼任本法第16條各款所列職務或業務。

　　四、洩漏職務上之秘密。

　　五、嚴重違反辦案程序規定或職務規定。

　　六、無正當理由遲延案件之進行、宣示裁判或交付裁判原本顯有不當之稽延，經通知於相當期限內改善，而不改善。

　　七、接受他人關說案件。

　　八、辦理合議案件，未依法評議。

　　九、確定裁判經非常上訴判決撤銷，其疏失情節嚴重。

　　十、其他違反法官倫理規範而有自律之必要（各級法院法官自律實施辦法第6條第1項）。

　　自律會經審議認為法官有第6條第1項各款所列情形者，得為下列決議：

　　一、建議職務監督權人依本法第21條第1項第1款發命令促其注意。

二、建議職務監督權人依本法第21條第1項第2款加以警告。

三、建議院長以所屬法院名義請求法官評鑑委員會評鑑。

四、建議司法院依本法第51條第2項規定逕行移送監察院審查。

五、建議限期改善或其他適當之處置。自律會經審議認爲法官有依法
　　應受獎勵之事由者，應作成建議司法院獎勵之決議。前二項之決
　　議，不得聲明不服（各級法院法官自律實施辦法第12條）。

第四項　法官之任用

　　法官爲司法人員，亦爲國家公務員職類之一種，本應依專才、專
業、適才、適所之意旨，依公務人員任用法相關規定任用之。惟法官依據
法律獨立審判，不受任何干涉，其職務屬性與一般公務人員階級收分、上
下服從關係容有不同，爲落實憲法上法官身分之保障，並尊重法官與國家
之關係應屬法官特別任用關係之性質，法官之任用，除有關任用資格之相
關規定，不得與公務人員任用法有關規定有所牴觸外，應另以法律定之。
依目前現制，法官之任用，依法官法所定關於法官任用之規定辦理。其未
規定者，適用其他法律之規定，並準用公務人員先派代理及銓敘審定之相
關規定（法官法第1條、第5條、第6條、第12條）。

　　檢察官與法官同屬司法人員人事條例第3條所指稱之司法官，關於檢
察官之任用，亦依法官法所定有關檢察官任用之規定辦理，並準用同法關
於法官任用消極資格及公務人員先派代理及銓敘審定之相關規定（法官法
第89條第1項前段）。

第一款　法官任用之資格

一、高等法院以下各法院之法官

　　高等法院以下各法院之法官，應就具有下列資格之一者任用之（法官
法第5條第1項）：

　　(一)經法官、檢察官考試及格，或曾實際執行律師業務三年以上且具

擬任職務任用資格。但以任用於地方法院法官為限。

(二)曾任實任法官。

(三)曾任實任檢察官。

(四)曾任公設辯護人六年以上。

(五)曾實際執行律師業務六年以上，具擬任職務任用資格。

(六)公立或經立案之私立大學、獨立學院法律學系或其研究所畢業，曾任教育部審定合格之大學或獨立學院專任教授、副教授或助理教授合計六年以上，講授主要法律科目二年以上，有法律專門著作，具擬任職務任用資格。

(七)公立或經立案之私立大學、獨立學院法律學系或其研究所畢業，曾任中央研究院研究員、副研究員或助研究員合計六年以上，有主要法律科目之專門著作，具擬任職務任用資格。

所稱主要法律科目，指憲法、民法、刑法、國際私法、商事法、行政法、民事訴訟法、刑事訴訟法、強制執行法、破產法及其他經考試院指定為主要法律科目者而言（法官法第5條第4項、第87條第4項）。未具擬任職務任用資格之大法官、律師、教授、副教授、助理教授及中央研究院研究員、副研究員、助研究員，其擬任職務任用資格取得之考試，得採筆試、口試及審查著作發明、審查知能有關學歷、經歷證明之考試方式行之，其考試辦法由考試院定之（法官法第5條第5項、第87條第5項）。

二、高等行政法院之法官

高等行政法院之法官，應就具有下列資格之一者任用之（法官法第5條第2項）：

(一)曾任實任法官。

(二)曾任實任檢察官。

(三)曾任法官、檢察官職務並任公務人員合計八年以上。

(四)曾實際執行行政訴訟律師業務八年以上，具擬任職務任用資格。

(五)公立或經立案之私立大學、獨立學院法律、政治、行政學系或其研究所畢業，曾任教育部審定合格之大學或獨立學院專任教授、

副教授或助理教授合計八年以上，講授憲法、行政法、商標法、專利法、租稅法、土地法、公平交易法、政府採購法或其他行政法課程五年以上，有上述相關之專門著作，具擬任職務任用資格。

(六)公立或經立案之私立大學、獨立學院法律、政治、行政學系或其研究所畢業，曾任中央研究院研究員、副研究員或助研究員合計八年以上，有憲法、行政法之專門著作，具擬任職務任用資格。

(七)公立或經立案之私立大學、獨立學院法律、政治、行政學系或其研究所畢業，曾任簡任公務人員，辦理機關之訴願或法制業務十年以上，有憲法、行政法之專門著作。

三、最高法院、最高行政法院之法官及懲戒法院之法官

最高法院、最高行政法院之法官及懲戒法院之法官，除法律另有規定外，應就具有下列資格之一者任用之（法官法第5條第3項）：

(一)曾任司法院大法官，具擬任職務任用資格。

(二)曾任懲戒法院法官。

(三)曾任實任法官十二年以上。

(四)曾任實任檢察官十二年以上。

(五)曾實際執行律師業務十八年以上，具擬任職務任用資格。

(六)公立或經立案之私立大學、獨立學院法律學系或其研究所畢業，曾任教育部審定合格之大學或獨立學院專任教授十年以上，講授主要法律科目五年以上，有法律專門著作，具擬任職務任用資格。

(七)公立或經立案之私立大學、獨立學院法律學系或其研究所畢業，曾任中央研究院研究員十年以上，有主要法律科目之專門著作，具擬任職務任用資格。

四、地方檢察署或其檢察分署之檢察官

地方檢察署及其檢察分署檢察官，應就具有下列資格之一者任用之（法官法第87條第1項）：

(一)經法官、檢察官考試及格。

(二)曾任法官。

(三)曾任檢察官。

(四)曾任公設辯護人六年以上。

(五)曾實際執行律師職務六年以上，成績優良，具擬任職務任用資格。

(六)公立或經立案之私立大學、獨立學院法律學系或其研究所畢業，曾任教育部審定合格之大學或獨立學院專任教授、副教授或助理教授合計六年以上，講授主要法律科目二年以上，有法律專門著作，具擬任職務任用資格。

(七)曾實際擔任檢察事務官職務六年以上，工作表現優良，並經專門職業及技術人員高等考試律師考試及格。

五、高等檢察署或其檢察分署之檢察官

高等檢察署及其檢察分署檢察官，應就具有下列資格之一者任用之（法官法第87條第2項）：

(一)曾任地方法院或其分院實任法官、地方檢察署或其檢察分署實任檢察官二年以上，成績優良。

(二)曾實際執行律師職務十四年以上，成績優良，具擬任職務任用資格。

六、最高檢察署之檢察官

最高檢察署檢察官，應就具有下列資格之一者任用之（法官法第87條第3項）：

(一)曾任高等法院或其分院實任法官、高等檢察署或其檢察分署實任檢察官四年以上，成績優良。

(二)曾任高等法院或其分院實任法官、高等檢察署或其檢察分署實任檢察官，並任地方法院或其分院兼任院長之法官、地方檢察署或其檢察分署檢察長合計四年以上，成績優良。

(三)公立或經立案之私立大學、獨立學院法律學系或其研究所畢業，曾任教育部審定合格之大學或獨立學院專任教授，講授主要法律

科目，有法律專門著作，並曾任高等法院或其分院法官、高等檢察署或其檢察分署檢察官。

以上所述，為法官及檢察官任用所應具備之一般法定資格，係為積極資格。關於法官任用所不得具備之消極資格，法官法第6條規定：「具有下列情事之一者，不得任法官：一、依公務人員任用法之規定，不得任用為公務人員。二、因故意犯罪，受有期徒刑以上刑之宣告確定，有損法官職位之尊嚴。三、曾任公務員，依公務員懲戒法或相關法規之規定，受撤職以上處分確定。四、曾任公務員，依公務人員考績法或相關法規之規定，受免職處分確定。但因監護宣告受免職處分，經撤銷監護宣告者，不在此限。五、受破產宣告，尚未復權。六、曾任民選公職人員離職後未滿三年。但法令另有規定者，不在此限。」關於檢察官任用所不得具備之消極資格，法官法第89條第1項前段規定，「本法第六條有關法官之規定，於檢察官準用之」。

公務人員任用法第28條規定：「有下列情事之一者，不得任用為公務人員：一、未具或喪失中華民國國籍。二、具中華民國國籍兼具外國國籍。但其他法律另有規定者，不在此限。三、動員戡亂時期終止後，曾犯內亂罪、外患罪，經有罪判決確定或通緝有案尚未結案。四、曾服公務有貪污行為，經有罪判決確定或通緝有案尚未結案。五、犯前二款以外之罪，判處有期徒刑以上之刑確定，尚未執行或執行未畢。但受緩刑宣告者，不在此限。六、曾受免除職務懲戒處分。七、依法停止任用。八、褫奪公權尚未復權。九、經原住民族特種考試及格，而未具或喪失原住民身分。但具有其他考試及格資格者，得以該考試及格資格任用之。十、受監護或輔助宣告，尚未撤銷。公務人員於任用後，有前項第一款至第九款情事之一者，應予免職；有第十款情事者，應依規定辦理退休或資遣。任用後發現其於任用時有前項各款情事之一者，應撤銷任用。前項撤銷任用人員，其任職期間之職務行為，不失其效力；業已依規定支付之俸給及其他給付，不予追還。但經依第一項第二款情事撤銷任用者，應予追還。」

第二款　法官任用之限制

法官職司平亭曲直，定紛止爭，職務繁重，非專責篤行恐不爲功，尤應清廉自持，盡忠職守，維護審判公正，提高裁判品質，以增進人民對於司法之公信力與向心力。爲防患未然，現行法令對於法官之任用，乃有以下之限制。

一、兼職之限制

法官法第16條規定：「法官不得兼任下列職務或業務：一、中央或地方各級民意代表。二、公務員服務法規所規定公務員不得兼任之職務。三、司法機關以外其他機關之法規、訴願審議委員會委員或公務人員保障暨培訓委員會委員。四、各級私立學校董事、監察人或其他負責人。五、其他足以影響法官獨立審判或與其職業倫理、職位尊嚴不相容之職務或業務。」舊法院組織法第39條曾規定：「推事、檢察官在職中，不得爲左列職務：一、兼任有俸給或無俸給之公職，但法令別有規定者，不在此限。二、兼營商業或其他公務員不應爲之業務。」現行法院組織法雖無上述規定，但法官亦屬適用公務員服務法之文職公務員，公務員服務法第13條、第14條有關公務員經商禁止及兼職限制之規定，法官自應謹守分際，維護官箴。法官法第17條規定：「法官兼任前條以外其他職務者，應經其任職機關同意；司法院大法官、各級法院院長及機關首長應經司法院同意。」對於足以影響審判公信及違背人民期待之兼職活動，法官應循公開透明原則，自我約束，嚴以律己，以不主動參與爲原則，如遇情非得已難以婉拒之情事，仍應主動報經行政或職務監督主管或機關之同意後始得行之。法官法第16條第1款、第2款、第4款、第5款及同法第17條之規定，於檢察官準用之（法官法第89條第1項前段）。

依據公務員服務法之規定，法官不得經營商業或投機事業。但投資於非屬其服務機關監督之農、工、礦、交通或新聞出版事業，爲股份有限公司股東，兩合公司之有限責任股東，或非執行業務之有限公司股東，而其所有股份總額未超過其所投資公司股本總額百分之十者，不在此限。法官非依法律不得兼公營事業機關或公司代表官股之董事或監察人（公務員

服務法第13條）。所謂商業，依據司法院院字第2493號解釋意旨，應係指包括農、工、礦事業在內之一切以逐利、盈利爲目的之行爲，法官非依法律，不得經營之。但依據司法院院字第2508號解釋意旨，法官在報紙雜誌投稿或著作書籍出版、收受報酬，或編輯研究學術之雜誌刊物，則非公務員服務法第13條第1項所指稱之經營商業，故可不受該項規定之限制。然而，現任法官當選爲民營實業公司之董監事雖非無效，但如其充任此項董監事係以經營商業或投機事業爲目的，則依據司法院院解字第3036號解釋意旨，仍應屬違反公務員服務法第13條第1項規定之情事，自不待言。

　　此外，法官除法令有規定者外，不得兼任他項公職或業務。其依法令兼職者，不得兼薪及兼領公費（公務員服務法第14條）。所謂公職，依據司法院釋字第19號解釋意旨，應包括政府機關及公共團體之職務，舉凡依法令從事於公共職務之人員均屬之，故而應較公務員之涵義更爲廣泛。因之，依據司法院釋字第6號解釋意旨，新聞紙類及雜誌發行人、編輯人，除法令別有規定者外，法官應依公務員服務法第14條前段之規定，不得兼任之。至於新聞紙類及雜誌之社長、經理、記者及其他職員，依據司法院釋字第11號解釋意旨，法官亦不得兼任之。甚且，參酌舊法院組織法第39條第2款之規定，所有商業、投機事業及公職以外之業務，只要其係公務員所不應爲，或爲之足以損及公務員之品格或名譽者，則除法令另有規定者外，解釋上，法官均不得兼任之。

第三款　法官任用之迴避

　　公務人員任用法第26條規定：「各機關長官對於配偶及三親等以內血親、姻親，不得在本機關任用，或任用爲直接隸屬機關之長官。對於本機關各級主管長官之配偶及三親等以內血親、姻親，在其主管單位中應迴避任用。應迴避人員，在各該長官接任以前任用者，不受前項之限制。」法院院長、庭長及各機關長官辦理本院法官之任命，應受上述規定之拘束。

第五項　法官之待遇

　　法官之待遇，可就精神與物質兩方面分別觀察之。對於法官在職務上之保障，係為精神方面之待遇；對於法官在經濟上之給與，則為物質方面之待遇。二者並行不悖，相輔相承，用以崇隆法官地位，維護司法尊嚴。依據司法院釋字第13號解釋意旨，檢察官除轉調外，其保障與法官相同，故而對於法官待遇保障之有關規定，對於檢察官亦有適用之餘地。

第一款　法官之保障

　　公務人員保障法第3條規定：「本法所稱公務人員，係指法定機關（構）及公立學校依公務人員任用法律任用之有給專任人員。」法官亦為國家公務人員，公務人員保障法有關公務人員身分、官職等級、俸給、工作條件、管理措施等有關權益之保障，對於法官亦有其適用。惟為貫徹憲法第81條有關「法官為終身職，非受刑事或懲戒處分或禁治產之宣告，不得免職，非依法律不得停職、轉任或減俸」等規定之本旨，法官法第七章及第八章關於法官保障及給與之規定，係為現行法制有關法官待遇之主要法律依據。

　　依目前現制，法官保障之對象，係為憲法第80條及第81條，以及司法院釋字第162號解釋及第601號解釋所指稱之法官和轉調以外之檢察官在內。至於在候補和試署期間之法官，則因其仍處於學習訓練及試用階段，尚須俟其期滿、服務成績審查及格，始得呈薦實授，故而有關法官保障之規定，對其自無直接適用之情形，僅得於必要且未形成扞格局面時，始訂定部分準用或比照辦理之規定。同時，對於實任檢察官之保障，亦應以事實上執行職務者為限。司法院釋字第52號解釋曾表示：「實任檢察官除轉調外，應受保障，並經本院釋字第十三號解釋在案。惟此項保障，係適用於能執行職務之檢察官。其因病請假逾一定期間，事實上不能執行職務者，在未經依據此項保障精神另定辦法前，自得依公務員請假規則第十條規定暫令退職。」

　　法官之保障，係指非因法定原因及依法定程序，不得將其免職、停

職、轉任或減俸等之保障事項而言，茲析述如下。

一、不得免職

　　法官法第42條規定：「實任法官非有下列情事之一，不得免職：一、因犯內亂、外患、故意瀆職罪，受判刑確定者。二、故意犯前款以外之罪，受有期徒刑以上刑之宣告確定，有損法官尊嚴者。但宣告緩刑者，不在此限。三、受監護之宣告者。實任法官受監護或輔助之宣告者，自宣告之日起，得依相關規定辦理退休或資遣。司法院大法官於任職中，有第一項各款情事之一時，經司法院大法官現有總額三分之二以上之出席，出席人數三分之二以上之同意，由司法院呈請總統免職。候補、試署法官除本法另有規定外，準用第一項、第二項規定。」基於上述規定，公務人員考績法關於免職之規定，對於實任法官即不得適用之。縱令法官確有前述各款所定情事之一，職務監督機關仍應依公務員懲戒法之規定，報由司法院移送監察院審查，經其彈劾後，移付懲戒法院職務法庭辦理法官懲戒案件之審理及裁判（法官法第51條第1項、懲戒法院組織法第5條第1項、司法人員人事條例第32條第2項）。

　　所謂免職，係指免除職務而言，依公務員懲戒法第11條之規定，係為免其現職，並不得再任用為公務員之意。依法官法第50條第1項之規定，免除法官職務之懲戒，包括喪失其公務人員任用資格。實任法官免職之法定原因，則明文列舉於前述法官法第42條第1項第1款至第3款所定之情事，第1款、第2款係依刑事訴訟法所定程序而為之刑事處分；第3款則係依民事訴訟法所定程序而為之受監護宣告。法官非有上述第1項各款所定法定情事之一，且須踐履公務員懲戒法所定懲戒案件審理及裁判之正當法律程序，否則不得蒙受職務監督權人所為免職之處遇，司法院大法官更應呈請總統予以免職。

　　實任法官既屬公務員，自應與一般公務員相同，適用公務員懲戒法之規定，如有故意或過失違法執行職務、怠於執行職務或其他失職行為，或為非執行職務之違法行為致嚴重損害政府之信譽，而有懲戒之必要者，即應依公務員懲戒法之規定移付懲戒，以肅官箴（公務員懲戒法第2條、第3

條）。至於法官之懲戒處分，依法官法第50條第1項之規定計有五種，除免除法官職務外，尚包括撤職、免除法官職務轉任法官以外之其他職務、罰款及申誡等。由於免除法官職務之處分茲事體大，對於法官之去留與名譽影響至鉅，為貫徹法官身分與職務終身保障，冀其無後顧之憂專事審判之本旨，憲法第81條特別針對法官所受免職處分作成憲法保留，明定非受刑事或懲戒處分或禁治產之宣告，不得為之。至於撤職以降其他處分種類，則不在憲法對於法官身分保障予以特別保留之範疇，縱未經懲戒，亦得為之，是應注意。

二、不得停職

法官法第43條規定：「實任法官，除法律別有規定者外，非有下列各款情事之一，不得停止其職務：一、依公務人員任用法之規定，不得任用為公務人員者。二、有第六條第五款之情事者。三、依刑事訴訟程序被通緝或羈押者。四、依刑事確定判決，受徒刑或拘役之宣告，未依規定易科罰金，或受罰金之宣告，依規定易服勞役，在執行中者。五、所涉刑事、懲戒情節重大者。六、有客觀事實足認其不能執行職務，經司法院邀請相關專科醫師及學者專家組成小組認定者。經依法停職之實任法官於停職事由消滅後三個月內，得申請復職，並依公務人員保障法及公務員懲戒法復職之規定辦理。實任法官因第一項第一款至第五款事由停止其職務者，其停止職務期間及復職後之給俸，準用公務人員俸給法之規定；因第一項第六款事由停止其職務者，支給第七十一條第一項所定本俸及加給各三分之一。但期限最長不得逾三年。司法院大法官有第一項各款情事之一者，經司法院大法官現有總額三分之二以上之出席及出席人數過半數之同意，由司法院呈請總統停止其職務；因第一項第六款情事停止其職務者，於停止職務期間，支給第七十二條所定月俸及加給各三分之一。實任法官或司法院大法官有貪污行為，經有罪判決確定或經職務法庭裁判確定而受第五十條第一項第一款至第三款之懲戒處分者，應繳回其停職期間所領之本俸。」法官法第59條第1項規定：「職務法庭審理法官懲戒案件，認為情節重大，有先行停止職務之必要者，得依職權或依聲請裁定先行停止被

付懲戒法官之職務，並通知所屬法院院長。」上述規定，為法官法所定有關停止實任法官職務之法律準據。法官法第43條第1項至第3項、第5項之有關規定，於實任檢察官準用之（法官法第89條第1項前段）。

司法院院解字第3693號解釋曾表示：公務員在刑事訴訟程序實施中被羈押而交保，及依刑事確定判決受拘役或判處六月以下徒刑而易科罰金者，與公務員懲戒法第4條第1款、第3款規定之情形不同。如其交保中未再羈押，及罰金執行完畢，非當然停止其職務。上述解釋，對於法官應許其適用。此外，公務員懲戒法第6條有關停止職務之公務員，在停職中所為之職務上行為不生效力之規定，對於停職中法官之職務上行為，亦應有準用之餘地，自不待言。

三、不得轉任

法官法第44條規定：「實任法官除法律規定或經本人同意外，不得將其轉任法官以外職務。」法官法第45條規定，「實任法官除經本人同意外，非有下列原因之一，不得為地區調動：一、因法院設立、裁併或員額增減者。二、因審判事務量之需要，急需人員補充者。三、依法停止職務之原因消滅而復職者。四、有相當原因足資釋明不適合繼續在原地區任職者。五、因法院業務需要，無適當人員志願前往，調派同級法院法官至該法院任職或辦理審判事務者，其期間不得逾二年，期滿回任原法院。前項第五款之法官調派辦法，由司法院定之；其調派期間之津貼補助辦法，由司法院會同行政院定之。」法官法第46條規定：「實任法官除經本人同意外，非有下列原因之一，不得為審級調動：一、因法院設立、裁併或編制員額增減而調派至直接下級審法院。二、於高等法院繼續服務二年以上，為堅實事實審功能，調派至直接下級審法院。三、依法停止職務之原因消滅而復職，顯然不適合在原審級法院任職者。四、有相當原因足資釋明不適合繼續在原審級法院任職者。」上述規定，為法官法所定有關實任法官轉任之法律準據。對於實任檢察官，準用之（法官法第89條第1項前段）。

實任法官應受憲法第81條身分及職務之保障，非經本人同意，不得

為法律所定事由以外之轉任及調動。但為維護法官轉任司法行政人員有關年資累計及退休撫卹待遇權益，實任法官轉任司法行政人員者，視同法官，其年資及待遇，依相當職務之法官規定列計；轉任期間三年，得延長一次；其達司法行政人員命令退休年齡三個月前，應予回任法官（法官法第76條第1項）。本條項有關實任法官年資、待遇保障之規定，於檢察官準用之（法官法第89條第1項前段）。

惟基於檢察一體原則，檢察機關階級收分、上下一體，為有效統整國家檢察權行使，檢察官自有服從監督長官職務上調動命令之義務，故不受憲法第81條有關「非依法律，不得轉任」規定之保障，是應注意。

四、不得減俸

司法人員人事條例第37條規定：「實任司法官非依法律受降級或減俸處分者，不得降級或減俸。」所謂降級，係指依受懲戒人現職之俸（薪）級降一級或二級改敘，自改敘之日起，二年內不得晉敘、陞任或遷調主管職務者而言。受降級處分而無級可降者，按每級差額，減其月俸（薪）；其期間為二年（公務員懲戒法第15條）。所謂減俸，則係指依受懲戒人現職之月俸（薪）減百分之十至百分之二十支給；其期間為六個月以上、三年以下。自減俸之日起，一年內不得晉敘、陞任或遷調主管職務者而言（公務員懲戒法第16條）。降級或減俸處分，非依法律，不得為之。公務人員經銓敘部銓敘審定之等級及俸級，非依公務員懲戒法、公務人員俸給法及其他有關法律之規定，不得降級、降敘或減俸（公務員俸給法第24條、公務人員保障法第14條）。

第二款　法官之俸給

公務人員之俸給，依公務人員俸給法第3條第1項之規定，分本俸（年功俸）及加給等項目，均以月計之。所謂本俸，係指各官等、職等人員依法應領取之基本給與而言。所謂年功俸，則係指依考績晉敘高於本職或本官等最高職等本俸之給與而言。所謂加給，則係指本俸、年功俸以外，因所任職務種類、性質與服務地區之不同，而另加之給與而言。本

俸、年功俸及加給三者，構成公務人員之月俸。至於公務人員各官等、職等本俸及年功俸所分之級次，係為俸級。公務人員之俸級，區分為委任、薦任及簡任等三級。委任分五個職等，第一職等本俸分七級，年功俸分六級；第二至第五職等本俸各分五級，第二職等年功俸分六級；第三職等、第四職等年功俸各分八級；第五職等年功俸分十級。薦任分四個職等，第六至第八職等本俸各分五級；年功俸各分六級；第九職等本俸分五級，年功俸分七級。簡任分五個職等，第十至第十二職等本俸各分五級；第十職等、第十一職等年功俸各分五級；第十二職等年功俸分四級；第十三職等本俸及年功俸均分三級；第十四職等本俸為一級。本俸、年功俸之俸級及俸點，依公務人員俸給法所附俸表之規定（公務人員俸給法第4條）。

　　法官依據法律獨立行使職權，不受任何干涉，自與一般公務人員基於上命下從關係應聽從長官管理監督命令者炯然有別。為尊重法官審判之獨立性，及改善一般民眾將法官服務法院之層級視為其官等、職等高低之表徵，致多數法官僅樂見調升上級審法院而不願久任下級審法院累積審判經驗站在第一線為民服務之不均衡現象，法官法第71條乃參酌先進國家對於法官給與捨官等、職等而僅列計年資、俸點之立法例[24]，其第1項、第2項規定：「法官不列官等、職等。其俸給，分本俸、專業加給、職務加給及地域加給，均以月計之。前項本俸之級數及點數，依法官俸表之規定。」

　　為期與公務人員衡平一致，法官之加給項目維持上述三種，並採列舉方式，以杜爭議。法官法第71條有關俸給之規定，於檢察官準用之（法官法第89條第1項前段）。

　　至於法官之俸級，則區分如下：一、實任法官本俸分二十級，從第一級至第二十級，並自第二十級起敘；二、試署法官本俸分九級，從第十四級至第二十二級，並自第二十二級起敘。依本法第5條第2項第7款轉任法官者，準用現職法官改任換敘辦法敘薪；三、候補法官本俸分六級，從第十九級至第二十四級，並自第二十四級起敘。法官各種加給之給與條件、

---

[24]　參閱立法院公報第100卷第39期院會紀錄，2011年5月17日，頁628-631。

適用對象及支給數額，依行政院所定各種加給表規定辦理。但全國公務人員各種加給年度通案調整時，以具法官身分者爲限，其各種加給應按各該加給通案調幅調整之。法官生活津貼及年終工作獎金等其他給與，準用公務人員相關法令規定（法官法第71條第4項、第6項、第7項）。司法院院長、副院長、大法官、最高法院院長、最高行政法院院長及懲戒法院院長均爲特任，其俸給按下列標準支給之：一、司法院院長準用政務人員院長級標準支給；二、司法院副院長準用政務人員副院長級標準支給；三、司法院大法官、最高法院院長、最高行政法院院長及懲戒法院院長準用政務人員部長級標準支給。前項人員並給與同法第71條第1項規定之專業加給（法官法第72條第1項、第2項）。

公務人員保障法規定，關於公務人員身分、官職等級、俸給、工作條件、管理措施等有關權益之保障及救濟，依公務人員保障法所定復審、申訴、再申訴之程序行之（公務人員保障法第2條、第4條第1項）。公務人員對於服務機關或人事主管機關所爲之行政處分，認爲違法或不當，致損害其權利或利益者，得依公務人員保障法之規定提起復審（公務人員保障法第25條第1項）。公務人員對於服務機關所爲之管理措施或有關工作條件之處置認爲不當，致影響其權益者，得依公務人員保障法之規定提起申訴、再申訴（公務人員保障法第77條第1項）。法官既屬國家公務人員，自得依循上述程序向服務機關或原處分機關及公務人員保障暨培訓委員會請求有關之保障與救濟，要無疑義。

第三款 法官之優遇

憲法第81條規定法官爲終身職，依法不得命令退休。最高法院於民國68年2月22日首度實施之年長法官優遇制度，即係以前開意旨爲依據，使年長體衰之法官減少或停止辦案，或從事研究工作，但仍支領俸給總額之三分之二，以示優遇。優遇法官仍爲現職法官，除非自願退休，優惠待遇得持續支給至該名法官身故爲止。

法官法第77條規定：「實任法官任職十五年以上年滿七十歲者，應

停止辦理審判案件，得從事研究、調解或其他司法行政工作；滿六十五歲者，得申請調任地方法院辦理簡易案件。實任法官任職十五年以上年滿六十五歲，經中央衛生主管機關評鑑合格之醫院證明身體衰弱，難以勝任職務者，得申請停止辦理審判案件。前二項停止辦理審判案件法官，仍為現職法官，但不計入該機關所定員額之內，支領俸給總額之三分之二，並得依公務人員退休法及公務人員撫卹法辦理自願退休及撫卹。第一項、第二項停止辦理審判案件之申請程序、從事研究之方法項目、業務種類等有關事項之辦法，由司法院定之。」司法院組織法第5條第2項、第3項規定，「實任法官轉任之大法官任期屆滿者，視同停止辦理審判案件之法官，不計入機關所定員額，支領法官法第七十二條第一項及第二項所定俸給總額之三分之二，並準用政務人員退職撫卹條例之規定。實任檢察官轉任之大法官任期屆滿者，準用前項規定。」以上所述，即為法官優遇制度之有關規定，其適用範圍包括各法院之實任法官，各法院檢察署之實任檢察官，準用之（法官法第89條第1項前段）。

第四款　法官之退養

　　我國憲法第81條既明定法官為終身職，不得依一般公務人員退休法令命令實任法官屆齡退休，公務人員退休資遣撫卹法第16條第2項因而規定：「依法銓敘審定之法官，不適用第十九條屆齡退休及第二十條命令退休之規定。但合於本法所定退休條件者，得申請退休。」依據司法院釋字第13號解釋意旨，對於法官終身職保障之規定，檢察官亦應比照辦理。為確保審判業務永續發展及法院人事輪替正常，在不違反憲法第81條對於法官終身職保障之前提下，撙節司法預算及衡平公務人員法制等公益亦應審慎考量。由是，政府如能提供物質及經濟上必要之支柱及誘因，冀以鼓勵符合命令退休事由之法官自願退休，應係一項具有前瞻性及建設性之作法，且可在人民接近司法及法官職務保障二項公益之間取得平衡點。

　　法官法第78條爰依上述意旨，於其第1項規定，「法官自願退休時，除依公務人員退休法規定給與一次退休金總額或月退休金外，其為實任法

官者，另按下列標準給與一次退養金或月退養金：一、任職法官年資十年以上十五年未滿者，給與百分之二十，十五年以上者，給與百分之三十。二、五十五歲以上未滿六十歲者，任職法官年資十五年以上二十年未滿者，給與百分之四十，二十年以上者，給與百分之五十。三、六十歲以上未滿七十歲，且任職法官年資滿二十年者，給與百分之六十，其每逾一年之年資，加發百分之八，最高給與百分之一百四十。滿二十年以上之年資，尾數不滿六個月者，給與百分之四，滿六個月以上者，以一年計。但本法施行前，年滿六十五歲者，於年滿七十歲前辦理自願退休時，給與百分之一百四十。四、七十歲以上者，給與百分之五。」

依據上述規定，實任法官合於公務人員退休法退休規定而自願退休者，除退休金外，並另加給與退養金，其最高給與數額可達退休金總額之百分之一百四十。有關司法官退養金之給與辦法，由司法院會同考試院、行政院以命令定之（司法人員人事條例第41條）。茲此，實任法官於現職期間如符合退休年限，均得申請自願退休。爲酬庸法官從事審判工作清廉自持，孑然一身，自願退休之法官除可領取與一般公務人員相同基點之退休金外，並得加領退養金，以崇隆法官職務，並保障其退休生活。但爲配合政府所定公教人員退休養老年金請領總額之所得替代率不應超過百分之一百之政策，同條第2項並規定：「依前項給與標準支領之月退養金與依法支領之月退休金、公保養老給付之每月優惠存款利息合計，超過同俸級現職法官每月俸給之百分之九十八者，減少其月退養金給與數額，使每月所得，不超過同俸級現職法官每月俸給之百分之九十八。」退休法官養老年金請領總額之所得替代率可達百分之九十八，仍高居各類屬退休人員之冠，其公平性及公益性均值得各界研酌。

公務人員退休資遣撫卹法第17條第1項規定：「公務人員有下列情形之一者，應准其自願退休：一、任職滿五年，年滿六十歲。二、任職滿二十五年。」同法第19條第1項規定：「公務人員任職滿五年，且年滿六十五歲者，應辦理屆齡退休。」同法第20條第1項並規定：「公務人員任職滿五年且有下列情事之一者，由其服務機關主動申辦命令退休：一、未符合第十七條所定自願退休條件，並受監護或輔助宣告尚未撤銷。二、

有下列身心傷病或障礙情事之一，經服務機關出具其不能從事本職工作，亦無法擔任其他相當工作之證明：（一）繳有合格醫院出具已達公保失能給付標準之半失能以上之證明，且已依法領取失能給付，或經鑑定符合中央衛生主管機關所定身心障礙等級為重度以上等級之證明。（二）罹患第三期以上之惡性腫瘤，且繳有合格醫院出具之證明。」實任法官為國家公務人員，本應依公務人員退休法之規定，於符合退休要件時辦理自願、屆齡或命令退休等事宜。惟憲法第81條對於法官定有終身職保障之規定，因而排除公務人員退休法對於法官之適用。但對於終身職之意涵究竟為何，憲法則未再作成進一步之規定，殊屬遺憾。

　　有論者認為法官之終身職，應係指法官無退休年齡，可任其任職至於老死；亦有論者認為法官之終身職，應係指法官職務之終身保障而言，故而在其任職期間，非因法定事由及依法定程序，不得免職、停職、轉任（檢察官除外）或減俸。但如其年滿六十五歲符合退休要件，仍應與一般公務人員相同，屆齡退休。至於採折衷看法之論者則認為法官之終身職，應自法官之身分、職務與待遇等三方面分別觀察之。憲法第81條所謂之終身職，應僅指法官身分及待遇之終身保障而言。司法審判工作複雜繁重，非終日案牘勞形恐不為功，如任令逾公務人員退休年齡已屆風燭殘年之年長法官繼續辦案，不僅影響司法裁判之品質與進度，同時更有違社會敬老風情，如此情何以堪，究非憲法終身職保障之本意。是故，法官之職務，應不在憲法終身職保障之意涵之內。

　　上述折衷論點，為各方面意見所肯認，亦為現行法官優遇制度及退養金制度全面實施之法理基礎。從而，為貫徹憲法第81條法官終身職之保障，法官如有前述一般公務人員自願退休或命令退休之情形，人事主管機關非不得依其意願，准其自願退休，其經由憲法身分及待遇終身保障之放棄，偷得浮生後半輩子之閒，以安養天年，何樂而不為。同時，法官究為國家公務人員，如其身體衰弱，已達無法辦案之程度，仍執意要求其正常任職，不僅強人所難，亦對訴訟當事人極為不利，故非不得依有關法令予以資遣。由是，法官法第79條因而規定，「法官經中央衛生主管機關評鑑合格之醫院證明身體衰弱，不堪工作者，得準用公務人員有關資遣之規定

申請資遣。法官經中央衛生主管機關評鑑合格之醫院證明身心障礙難以回復或依第四十三條第一項第六款之規定停止職務超過三年者，得準用公務人員有關資遣之規定資遣之。前二項資遣人員除依法給與資遣費外，並比照前條之規定，發給一次退養金。」

　　法官退養金之給與，係對實任法官之退休所為一項特別之禮遇，如欲擴大適用於司法院所屬特任法官之退職，則應以法律定之，法官法第78條第4項、第5項因而規定，「司法院大法官、最高法院院長、最高行政法院院長及懲戒法院院長退職時，除準用政務人員退職撫卹條例規定給與離職儲金外，並依前三項規定給與退養金。但非由實任法官、檢察官轉任者，不適用退養金之規定。司法院秘書長由法官、檢察官轉任者，準用前項規定。」法官法第78條第1項至第3項有關法官退養金給與及同法第79條有關法官申請資遣之規定，於檢察官準用之（法官法第89條第1項前段）。

第五款　法官之撫卹

　　法官法第80條規定：「法官之撫卹，適用公務人員撫卹法之規定。司法院大法官、最高法院院長、最高行政法院院長及懲戒法院院長，其在職死亡之撫卹，準用政務人員退職撫卹條例之規定。司法院秘書長由法官、檢察官轉任者，準用前項規定。」公務人員退休資遣撫卹法第52條規定：「公務人員在職死亡之撫卹原因如下：一、病故或意外死亡。二、因執行公務以致死亡（以下簡稱因公死亡）。自殺死亡比照病故或意外死亡認定。但因犯罪經判刑確定後，於免職處分送達前自殺者，不予撫卹。」法官法第80條第1項之有關規定，於檢察官準用之（法官法第89條第1項前段）。

　　法官如自殺身亡，其遺族是否應給與撫卹金，則不無疑義。考試院及銓敘部曾以函釋分別表示，凡屬：(一)因公傷殘自殺死亡；(二)在職得病醫治不癒自殺死亡；(三)心神喪失自殺死亡者，准比照現行公務人員撫卹法給卹有關規定辦理[25]。至於法官以上述以外其他原因自殺死亡者，自難

---

[25]　參照62考台秘二字第0598號令、62台爲特一字第09503號函。

比照現行公務人員撫卹法給卹規定辦理撫卹。

　　有鑑於國內政治、經濟環境日趨複雜，公務人員所承受之壓力與日俱增，而公務人員所以輕生自殺，或係工作壓力，或係感情糾結，或係心神喪失，或係久病不癒，牽涉原因甚為繁多複雜。惟概括而言，自殺無非係一生理或心理上之病態行為，其因自殺而死亡者，實與病故無殊，故應准允自殺死亡者比照病故者辦理撫卹，發給撫卹金。此一論點，業經考試院第8屆第282次會議決議通過，並由銓敘部轉知中央暨地方各主管機關人事機構查照辦理[26]。法官既屬中央政府所轄屬之公務人員，其自殺死亡者，自得准允比照公務人員撫卹法第3條第1款之病故者辦理遺族之撫卹，應無問題[27]。

第三節　公設辯護人

第一項　公設辯護制度

　　我國刑事訴訟程序，係以採行國家訴追主義為原則，檢察官代表國家行使對於刑事犯罪之偵查追訴之權；刑事被告則本於訴訟當事人之地位，得自行選任熟稔法律事務之律師或辯護人為其辯護，以保障其在實體上及程序上之正當合法權益。為完整保障刑事被告之訴訟權益，有列情形之一，於審判中為經指定辯護人者，審判長應指定公設辯護人或律師為被告辯護：一、最輕本刑為三年以上有期徒刑案件；二、高等法院管轄第一審案件；三、被告因精神障礙或其他心智缺陷無法為完全之陳述者；四、被告具原住民身分，經依通常程序起訴或審判者；五、被告為低收入戶或中低收入戶而聲請指定者；六、其他審判案件，審判長認有必要者。前項案件選任辯護人於審判期日無正當理由而不到庭時，審判長得指定公設辯護人或律師（刑事訴訟法第31條第1項、第2項）。上述規定，為法院適用公

---

[26] 參照85台特四字第1354619號函。

[27] 參照司法院秘書長85秘台人三字第19461號函。

設辯護制度保障刑事被告之時機。

公設辯護人設置之目的，乃在使刑事被告可於審判中獲得合格辯護人之法律協助，以善盡法院勿枉勿縱、發見眞實及追訴犯罪之職能。是故，公設辯護人應設置於實施堅實事實審及言詞辯論之法院，始能發揮最大功效。從而，公設辯護人條例第1條規定：「高等法院以下各級法院及其分院置公設辯護人。」但在最高法院命行辯論之案件，被告因無資力，不能依刑事訴訟法第389條第2項規定選任辯護人者，得聲請最高法院指定下級法院公設辯論人爲其辯護，以濟最高法院未設置公設辯護人之窮（公設辯護人條例第3條）。公設辯護人應在所屬法院管轄區域內執行職務，除不得充選任辯護人外，亦不得收受被告任何報酬（公設辯護人條例第4條、第5條、第6條）。

在刑事訴訟案件，除依刑事訴訟法第31條第1項規定已指定公設辯護人者外，被告得以言詞或書面聲請法院指定公設辯護人爲其辯護。如因無資力選任辯護人而聲請指定公設辯護人者，法院應爲指定。法院於必要時，得指定律師爲被告辯護，並酌給報酬（公設辯護人條例第2條）。是以，現行公設辯護制度之實施，乃著眼於對於無資力或有智能障礙情形之弱勢刑事被告在刑事審判程序中有關訴訟權益之保障，以使其與一般刑事被告相同，獲得法院公平合理及武器對等之審判。

公設辯護人僅得依法院之指定充任刑事被告之辯護人，不得由刑事被告自行選任，故與律師執行業務之性質不同。如公設辯護人經法院指定爲辯護人後，刑事被告得否自行解任法院所指定之公設辯護人，另請高明，則不無疑義。依刑事訴訟法之有關規定，法院在指定辯護人後，如經刑事被告選任律師爲辯護人者，刑事被告得將法院所指定包括公設辯護人在內之原辯護人撤銷（刑事訴訟法第31條第4項）。是故，被告得於選任辯護人後，向法院聲請撤銷原公設辯護人之指定。但在刑事被告未自行選任律師充任選任辯護人之場合，解釋上，其撤銷指定辯護人，仍須依聲請程序向法院請求之。公設辯護制度既係國家爲無資力及有智能障礙情形之刑事被告之權益而設置，故而獲得公設辯護人法律協助之刑事被告即毋庸依一般律師收費標準，對於公設辯護人爲任何形式之給與。

第二項 公設辯護人之職務

折衝於職司公平審判之法官與職司追訴犯罪之檢察官之間，於刑事訴訟程序中為被告進行辯護，乃為公設辯護人之天職，亦為其法定職掌。關於公設辯護人之職務義務，公設辯護人條例規定，公設辯護人對於法院所指定之案件，負有辯護之責，並應盡量蒐集有利被告之辯護資料（公設辯護人條例第13條）。公設辯護人對於蒐集辯護資料，應互相協助（公設辯護人條例第20條）。是以，公設辯護人有為刑事被告辯護及透過互相協助機制為被告蒐集辯護資料之義務。同時，刑事訴訟法規定，刑事訴訟法第31條第1項所定之案件無辯護人到庭者，除宣示判決者外，不得審判（刑事訴訟法第284條）。如依刑事訴訟法應用辯護人之案件或已經指定辯護人之案件，辯護人未經到庭辯護而逕行審判者，其判決即屬當然違背法令，得作為上訴於第三審法院之理由（刑事訴訟法第379條第7款）。上述規定，均課予法院指定之公設辯護人於審判期日到庭辯論之義務。

關於公設辯護人之辦案義務，公設辯護人條例規定，公設辯護人就承辦案件，負誠實處理之責（公設辯護人條例第14條）。公設辯護人應將訴訟進行情形及其他有關訴訟事項，製作紀錄（公設辯護人條例第15條）。公設辯護人對於指定辯護案件，應製作辯護書，提出於法院（公設辯護人條例第16條）。公設辯護人辯護案件，經上訴者，因被告之請求，應代作上訴理由書或答辯書（公設辯護人條例第17條）。公設辯護人應將關於訴訟之文書編為卷宗（公設辯護人條例第18條）。公設辯護人對於承辦案件應造具月報表，報由該管法院院長轉報司法院（公設辯護人條例第19條第1項）。以上所述，亦為公設辯護人之職務。

關於公設辯護人職務之行使，公設辯護人條例規定，公設辯護人對於法院及檢察官，獨立行使職務（公設辯護人條例第12條）。所謂公設辯護人獨立行使職務，乃係指對於訴訟案件事實之認定、證據之取捨、罪名之成立與否、罪刑之輕重如何，以及法條之援引是否適當等事項，由公設辯護人居於刑事被告訴訟代理人及辯護人之地位，對其所辯護之被告實施最有利之論辯，與一般辯護律師以在野法曹立場在法庭內獨立行使律師職務

之性質相同，法官及檢察官對於公設辯護人辯護職務之行使，自不得任意干涉之。

　　惟公設辯護人亦為司法人員人事條例第2條所指稱之司法人員，其既設置於各級法院及其分院之內，自應依循法院組織法有關司法行政監督權行使之規定，受到所屬法院院長在行政上之監督。是以，公設辯護人條例規定，法院組織法第110條、第112條、第113條有關司法院院長及該管各級法院院長在行政上監督所屬法官之規定，於公設辯護人準用之（公設辯護人條例第21條）。茲此，司法院院長、高等法院及其分院院長、地方法院及其分院院長等，對於公設辯護人均享有脈絡一貫之司法行政監督權。但公設辯護人行使職務，不因前條規定而受影響（公設辯護人條例第22條）。是故，公設辯護人應獨立行使職務，不因所屬法院院長司法行政監督權之行使而受到任何之影響。

　　為加強公設辯護人之行政監督，司法院依公設辯護人條例第7條第2項規定之授權，訂頒公設辯護人管理規則，明定公設辯護人除受該管高等法院院長監督外，如在高等法院分院或地方法院辦公者，並受所在法院院長之監督（公設辯護人管理規則第3條）。同時，公設辯護人辦理案件，除法令另有規定者外，適用刑事訴訟法關於辯護人之規定（公設辯護人管理規則第5條）。公設辯護人之迴避，準用刑事訴訟法關於法官迴避之規定。但如公設辯護人與被告有同法第17條各款所列情形之一者，由於公設辯護人尚非職司審判職務，故而對於公設辯護人應無準用之必要（公設辯護人管理規則第6條）。

　　少年法院公設輔佐人行使職權，準用公設辯護人條例有關規定（少年事件處理法第31條第5項）。

第三項　公設辯護人之任用

　　公設辯護人因其官等及職等之不同，而分為簡任公設辯護人及薦任公設辯護人等二種類別。簡任公設辯護人，第十職等至第十二職等；薦任公設辯護人，第七職等至第九職等（法院組織法第17條第1項、第2項、公設

辯護人條例第10條第1項、第2項、第3項）。公設辯護人之人事事項，以法律定之（司法人員人事條例第8條第2項）。公設辯護人條例對於公設辯護人之任用資格及遴任官等等事項，均有特別規定，茲分述如下：

一、地方法院公設辯護人

地方法院及其分院公設辯護人應就具有下列資格之一者任用之（公設辯護人條例第7條第1項）：

(一)經公設辯護人考試及格者。

(二)具有地方法院或其分院法官，地方檢察署或其檢察分署檢察官任用資格者。

(三)經律師考試及格，並執行律師職務三年以上，成績優良，具有薦任職任用資格者。

(四)經軍法官考試及格，並擔任相當薦任職軍法官四年以上，成績優良者。

二、高等法院公設辯護人

高等法院及其分院公設辯護人，應就曾任地方法院或其分院主任公設辯護人二年以上或公設辯護人七年以上，成績優良者遴任之（公設辯護人條例第8條第2項）。

第四項　公設辯護人之俸給

公設辯護人之俸給，比照法官、檢察官俸給核給之（公設辯護人條例第11條）。

第四節　其他司法人員

第一項　書記官

第一款　書記官之設置

　　各級法院及檢察機關，由法官及檢察官分別行使審判及檢察之職權，有關審判及檢察之紀錄、編案、文書、統計及其他事務等，則由各級法院及檢察署所設置之書記官掌理之。書記官雖設置於各級法院及檢察署輔助法官及檢察官執行審檢事務，但就其職務行使範圍內，亦有在司法行政上應獨立行使不受法官或檢察官干涉之情形。書記官之職務，依其所職掌之事項而有繁簡之別，且不以法庭內有關審檢事務為限，舉凡法院之總務、行政、研究考核、訴訟輔導及便民禮民、為民服務等事項，書記官亦均參與執行，為各級法院及檢察署重要之成員。各級法院及檢察機關為辦理各項書記業務，得分設各科及各股辦事，除置書記官長承司法首長之命處理一般書記業務並指揮監督所屬書記官執行職務以外，且於各科及各股分置科長、股長或主科書記官主管各科及各股業務，由書記官兼任之。

第二款　書記官之職務

　　各級法院及檢察署書記官所掌理之事務種類繁多，大體而言，約計有紀錄、執行、文書、研究考核、總務、資料及訴訟輔導等事項，茲分述之：

一、紀錄

　　所謂紀錄，係指各級法院民事庭、刑事庭、民事執行處、專業法庭、簡易庭、普通庭及各級檢察署、各級行政法院紀錄科所應職掌關於民事訴訟、刑事訴訟、民事執行及行政訴訟等案件之紀錄事務而言，例如有關訴訟案件登記、筆錄、期日及傳喚通知與拘押票製作、案件文稿撰擬、案卷及文件點收登記和人犯羈押登記事項等即是。依現行有關法院及檢察署處務規程之規定，紀錄科職掌事項約有以下數點：

(一)關於案件之編號、資料輸入、審核及抽籤分案事項。

(二)關於案卷及文件之點收、資料輸入與人犯羈押資料輸入事項。

(三)關於筆錄及期日傳喚通知與提押票等之製作事項。

(四)關於案件文稿之撰擬事項。

(五)關於整理編訂保管案卷及附隨案卷之證物保管事項。

(六)關於裁判、起訴書、答辯書或其他書類之製作與其結果公告事項。

(七)關於案卷文書之交付送達事項。

(八)關於已結案卷之發送或歸檔事項。

(九)關於各項報表製作或提供統計資料事項。

(十)關於保證金及贓證物品之處理。

(十一)關於刑事被告資料卡之製作、保管、查註。

(十二)其他依法令應由書記官辦理及長官交辦事項。

最高法院民刑事各庭書記科和民刑事二科、各級行政法院審查科及公務員懲戒委員會議事科和調查科所職掌之事項,與各級法院、各級檢察署紀錄科所職掌有關訴訟案件紀錄事務之本旨大致相同,其僅就審理或審議事件類型之差異而在職務分配上作成若干必要之調整,並不影響以上各科所職掌事項亦為訴訟紀錄事務之性質。

二、執行

所謂執行,係指地方檢察署及高等檢察署執行科所應職掌關於刑事案件執行及案卷整理歸檔等事項之執行事務而言,例如有關點收登記、指揮書文書製作、保證金及贓證物品處理事項等即是。依現行有關檢察署處務規程之規定,執行科職掌事項約有以下數點:

(一)關於刑事執行案件之編號及分配事項。

(二)關於刑事執行案卷及文件之點收、登記及保管事項。

(三)關於筆錄、傳票、拘票、提票、押票、釋票、執行指揮書及其他文書製作事項。

(四)關於刑事執行及觀護業務文稿之撰擬事項。

(五)關於刑事執行案件之整理、編訂、發送及歸檔事項。

(六)關於刑事執行實務改進事項。

(七)關於刑事執行案件各項報表製作或統計等資料之提供事項。

(八)關於保證金及贓證物品之處理事項。

(九)關於保護管束事務之處理事項。

(十)其他應由執行書記官辦理或長官交辦事項。

三、文書

所謂文書，係指各級法院、各級檢察署、各級行政法院及懲戒法院文書科所應職掌關於各項行政流程及文件處理等事項之文書事務而言，例如有關典守印信、行政文稿撰擬、卷宗編檔及保管、各項會議籌劃及記錄、文件收發及繕校事項等即是。依現行有關法院及檢察署處務規程之規定，文書科職掌事項約有以下數點：

(一)關於典守印信及譯電事項。

(二)關於文件之收發、分配、繕校事項。

(三)關於行政文稿之撰擬事項。

(四)關於各項報告之彙編事項。

(五)關於行政令函之徵集及管理事項。

(六)關於各項會議之籌劃及記錄事項。

(七)關於不屬於其他各科室業務會議之籌劃、記錄及行政事項。

(八)關於律師、民間公證人之登錄及律師、訴訟當事人聲請閱卷事項。

(九)關於人民陳情、訴願、國家賠償、刑事補償求償事件之處理事項。

(十)不屬於其他各科室及長官交辦事項。

四、研究考核

所謂研究考核，係指各級法院、各級檢察署研究考核科及最高法院、各級行政法院研究發展考核科所應職掌關於年度計畫擬訂推動及考核發展等事項之研究考核事務而言，例如有關研究發展工作推行、年度工作

計畫編擬、案件進行檢查事項等即是。依現行有關法院及檢察署處務規程之規定，研究考核科及研究發展考核科職掌事項約有以下數點：

(一)關於研究發展工作之推行事項。

(二)關於年度工作計畫編擬事項。

(三)關於公文稽催管制事項。

(四)關於案件進行檢查事項。

(五)關於各項列管事項之追蹤管制考核事項。

(六)關於自行檢查事項。

(七)關於案件進行及一般業務之檢查、催辦事項。

(八)關於公文時效之管制及統計事項。

(九)關於為民服務工作之推行、輔導及管考事項。

(十)其他有關研究考核及長官交辦事項。

五、總務

所謂總務，係指各級法院、各級檢察署、各級行政法院及懲戒法院總務科及最高法院事務科所應職掌關於經費使用分配及行政庶務推動等事項之總務事務而言，例如有關經費出納、司法收入、司法印紙或代用印紙發行、贓證物品保管及財物購置保管發給處理事項等即是。依現行有關法院及檢察署處務規程之規定，總務科及事務科職掌事項約有以下數點：

(一)關於經費出納事項。

(二)關於司法用紙樣張、請領、審核及發售事項。

(三)關於司法收入事項。

(四)關於贓證物品之保管事項。

(五)關於案內金錢或其他貴重物品存入國庫之出納事項。

(六)關於工程、財物、勞務採購及管理事項。

(七)關於公有房舍之修建及分配使用事項。

(八)關於實物配給事項。

(九)關於同仁福利事項。

(十)關於駕駛、技工、工友之管理調配訓練與考核事項。

(十一)其他有關總務及長官交辦事項。

六、資料

　　所謂資料，係指各級法院、各級檢察署資料科所應職掌關於法規判解資料及裁判公報發行等事項之資料事務而言，例如有關法令編輯分送、判解分類保管、裁判資料複製及圖書報刊管理事項等即是。依現行有關法院檢察署處務規程之規定，資料科職掌事項約有以下數點：

(一)關於法規、判例、解釋等資料之蒐集、分析、編輯、登記、分送、傳觀及保管事項。

(二)關於裁判書公報、檢察書類及其他相關資料書籍之蒐集及編印行事項。

(三)關於圖書資料、報刊之徵集、閱覽及管理事項。

(四)關於卷宗之編號、建檔及保管運用事項。

(五)其他與法律資料有關及長官交辦事項。

七、訴訟輔導

　　所謂訴訟輔導，係指各級法院、各級檢察署及各級行政法院訴訟輔導科所應職掌關於輔導訴訟進行及辦理便民服務等事項之訴訟輔導事務而言，例如有關訴訟進行手續輔導、訴訟費用繳納、領取裁判書類、答復民刑事訴訟及非訟事件詢問事項等即是。訴訟輔導之事項如涉及訴訟及非訟案件者，應以關於程序方面者為限。關於辦理為民服務及訴訟輔導等事項，其實施依司法院訂頒法院訴訟輔導科為民服務規則及法院便民禮民實施要點行之[28]。依現行有關法院及檢察署處務規程之規定，訴訟輔導科職

---

[28] 法院訴訟輔導科為民服務實施要點第7點規定，「訴訟輔導科服務輔導之事項涉及訴訟或非訟案件者，以關於程序方面者為限，與實體訴訟或實體法律關係有關之事項，不在服務輔導範圍之列。其工作項目如下：（一）輔導有關訴訟、少年保護、強制執行、破產、消費者債務清理、調解、公證、提存、法人登記、夫妻財產制契約登記及其他非訟事件等進行之手續。（二）輔導上訴、聲請檢察官上訴、抗告、聲請再審之手續。（三）輔導繳納訴訟費、執行費、公

掌事項約有以下數點：

(一)關於爲民服務工作年度重點項目之研議事項。

(二)關於爲民服務工作之策劃執行及協調事項。

(三)關於服務臺（處）工作之研擬及執行事項。

(四)關於輔導訴訟當事人聲請事項。

(五)協助推廣平民法律扶助事項。

(六)關於爲民服務之協調事項。

(七)其他有關訴訟輔導事項或長官交辦事項。

　　書記官之職務繁瑣，已如前述，故應視業務需要分科辦事，各科於必要時，並得分股辦事（法院組織法第22條第1項、第38條第1項、第52條第1項、第69條、行政法院組織法第21條、第22條、懲戒法院組織法第6條）。至於各級法院及檢察署書記官所掌理之事務，以及如何分科分股辦事，則應依各該法院及檢察署之處務規程之規定詳實規劃之。各科置科長一人，書記官若干人，科長以薦任職一等書記官兼任之。各科得分股辦事，每股置股長一人，股長由薦任職一等書記官或二等書記官兼任之。各科所定之職掌事項，即爲書記官職務之所在。

　　各級法院、各級檢察署、各級行政法院及懲戒法院均置書記官長一人，薦任或簡任，承司法首長之命統籌指揮及監督所屬各科室股書記官職務之執行。各級法院及分院書記官長、書記官應服從司法首長之命令執行職務。書記官於法院開庭審判執行書記事務時，應服從審判長之命令。書

證費。（四）輔導報到、遞狀及聲請定期或延展期日等。（五）答復有關民刑訴訟及非訟事件程序之詢問。（六）答復當事人有關裁判主文及案件進行情形之詢問。（七）輔導辦理具保、責付、撤銷羈押、撤銷通緝及撤銷收容手續。（八）輔導辦理發還領取提存款、刑事保證金、贓證物款及其他依法應辦退庫發還款項。（九）輔導請領裁判書類正本、裁判確定證明書、調解不成立證明書及其他應送達或發還之文書。（十）輔導閱覽卷宗書簿。（十一）洽辦法律扶助。（十二）輔導或代爲撰繕書狀。（十三）代售司法狀紙。（十四）宣導法律常識。（十五）設置意見箱及處理相關事宜。（十六）其他便民服務事項。」

記官隨從法官執行其他職務時，亦應服從法官在職務指揮上之命令。但書記官在職務上所製作之筆錄，係為各級法院及各級檢察署一切訴訟、非訟及檢察程序之審理基礎（民事訴訟法第219條、刑事訴訟法第47條、行政訴訟法第132條）。是故，審判長及法院書記官應於筆錄內簽名。審判長及資深陪席法官均不能簽名時，僅由書記官簽名；書記官不能簽名時，由審判長或法官簽名，並均應附記其事由（民事訴訟法第217條）。筆錄內之有關文字不得任意挖補或塗改。如有增加、刪除，應蓋章並記明字數，其刪除處應留存字跡，俾得辨認（民事訴訟法第218條、刑事訴訟法第40條）。

　　筆錄及有關事項應依聲請於法庭內向關係人朗讀或令其閱覽，並於筆錄內附記其事由。關係人對於筆錄所記載內容有異議者，法院書記官得更正或補充之；如以異議為不當時，應於筆錄內附記其異議（民事訴訟法第216條、刑事訴訟法第41條、行政訴訟法第130條）。是以，紀錄書記官對於筆錄內容之異議是否有理，有表示意見之權。紀錄書記官認為異議為有理由者，應即予以更正或補充之。但其認為異議為無理由者，縱使其依審判長或法官在審判職務上之命令予以變更，紀錄書記官如認為該項異議或審判長之命令係為不當時，其仍得在該項筆錄內附記自己之意見，以對其職務行為負責（辦理民事訴訟事件應行注意事項第67點）。

　　法院為保全訴訟程序進行實況，均備有錄音、錄影及其他機器設備，提供開庭時進行數位錄音錄影之用，以輔助製作言詞辯論筆錄（民事訴訟法第213-1條、刑事訴訟法第100-1條）。但法庭內錄音錄影紀錄能否取代書記官當庭製作之筆錄，則不無疑問。依據司法院訂頒法庭錄音錄影及其利用保存辦法第2條第1項之規定，「法院於民事、刑事、行政訴訟案（事）件及家事、少年保護事件於法庭開庭時，應予錄音。其他案（事）件有必要錄音時，亦同」。惟訴訟案件於開庭時雖經錄音，書記官仍應就當事人或其他關係人之陳述，當庭依法製作筆錄，並以錄音輔助之（法庭錄音錄影及其保存運用辦法第6條第1項）。筆錄經當庭朗讀或交關係人閱覽，當事人或其他依法得聲請檢閱或閱覽卷宗之人因主張或維護其法律上利益，認為筆錄有錯誤或遺漏者，書記官應播放數位錄音紀錄核對。經核

對結果，如認筆錄確有誤記或遺漏者，審判長應依審判上職權命書記官依數位錄音紀錄更正或補充之；如書記官仍認筆錄為正確者，應於筆錄內附記其異議。從此，數位錄音錄影紀錄雖得作為核對書記官當庭製作筆錄有無錯誤、誤記或遺漏之重要憑據，但其在訴訟程序中仍不得捨棄當庭筆錄而獨立存在，亦不得因此而免除書記官當庭製作筆錄之職務上義務。

書記官既為依據公務人員任用法及司法人員人事條例依法任用之國家公務員，故其在職務上所衍生之權利義務關係，仍應依公務員服務法及有關法令規定認定之，與一般公務人員並無不同。從而，依據公務員服務法之規定，書記官對於長官就其監督範圍以內所發布之職務上命令，有服從之義務。但對於長官所發之命令如有意見，仍得隨時陳述（公務員服務法第2條）。同時，公務員服務法之其他有關規定，諸如忠誠執行職務，保守政府機關機密、清廉勤勉及禁止濫權等義務，書記官亦應遵守之，自不待言。

第三款 書記官之任用

書記官因官等及職稱之不同，而分為一等書記官、二等書記官及三等書記官等三種類別。一等書記官，薦任第八職等至第九職等；二等書記官，薦任第六職等至第七職等；三等書記官，委任第四職等至第五職等。關於書記官之任用資格，司法人員人事條例、行政法院組織法及懲戒法院組織法等均有規定，茲分別臚列於下：

一、委任書記官之任用資格

委任書記官，應就具有下列資格之一者任用之（司法人員人事條例第18條）：

(一)經普通考試法院書記官考試及格者。

(二)經委任職法院書記官升等考試及格者。

(三)曾任委任法院書記官，經銓敘合格者。

(四)曾任委任司法行政人員，經銓敘合格者。

(五)曾在公立或經立案之私立專科以上學校法律或其他相關科、系畢

業，並具有委任職任用資格者。

所謂司法行政人員，係指在司法院或法務部辦理民刑事行政事項之司法人員（司法人員人事條例第5條）。所謂其他與法律相關科、系，係指在公立或經立案之私立專科以上學校，修習主要法律科目在十二個學分以上科、系或其研究所而言（司法人員人事條例第7條）。所謂主要法律科目，則係指民法、刑法、國際私法、商事法、行政法、民事訴訟法、刑事訴訟法、強制執行法、破產法等科目而言（司法人員人事條例第6條）。

二、薦任書記官之任用資格

薦任書記官，應就具有下列資格之一者任用之（司法人員人事條例第19條）：

(一)經薦任職法院書記官升等考試及格者。

(二)曾任薦任法院書記官、書記官長，經銓敘合格者。

(三)曾任薦任司法行政人員，經銓敘合格者。

(四)曾任委任法院書記官三年以上，成績優良，並具有薦任職任用資格者。

(五)曾在公立或經立案之私立大學、獨立學院法律或其他相關學系、研究所畢業，並具有薦任職任用資格者。

以上所述，係為書記官任用之積極資格。至於書記官任用之消極資格，於司法人員人事條例中並無明文規定，故應適用公務人員任用法第28條關於一般公務人員之任用所定消極資格之規定。

第四款　書記官之俸給

書記官之俸給，依據司法人員人事條例第38條第2項之規定，適用公務人員俸給法之規定，並給與專業加給（司法加給）。給與俸給之等級，應依司法機關公務人員職務等級表所列等級定之。書記官之晉級及年功加俸，則適用公務人員任用法、俸給法及考績法等相關規定辦理之。至於書記官之退休、撫卹及其他關於人事及待遇之保障，適用公務人員退休法、

公務人員撫卹法及其他公務人員相關法令辦理，與一般公務人員並無不同。

第二項　通譯

第一款　通譯制度

　　各級法院、各級檢察署、各級行政法院及懲戒法院置通譯，辦理通譯事務，因傳譯需要，並應逐案約聘原住民族或他各種語言之特約通譯（法院組織法第23條第1項前段、第2項、第4項、第39條第1項前段、第2項、第3項、第53條第1項前段、第2項、第3項、第70條第1項前段、第2項前段、第3項、少年及家事法院組織法第15條第1項前段、第2項、行政法院組織法第23條第1項前段、智慧財產及商業法院組織法第20條第1項前段、第2項、第3項、懲戒法院組織法第7條第2項）。

第二款　通譯之職務

　　法院為審判及檢察署辦理檢察事務時，應用國語。訴訟當事人、證人、鑑定人及其他有關係之人，如有不通國語者，由通譯傳譯之，其為聲啞之人，亦同（法院組織法第97條、第98條、第100條）。參與辯論人或鑑定人如不通中華民國語言或為聾、啞人者，法院應用通譯。法官不通參與辯論人所用之方言者，亦同（民事訴訟法第207條、刑事訴訟法第99條）。為免除語言障礙，便利訴訟程序之進行，法院及檢察署乃有設置通譯之必要。至於應在何時使用通譯傳譯，則除法律有特別規定者外，由法院依實際情形決定之。

第三款　通譯之任用

　　通譯因官等及職稱之不同，而分為一等通譯、二等通譯及三等通譯等三種類別。地方法院、地方檢察署一等通譯，薦任第七職等至第八職等；二等通譯，薦任第六職等至第七職等；三等通譯，委任第四職等至第五職

等。高等法院、高等檢察署及最高法院、最高檢察署一等通譯，薦任第八職等至第九職等；二等通譯，薦任第六職等至第七職等；三等通譯，委任第四職等至第五職等。通譯之任用資格，應依公務人員任用法、公務人員考試法及有關法律之規定辦理（司法人員人事條例第26條第1項）。

法院為因應傳譯需要，於現職依法令任用編制員額內之應置行政職系通譯不適宜或不敷使用時，應逐案約聘特約通譯，以傳譯各種特殊方言、外國語文，或聾啞人之手語姿勢，並得指派臨時翻譯人員負責特定傳譯事宜。司法院訂頒法院特約通譯約聘辦法第3條規定：「高等法院及其分院、高等行政法院、智慧財產及商業法院為利法院約聘特約通譯，應延攬通曉手語、閩南語、客語、原住民族語、英語、法語、德語、西班牙語、葡萄牙語、俄羅斯語、日語、韓語、菲律賓語、越南語、印尼語、泰語、柬埔寨語、緬甸語或其他語言一種以上，並能用國語傳譯上述語言之人，列為特約通譯備選人。」

惟應注意者，訴訟事件需外文傳譯者多屬跨國性案件，關係人語言使用分歧，由於欠缺客觀傳譯專業認定標準，法院指派傳譯人員如無法為外籍或使用外語人士所信賴，則其傳譯文書恐將引致糾紛，如此勢將造成訴訟程序之延宕，本國法院之裁判品質及公信力亦將受到質疑。是以，為因應外文傳譯專業化之潮流及提升法院傳譯事務之效能，參酌外國傳譯證照制度廣設民間傳譯人依法獨立執行專業傳譯業務，應係未來可行之方案。

第四款　通譯之俸給

通譯之俸給，適用公務人員俸給法之規定，並給與專業加給（司法人員人事條例第38條第2項）。其他有關事項，則與書記官之規定相同。至於前述特約通譯或臨時翻譯人員，則非司法人員人事條例所指稱之通譯，亦非該條例所指稱之司法人員，故其待遇應與常設通譯不同。但其執行傳譯工作所應支給之日費、旅費及報酬等，則應由國庫負責，自不待言。

第三項　司法事務官

第一款　司法事務官制度

　　爲合理分配司法資源，落實憲法對於人民訴權之保障，法院組織法乃參酌德國、奧國等法務官立法例，於地方法院置司法事務官，辦理依本法及其他法律所定之司法事務（法院組織法第17-1條第1項、少年及家事法院組織法第12條、智慧財產及商業法院組織法第11條、非訟事件法第50條、民事訴訟法第240-1條）。

第二款　司法事務官之職務

　　司法事務官辦理下列事務：一、返還擔保金事件、調解程序事件、督促程序事件、保全程序事件、公示催告程序裁定事件、確定訴訟費用額事件；二、拘提、管收以外之強制執行事件；三、非訟事件法及其他法律所定之非訟事件；四、其他法律所定之事務。司法事務官得承法官之命，彙整起訴及答辯要旨，分析卷證資料，整理事實及法律疑義，並製作報告書。司法事務官辦理第1項各款事件之範圍及日期，由司法院定之（法院組織法第17-2條）。

第三款　司法事務官之任用

　　司法事務官因官等及職等之不同，而分爲簡任司法事務官及薦任司法事務官等二種類別。簡任司法事務官，第十職等；薦任司法事務官，第七職等至第九職等。司法事務官之任用資格，應依公務人員任用法、公務人員考試法及有關法律之規定辦理（司法人員人事條例第26條第1項）。

　　司法事務官，應就具有擬任職務任用資格及下列資格之一者任用之（司法人員人事條例第20-1條第1項）：

　　一、經公務人員高等考試或公務人員特種考試司法人員考試相當等級
　　　　之司法事務官考試及格。
　　二、具有法官、檢察官、公設辯護人、行政執行官任用資格。

三、曾任司法事務官、檢察事務官，經銓敘合格。

四、經律師考試及格，並執行律師職務三年以上，成績優良。

五、曾任法院公證人、提存所主任、登記處主任、法院或檢察署書記官長，經銓敘合格。

六、曾在公立或經立案之私立大學、獨立學院法律學系或法律研究所畢業，並任司法行政人員、法院或檢察署書記官辦理紀錄、執行五年以上，成績優良。

七、曾在公立或經立案之私立大學、獨立學院法律學系或法律研究所畢業，現任或曾任各級行政機關法制工作五年以上，成績優良。

第四款　司法事務官之俸給

司法事務官之俸給，適用公務人員俸給法之規定，並給與專業加給（司法人員人事條例第38條第2項）。其他有關事項，則與書記官之規定相同。

第四項　公證人

第一款　公證制度

所謂公證制度，係人民請求公證人運用國家公權力，就人民之間私法上之法律行為或其他關於私權之事實及有關公私文書作成公證書，或對於私文書予以認證，發生法定之證明效力，以確保私權、防止爭訟、疏減訟源與安定社會之制度（公證法第2條）。公證事務在性質上雖係屬於非訟事件之範疇，然實質上具有更積極之作用。此一積極之作用，不僅表現在公證書或認證私證書堅強之證明力上，同時亦顯現在公證書法定之執行力上，是能直接發揮減輕司法訟累及迅速實現人民私權之功能。

依據公證法之規定，當事人得就關於：一、以給付金錢或其他代替物或有價證券之一定數量為標的；二、以給付特定之動產為標的；三、租用或借用建築物或其他工作物，定有期限並應於期限屆滿時交還；四、租

用或借用土地，約定非供耕作或建築爲目的，而於期限屆滿時應交還土地之法律行爲，請求公證人作成公證書（公證法第13條第1項）。其載明應逕受強制執行者，債權人並得不經訴訟程序，而逕依強制執行法之規定，向法院聲請強制執行（強制執行法第4條第1項第4款）。但私文書經認證者，僅具有證明該項文書製作係爲眞正之效力，故如對於該項文書所牽涉之法律關係仍有爭執時，當事人應以通常訴訟程序請求法院審判，經法院認證之私文書本身，尙無執行力可言。

各國公證制度所使用之公證人身分不一，有爲具有公務人員之身分者，如北歐數國之公證人；有爲自由職業者，如英美國家之公證人；亦有二者兼具者，如拉丁美洲國家之公證人。我國公證法則酌引拉丁公證制度，採行法院公證人與民間公證人並立之雙軌制度，二者均可辦理公證法第2條所定之公證事務（公證法第24條）。

第二款　公證人之職務

公證人依當事人或其他關係人之請求，就公證法所列之法律行爲或私權事實，作成公證書或認證私證書，用以減少利害關係之爭議，消弭訴訟事件之發生，以及提高待證行爲或事實之證據力及證明力，進而賦予特定種類公證書法定之執行力。公證人之職務，不僅能有效節約司法資源，同時亦有助於訴訟經濟理念之實現，對於加強司法公信力及提高法院裁判品質，更具有正本清源之作用。

法院公證事務，專由地方法院辦理。地方法院及其分院應設公證處，必要時，並得於管轄區域內適當處所設公證分處（公證法第1條）。法院公證人辦理公證事務，應受院長之行政監督，並得指定民事庭庭長督導之。公證處置佐理員，佐理公證人辦理公證事務。公證處配置之佐理員及其他人員，應受主任公證人之指揮監督。

第三款　公證人之任用

法院公證人因官等及職等之不同，而分爲簡任公證人及薦任公證人等

二種類別。簡任公證人，第十職等；薦任公證人，第七職等至第九職等。關於法院公證人之任用資格，應依司法人員人事條例之規定遴任之（公證法第22條第1項）。

公證人，應就具有下列資格之一者任用之（司法人員人事條例第23條第1項）：

一、經高等考試公證人考試或法制人員考試及格者。

二、具有法官、檢察官任用資格者。

三、曾任公證人、提存所主任、登記處主任，經銓敘合格者。

四、經律師考試及格，並執行律師職務成績優良，具有薦任職任用資格者。

五、曾在公立或經立案之私立大學、獨立學院法律學系或法律研究所畢業，並任司法行政人員、法院書記官辦理民刑事紀錄或公證佐理員、提存佐理員、登記佐理員三年以上，成績優良，具有薦任職任用資格者。

六、曾任司法行政人員、法院書記官辦理民刑事紀錄或公證佐理員、提存佐理員、登記佐理員五年以上，成績優良，具有薦任職任用資格者。公證佐理員，委任第三職等至第五職等，應就具有法院書記官任用資格者任用之（司法人員人事條例第25條）。

第四款　公證人之俸給

公證人之俸給，適用公務人員俸給法之規定，並給與專業加給（司法人員人事條例第38條第2項）。其他有關事項，則與書記官之規定相同。

第五項　觀護人

第一款　觀護制度

觀護制度為少年及家事法院、地方法院及其分院少年法庭與地方檢察署及其檢察分署所特設之業務，其蘊涵輔導、觀察、保護、管束等作為，使誤入歧途者不再犯錯，並促其接受教化重返社會之意。為辦理觀護業

務，於地方法院及少年及家事法院設調查保護室，置少年調查官及少年保護官，於地方檢察署及其檢察分署則設觀護人室，置觀護人（法院組織法第18條、第67條、少年及家事法院組織法第13條）。觀護制度之實施，係容許有條件之自由，將犯罪行為人釋放於社會，命其遵照一定事項，責成具有社會、心理、輔導等專業背景之人員監督其行狀，並加以保護指導，使受觀護者能自力更生，改過遷善。法官對於犯罪業已成立之刑事被告，得於必要時，將其置於特設機關或特設人員之監督管束之下，以實施個別之指導或處遇，並有條件地停止其刑罰，或取代自由刑之執行，期使受刑人惕勵新生，早日回到社會正常發展，此即觀護制度設置之目的。

依少年事件處理法之規定，對於少年犯罪及少年保護事件應責由少年調查官及少年保護官依有關規定執行者外，成年犯罪之執行則仍應由檢察機關為之，故須於地方法院及分院檢察署另置觀護人，以職司由檢察官所指揮關於成年犯罪行為人保護管束案件之執行事項。是故，在少年保護事件部分，少年調查官不僅可在審判前對於犯罪少年進行各項調查分析工作，以作成專業意見俾供法官參考，同時少年保護官亦可在審判後對於犯罪少年實施法院所裁定付各項保護處分之執行。至於成年觀護事件部分，則專由地方檢察署及其檢察分署所置觀護人辦理。

第二款　觀護人之職務

少年保護事件，由行為地或少年之住所、居所或所在地之少年法院或地方法院及其分院少年法庭管轄之（少年事件處理法第5條、第14條）。有關少年保護事件之調查、審理及執行，則由少年調查官及少年保護官等觀護人分別行使之。關於少年調查官之職務，乃包括：一、調查、蒐集關於少年保護事件之資料；二、對於少年觀護所少年之調查事項；三、法律所定之其他職務等。至於少年保護官之職務，則包括：一、掌理由少年保護官執行之保護處分；二、法律所定之其他事務等。少年調查官及少年保護官執行職務，應服從法官之監督（少年事件處理法第9條）。

至於地方檢察署及其檢察分署所設置之觀護人，其職務則著重於成年

犯罪行爲人保護管束案件之執行事項。地方檢察署觀護人辦理觀護事務，應受檢察長之指揮監督，並受主任檢察官及檢察官之監督（地方檢察署及其檢察分署處務規程第35條）。

第三款　觀護人之任用

觀護人因官等及職等之不同，而分爲簡任觀護人及薦任觀護人等二種類別。簡任觀護人，第十職等；薦任觀護人，第七職等至第九職等。

觀護人，應就具有下列資格之一者任用之（司法人員人事條例第21條）：

一、經高等考試觀護人考試及格者。

二、具有法官、檢察官任用資格者。

三、曾任觀護人，經銓敘合格者。

四、曾在公立或經立案之私立大學、獨立學院觀護、社會、心理、教育、法律或其他與觀護業務相關學系、研究所畢業，具有薦任職任用資格者。

第四款　觀護人之俸給

觀護人之俸給，適用公務人員俸給法之規定，並給與專業加給（司法人員人事條例第38條第2項）。其他有關事項，則與書記官之規定相同。

第六項　提存人員

地方法院設提存所，置主任及佐理員，依提存法及有關法令規定辦理提存事務（提存法第1條、法院組織法第20條、智慧財產及商業法院組織法第19條）。

一般而言，提存事務應包括清償提存事件及擔保提存事件等二種類型。所謂清償提存，係指債權人受領遲延，或不能確認孰爲債權人而難爲給付時，清償人得將其給付物，爲債權人提存於地方法院提存所者而言（民法第326條、強制執行法第41條第3項）。而所謂擔保提存，則係指債

權人得向法院提供擔保金，請求法院准許對執行標的物爲假扣押、假處分或假執行，或債務人向法院提供擔保金，請求法院就執行標的物免爲假扣押、假處分或假執行，而向地方法院提存所所爲之提存者而言（民事訴訟法第390條、第392條）。提存物，則應以金錢、有價證券和其他動產，以及訴訟擔保金和擔保物爲限（提存法第6條）。至於地方法院提存所之管轄，清償提存事件應向清償地地方法院提存所爲之（提存法第4條、民法第327條）；而擔保提存事件則應由本案訴訟已繫屬或應繫屬之第一審法院或執行法院提存所辦理之（提存法第5條）。

　　提存人員因職稱之不同，而分爲提存所主任及提存佐理員等二種類別。提存所主任，薦任第九職等至簡任第十職等。提存佐理員，委任第三職等至第五職等或薦任第六職等至第八職等。提存所主任，應就具有司法人員人事條例第23條第1項公證人任用資格第2款至第6款所列資格之一者遴任之（司法人員人事條例第23條第2項）；提存佐理員之任用資格，則應就具有法院書記官任用資格者任用之（司法人員人事條例第25條）。

　　提存所處理事務，應受院長之行政監督，院長並得指定民事庭庭長督導之。提存事件之准許或其他有關提存之處分，應由提存所主任決定之，提存所之佐理員及其他人員，應受主任之命辦理提存事務。每屆月終，提存所應將本月份提存事件辦理情形，列表分送庭長、院長核閱（地方法院及其分院處務規程第63條至第65條）。

　　提存人員之俸給，適用公務人員俸給法之規定，並給與專業加給（司法人員人事條例第38條第2項）。其他有關事項，則與書記官之規定相同。

第七項　登記人員

　　地方法院設登記處，置主任及佐理員，依非訟事件法及有關法令規定辦理登記事務（非訟事件法第82條、第101條、法院組織法第21條）。

　　登記事務，應包括法人登記及夫妻財產制契約登記等二種類型。所謂法人登記，係指法人之設立登記、變更登記、解散登記、清算人任免或

變更登記及清算終結登記等五種登記事務而言（法人及夫妻財產制契約登記規則第15條）。法人之登記，其主管機關爲該法人事務所所在地之法院（民法總則施行法第10條）。法人非經向主管機關登記，不得成立（民法第30條）。法人登記後，有應登記之事項而不登記，或已登記之事項有變更而不爲變更之登記者，不得以其事項對抗第三人（民法第31條）。至於所謂夫妻財產制契約登記，則係指夫妻財產制之訂約登記、變更登記、廢止登記及囑託登記等四種登記事務而言。登記應用夫妻財產制之法定名稱（法人及夫妻財產制契約登記規則第31條）。夫妻得於結婚前或結婚後，以契約就民法所定之約定財產制中，選擇其一，爲其夫妻財產制（民法第1004條）。夫妻財產制契約之訂立、變更或廢止，非經登記，不得以之對抗第三人（民法第1008條第1項）。關於夫妻財產制契約之登記，由夫妻住所地之法院管轄；不能在住所地爲登記或其主要財產在居所地者，得由居所地之法院管轄。不能依前項規定，定管轄之法院者，由司法院所在地之法院管轄（非訟事件法第101條第1項、第2項）。

　　登記人員因職稱之不同，而分爲登記處主任及登記佐理員等二種類別。登記處主任，薦任第九職等至簡任第十職等。登記佐理員，委任第三職等至第五職等或薦任第六職等至第八職等。登記處主任，應就具有司法人員人事條例第23條第1項公證人任用資格第2款至第6款所列資格之一者遴任之（司法人員人事條例第23條第2項）。登記佐理員之任用資格，則應就具有法院書記官任用資格者任用之（司法人員人事條例第25條）。

　　登記處辦理登記事件，應受院長之行政監督，院長並得指定民事庭庭長督導之。每屆月終，應將本月份登記事件辦理情形，列表分送庭長、院長核閱（地方法院及其分院處務規程第68條、第69條）。

　　登記人員之俸給，適用公務人員俸給法之規定，並給與專業加給（司法人員人事條例第38條第2項）。其他有關事項，則與書記官之規定相同。

第八項　醫事人員

高等檢察署及其檢察分署，置法醫師及檢驗員，依法醫師法及有關法令規定辦理檢察機關依刑事訴訟法規定所執行之醫事事務（法醫師法第3條、法院組織法第68條）。

法醫師承檢察長、主任檢察官及檢察官之命，辦理有關相驗、解剖、檢驗、鑑定等事項。檢驗員則承檢察長之命、主任檢察官、檢察官及法醫師之命，辦理有關相驗、檢驗、鑑定等事項，並協助辦理解剖事務。依刑事訴訟法規定所爲之檢驗或解剖屍體，非法醫師或受託執行之執業法醫師，不得爲之（法醫師法第9條）。法醫師檢驗屍體後，應製作檢驗報告書；解剖屍體後，應製作解剖報告書；鑑定死因後，應製作鑑定報告書（法醫師法第11條）。法醫師、檢驗員執行職務所製作之各項報告或其他文書，應送請承辦檢察官核閱。法醫師、檢驗員相驗屍體後，應當場製作相驗屍體證明書，經檢察官簽章後發給（高等檢察署及其檢察分署處務規程第56條至第58條、地方檢察署及其檢察分署處務規程第57條至第60條）。

醫事人員因職稱之不同，而分爲法醫師及檢驗員等二種類別。法醫師，薦任第七職等至簡任第十職等。但地方檢察署及其檢察分署得列委任第五職等。檢驗員，委任第三職等至第五職等或薦任第六職等至第八職等。法醫師、檢驗員之任用資格，應依公務人員任用法、公務人員考試法及有關法律之規定辦理（司法人員人事條例第26條第1項、法醫師法第45條、醫事人員人事條例第4條）。

醫事人員之俸給，適用公務人員俸給法之規定，並給與專業加給（司法人員人事條例第38條第2項）。其他有關事項，則與書記官之規定相同。

第九項　法警

各級法院及檢察署置法警，辦理值庭、執行、警衛、解送人犯及有關

司法警察事務（法院組織法第23條第3項、少年及家事法院組織法第15條第3項、行政法院組織法第24條、智慧財產及商業法院組織法第20條、懲戒法院組織法第7條第1項）。

法警，為司法警察之簡稱。依我國現制，司法警察分為院內司法警察及院外司法警察等二種類別。所謂院內司法警察，係指各級法院及檢察署，依法任用，辦理執行法院組織法第23條第3項所定之事務人員，包括法警長、副法警長及法警等而言（法警管理辦法第3條）。由於其係以法院及檢察署內部司法警察事務為專職，故亦稱為專職司法警察。所謂院外司法警察，則係指法院織法第76條所定檢察官辦理偵查執行事件或法官辦理刑事案件，得依調度司法警察條例依法調度辦理司法偵查執行事務之警察、憲兵、調查人員及其他有關人員而言。由於此類人員職稱繁多，本職各異，法律僅於其接受調度辦理執行司法警察有關事務時，始賦予司法警察官或司法警察之身分，故而亦稱為兼職司法警察。有關院外司法警察部分，於論述檢察官調度司法警察時再敘，於茲不贅。

法警執行職務，由各院、檢書記官長承院、檢首長之命，予以調度指揮。於執行各項勤務時，並應受院、檢有關其他長官之命令與監督（法警管理辦法第5條）。一般而言，法院法警之職掌，約有以下數點：一、關於送達、解送人犯或少年、候審戒護、值庭、具保責付、拘提、搜索扣押、協助民事強制執行、警衛、值日等事項；二、關於所屬法院法警室職掌事項之彙辦及核轉事項；三、其他有關法警事務及長官交辦事項。檢察署法警之職掌，則有以下數點：一、關於訴訟文書之送達、人犯之提押及具保、責付手續之辦理；二、值庭、拘提、搜索、扣押、調查及通緝犯之查緝；三、關於值勤、警衛及安全之防護；四、其他有關法警事務或長官交辦事項（地方法院及其分院處務規程第91條、少年及家事法院處務規程第86條、高等法院及其分院處務規程第51條、最高法院處務規程第75條、地方檢察署及其檢察分署處務規程第66條、高等檢察署及其檢察分署處務規程第64條、高等行政法院處務規程第33條、智慧財產及商業法院處務規程第73條、最高行政法院處務規程第31條、懲戒法院處務規程第43條）。

法警因官等及職等之不同，而分為薦任法警及委任法警等二種類

別。薦任法警，第六職等至第七職等；委任法警，第三職等至第五職等。法警之任用資格，應依公務人員任用法、公務人員考試法及有關法律之規定辦理（司法人員人事條例第26條第1項）。

法警，應就具有下列資格之一者遴用之（法警管理辦法第9條）：

一、經普通考試或相當普通考試之特種考試四等考試之法警考試或委任升等考試之法警考試及格。

二、現充僱用法警滿一年，年終考成列乙等以上，並完成六個月以上法警、警察、監所管理員訓練，具有委任職任用資格。

三、司法行政職系或矯正職系考試及格，並符合法警考試之應試體格條件。

公務人員任用法修正公布及中央機關職務列等表修正發布後，各機關自民國85年11月16日起不得再依考試院訂頒僱員管理規則進用僱員。僱員管理規則適用期限（民國86年12月31日）屆滿後，政府各機關仍在職之僱員，得繼續僱用至離職爲止（公務人員任用法第37條第2項）。有關現職僱員之管理，應依考試院訂頒現職僱員管理要點之規定辦理（現職僱員管理要點第1點）。由是，法、檢現職僱用之法警，應適用現職僱員管理要點之規定管理之。各級法院及各級檢察署原依僱員管理規則進用之現職法警，其未具公務人員任用資格者，得占用原職之職缺，繼續僱用至離職時爲止（法院組織法第114-1條）。

法警之俸給，適用公務人員俸給法之規定，並給與專業加給（司法人員人事條例第38條第2項）。其他有關事項，則與書記官之規定相同。

第十項　執達員

各級法院及其分院置執達員，辦理法院裁判執行及文件送達等事務（法院組織法第23條第1項後段、第39條第1項後段、第53條第1項後段、少年及家事法院組織法第15條第1項後段、行政法院組織法第23條第1項後段、智慧財產及商業法院第20條第1項後段）。

法院辦理執行與送達事務，應以書記官督同執達員爲之爲原則。外

國立法例有以執達員爲獨立之執行機關，如法國、日本及德國者是。其得本於債權人之委任，收取債權人之報酬，獨立對於債務人爲強制執行。但德國之執達員則僅得獨立對於債務人之動產爲查封拍賣，對於債權及不動產之查封拍賣，則必須由執行法院之法官爲之。我國現制係採行奧國立法例，其不以執達員爲專門職業人員，且在辦理強制執行事項方面，亦不認爲執達員具有獨立執行事務之職權。

　　申言之，執達員應服從長官之命令，行使裁判執行及文件送達等職務。關於執達員之職務，法院組織法及行政法院組織法雖無明文規定，但可散見於民事訴訟法、行政訴訟法、強制執行法及其他有關法律規定之內容之中。在裁判執行職務方面，有屬於執行書記官督同爲之者，例如由書記官督同查封動產或不動產（強制執行法第46條、第76條），由執行書記官督同拍賣動產或不動產（強制執行法第61條、第83條）等是。關於刑事訴訟事件罰金、罰鍰、沒收、沒入及追繳之裁判，檢察官之執行命令與民事執行名義有同一之效力，檢察官於必要時，得囑託地方法院民事執行處，由法官命書記官督同執達員辦理之（刑事訴訟法第470條、第471條，強制執行法第4條第1項第6款）。此外，亦有屬於執達員應自行辦理者，例如於查封時發見債務人之動產、不動產業經因案受查封者，應速將其查封原因報告執行法官（強制執行法第56條、第113條），執行拘提（強制執行法第21-2條），執行管收將應管收人送交管收所（強制執行法第22-2條），執行少年保護事件同行書（少年事件處理法第23條第1項）等是。

　　在文件送達職務方面，法院所作成有關訴訟事件始末之文書，例如法院之判決、裁定、命令、通知書等應送達之文件，除由郵政機構送達或公示送達者外，均應由法院書記官交執達員送達之（民事訴訟法第124條、第149條、行政訴訟法第62條第1項）。由於刑事訴訟事件文書之送達，由司法警察爲之（刑事訴訟法第61條），故而在此尚無交執達員送達之情形。

　　執達員之官等及職等爲委任第三職等至第五職等。執達員之任用資格，應依公務人員任用法、公務人員考試法及有關法律之規定辦理（司法人員人事條例第26條第1項）。

　　如前所述，雇員管理規則適用期限屆滿後，政府各機關不得再以雇員資格進用人員。有關現職雇員之管理，應依現職雇員管理要點之規定辦理（現職雇員管理要點第1點）。各級法院及其分院現職僱用之執達員，應適用現職雇員管理要點之規定管理之。各級法院及各級檢察署原依雇員管理規則進用之現職執達員，其未具公務人員任用資格者，得占用原職之職缺，繼續僱用至離職時為止（法院組織法第114-1條）。

　　執達員之俸給，適用公務人員俸給法之規定，並給與專業加給（司法人員人事條例第38條第2項）。其他有關事項，則與書記官之規定相同。

第十一項　其他人員

　　依法律所定，法院及檢察署應置之其他人員，為司法人員人事條例第4條第9款所指稱之其他人員，其任用、保障及給與，適用上述其他司法人員之有關規定，茲分述如下：

第一款　檢察事務官

　　各級檢察署及其檢察分署置檢察事務官，受檢察官之指揮，處理下列事務：一、實施搜索、扣押、勘驗或執行拘提；二、詢問告訴人、告發人、被告、證人或鑑定人；三、襄助檢察官執行其他第60條所定之各項職權。檢察事務官處理前項第2款事務，視為刑事訴訟法第230條第1項之司法警察官（法院組織法第66-3條）。

　　檢察事務官因其官等及職等之不同，而分為簡任司法事務官及薦任司法事務官等二種類別。簡任檢察事務官，第十職等；薦任檢察事務官，第七職等至第九職等。檢察事務官之任用資格，應依公務人員有關法律之規定辦理（司法人員人事條例第26條第1項）。

　　檢察事務官，應就具有下列資格之一者任用之（法院組織法第66-4條第1項）：

　　一、經公務人員高等考試或司法人員特種考試相當等級之檢察事務官考試及格者。

二、經律師考試及格，並具有薦任職任用資格者。

三、曾任警察官或法務部調查局調查人員三年以上，成績優良，並具有薦任職任用資格者。

四、具有公立或經立案之私立大學、獨立學院以上學歷，曾任法院或檢察署書記官，辦理民刑事紀錄三年以上，成績優良，具有薦任職任用資格者。

檢察事務官之俸給，適用公務人員俸給法之規定，並給與專業加給（司法人員人事條例第38條第2項）。其他有關事項，則與書記官之規定相同。

第二款　錄事

各級法院及檢察署置錄事，辦理文件送達、繕寫及長官指定事項等事務（法院組織法第23條第1項後段、第39條第1項後段、第53條第1項後段、第71條、少年及家事法院組織法第15條第1項後段、行政法院組織法第23條第1項後段、智慧財產及商業法院組織法第20條第1項後段、懲戒法院組織法第7條第1項後段）。錄事之官等及職等為委任第一職等至第三職等。錄事之任用資格，應依公務人員任用法、公務人員考試法及有關法律之規定辦理（司法人員人事條例第26條第1項）。各級法院及各級檢察署原依雇員管理規則進用之現職錄事，其未具公務人員任用資格者，得占用原職之職缺，繼續僱用至離職時為止（法院組織法第114-1條）。

錄事之俸給，適用公務人員俸給法之規定，並給與專業加給（司法人員人事條例第38條第2項）。其他有關事項，則與書記官之規定相同。

第三款　庭務員

各級法院置庭務員，辦理值庭、庭務及審判長指定事項等事務（法院組織法第23條第1項後段、第39條第1項後段、第53條第1項後段、少年及家事法院組織法第15條第1項後段、行政法院組織法第23條第1項後段、智慧財產及商業法院組織法第20條第1項後段、懲戒法院組織法第7條第1項

後段）。庭務員之官等及職等爲委任第一職等至第三職等。庭務員之任用資格，應依公務人員任用法、公務人員考試法及有關法律之規定辦理（司法人員人事條例第26條第1項）。各級法院及各級檢察署原依雇員管理規則進用之現職庭務員，其未具公務人員任用資格者，得占用原職之職缺，繼續僱用至離職時爲止（法院組織法第114-1條）。

庭務員之俸給，適用公務人員俸給法之規定，並給與專業加給（司法人員人事條例第38條第2項）。其他有關事項，則與書記官之規定相同。

第四款　技士

各級法院及檢察署置技士，辦理所屬院、檢營繕維修、工程規劃、設計、估價、監驗及首長指定事項等事務（法院組織法第23條第1項後段、第39條第1項後段、第53條第1項後段、第70條第1項後段、第2項後段、少年及家事法院組織法第15條第1項後段、行政法院組織法第23條第1項前段、智慧財產及商業法院組織法第20條第1項後段）。技士因官等及職等之不同，而分爲委任技士及薦任技士等二種類別。委任技士，第三職等至第五職等；薦任技士，第六職等至第七職等。技士之任用資格，應依公務人員任用法、公務人員考試法及有關法律之規定辦理（司法人員人事條例第26條第1項）。

技士之俸給，適用公務人員俸給法之規定，並給與專業加給（司法人員人事條例第38條第2項）。其他有關事項，則與書記官之規定相同。

第五款　資訊人員

各級法院及檢察署置設計師、資訊管理師、助理設計師及操作員，處理所屬院、檢資訊事項（法院組織法第26條、第42條、第56條、第72條、少年及家事法院組織法第19條、行政法院組織法第28條；智慧財產及商業法院組織法第25條、懲戒法院組織法第11條）。設計師，薦任第六職等至第八職等；資訊管理師，薦任第六職等至第七職等；助理設計師，委任第四職等至第五職等；操作員，委任第三職等至第五職等。資訊人員之任用

資格，應依公務人員任用法、公務人員考試法及有關法律之規定辦理（司法人員人事條例第26條第1項）。

　　資訊人員之俸給，適用公務人員俸給法之規定，並給與專業加給（司法人員人事條例第38條第2項）。其他有關事項，則與書記官之規定相同。

第六款　測輔人員

　　少年法院調查保護處置心理測驗員、心理輔導員及佐理員，隨同少年調查官或少年保護官執行少年調查及保護事務（少年事件處理法第5-3條、第11條）。心理測驗員及心理輔導員因官等及職等之不同，而分為薦任及委任等二種類別。薦任，第六職等至第八職等；委任，委任第五職等。佐理員亦分為薦任及委任等二種類別。薦任，第六職等；委任，第三職等至第五職等。測輔人員之任用資格，應依公務人員任用法、公務人員考試法及有關法律之規定辦理（司法人員人事條例第26條第1項）。

　　測輔人員之俸給，適用公務人員俸給法之規定，並給與專業加給（司法人員人事條例第38條第2項）。其他有關事項，則與書記官之規定相同。

第七款　公設輔佐人

　　少年法院公設輔佐人室置公設輔佐人，輔佐少年或少年之法定代理人或現在保護少年之人進行關於少年保護事件調查及審理之程序，並協助少年法院促成少年之健全發展（少年事件處理法第31條第5項、第31-2條）。至於公設輔佐人之官等、職等及任用資格等有關事項，除應依公務人員任用法、公務人員考試法、少年事件處理法及有關法律之規定辦理以外，仍應留由法院組織法、少年及家事法院組織法及司法人員人事條例等相關規定進一步釐定之（司法人員人事條例第26條第1項、第38條第2項）。

　　公設輔佐人之俸給，適用公務人員俸給法之規定，並給與專業加給

（司法人員人事條例第38條第2項）。其他有關事項，則與書記官之規定相同。

第八款　技術審查官

智慧財產及商業法院置技術審查官，承法官之命，辦理案件之技術判斷、技術資料之蒐集、分析及提供技術之意見，並依法參與訴訟程序（智慧財產及商業法院組織法第16條），薦任第八職等至第九職等或簡任第十職等至第十一職等。

智慧財產及商業法院技術審查官，應就具有下列資格之一，並有擬任職務任用資格者任用之（智慧財產及商業法院組織法第17條第1項）：

一、擔任專利審查官或商標審查官合計三年以上，成績優良並具證明者；或經公立或立案之私立大學、獨立學院研究所或經教育部承認之外國大學、獨立學院研究所畢業，具相關系所碩士以上學位，擔任專利或商標審查官或助理審查官合計六年以上，成績優良並具證明者；或公立或立案之私立專科以上學校或經教育部承認之國外專科以上學校相關系科畢業，擔任專利或商標審查官或助理審查官合計八年以上，成績優良並具證明者。

二、現任或曾任公立或立案之私立大學、獨立學院相關系所講師六年以上、助理教授、副教授、教授合計三年以上或公、私立專業研究機構研究人員六年以上，有智慧財產權類專門著作並具證明者。

第1項第1款所謂成績優良者，係指於最近三年考績二年列甲等、一年列乙等以上，且未受刑事、懲戒或平時考核記過以上處分，並經其服務機關出具證明者而言。

技術審查官之俸給，適用公務人員俸給法之規定，並給與專業加給（司法人員人事條例第38條第2項）。其他有關事項，則與書記官之規定相同。

第九款　法官助理

　　經建置之各級法院、各級行政法院於必要時,得依聘用人員相關法令聘用專業人員充任法官助理,承法官之命辦理訴訟案件程序之審查、法律問題之分析、資料之蒐集等事務(法院組織法第12條第6項、第34條第4項、第51條第3項、少年及家事法院組織法第6條第2項、行政法院組織法第10條第6項、第15條第3項、智慧財產及商業法院組織法第10條第4項),其俸給及待遇之保障,依聘用人員相關法令規定辦理。

第三章 | 組　織

第一節　組織法之概念

　　憲法第82條規定：「司法院及各級法院之組織，以法律定之。」中央法規標準法第5條規定：「左列事項應以法律定之：一、憲法或法律有明文規定，應以法律定之者。二、關於人民之權利、義務者。三、關於國家各機關之組織者。四、其他重要事項之應以法律之者。」第6條規定：「應以法律規定之事項，不得以命令定之。」以上規定，即為學理上所通稱法律優越及法律保留原則之要求，為現代法治國家實現依法治國理念最基本之要件。

　　法院為中央及國家機關，其組織自應以法律定之。司法院組織法第6條規定：「司法院設各級法院、行政法院及懲戒法院；其組織均另以法律定之。」司法院大法官、最高法院及其以下各級法院或分院、行政法院、智慧財產及商業法院及懲戒法院等司法機關共同組成我國現行司法制度之主要部分，職司審理、裁判及各種國家裁判性事務，與人民權利義務關係至為重要，故應分別依據憲法上之法律保留原則精神，制定法院組織法、行政法院組織法、智慧財產及商業法院組織法及懲戒法院組織法等關於國家機關組織之各種組織法律，用以保障人權，健全司法，進而達成宏揚法治及依法治國之目標。

　　關於司法院組織法、法院組織法、行政法院組織法、智慧財產及商業法院組織法及懲戒法院組織法等各種組織法之性質，舉其共通部分，分述如下：

一、公法

　　法律依其規範對象之不同，可區分為公法、私法及公私綜合法等三種類別。質言之，規範國家與人民之間生活關係之法律，是為公法。規範人

民相互間生活關係之法律，是爲私法。至於兼賅公法及私法二種性質之法律，則爲公私綜合法。上述各種組織法係規範有關司法機關組織、編制、員額及其職掌之法律，僅發生公法上之效果，與私人間權利義務關係無涉，故而具有公法之性質。

二、實體法

　　法律依其制定內容之不同，可區分爲實體法及程序法等二種類別。質言之，規範或創設權利義務實質內容之法律，是爲實體法。相反地，規範實體法權利義務內容如何實現之法律，則爲程序法。上述各種組織法係規範司法機關之組織、人員配置及管轄權限等具體事項之法律，因其創設公法上權利義務關係之實質內容，故而具有實體法之性質。至於上述各種組織法中有關法庭開閉及裁判評議等有關規定，雖係屬於關於程序性事項之性質，但其仍屬司法機關在行使職權時所應建構之重要制度，用以保證人民行使訴權之有關正當程序權益之合理實現，故其存在並不影響上述各種組織法係爲實體法之性質。

三、一般法

　　法律依其適用範圍之不同，可區分爲一般法及特別法等二種類別。質言之，全國一般人民及一般事務不分時空地域均應一體適用之法律，是爲一般法。相反地，僅適用於特定人民、特定事務或特定時空地域之法律，則爲特別法。上述各種組織法分別適用於憲法及法律所創設之各級法院、行政法院及懲戒法院，且對於全國人民及各種訴訟事務均有適用之餘地，而其適用亦無時空地域等方面之特別限制，故而具有一般法之性質。

四、強行法

　　法律依其規範效果之不同，可區分爲強行法及任意法等二種類別。質言之，法律內容不允許規範客體依自由意思任意變更之法律，是爲強行法。相反地，法律內容允許規範客體得依自由意思加以變更之法律，則爲任意法。上述各種組織法規範國家機關之組織、人事及職掌等事項，爲實現國家統治權作用之具體表徵，除非依據法定程序，有關內容不得任由任

何人依自由意思擅自變更，故而具有強行法之性質。

五、國內法

　　法律依其施行範圍之不同，可區分爲國內法及國際法等二種類別。質言之，施行於本國領土管轄區域範圍以內之法律，是爲國內法。相反地，施行於國際間具有法律性質之條約，禮儀或國際慣例等，則爲國際法。上述各種組織法僅施行於我國領土管轄區域範圍以內，故而具有國內法之性質。

　　綜上所述，以上各種法院組織法之性質爲公法、實體法、一般法、強行法及國內法，爲憲法第170條所指稱經立法院通過、總統公布之法律，具有中央法律之性質。有關其制定、施行、適用、修正及廢止等事項，應依中央法規標準法有關規定辦理。

第二節　地方法院

第一項　地方法院之設立

　　地方法院行使司法權，須設立在一定地區，以管轄該地區內之訴訟案件及非訟事件。此種地區，謂之設立區域，亦稱之爲管轄區域或土地管轄。法院組織法第8條規定：「直轄市或縣（市）各設地方法院。但得視其地理環境及案件多寡，增設地方法院分院；或合設地方法院；或將其轄區之一部劃歸其他地方法院或其分院，不受行政區劃限制。在特定地區，因業務需要，得設專業地方法院；其組織及管轄等事項，以法律定之。」以上規定，是爲地方法院設立之法律準據。申言之，地方法院之設立區域，原則上係以一直轄市或一縣（市）之行政區劃爲標準，俾使法院土地管轄之界限與行政區域配合，便利人民實施訴訟，例如桃園市設立一所桃園地方法院，彰化縣設立一所彰化地方法院等是。

　　惟爲達成便民之目的及節用司法資源，亦得依前條但書之規定，視地理環境及案件多寡，增設地方法院分院，或合設地方法院，或將其轄

區之一部劃歸其他地方法院或其分院，不受直轄市或縣（市）行政區劃之限制。此一規定之作用，乃在使轄區調整富於彈性，避免同級法院勞逸不均，影響裁判品質與人民訴訟權利之行使。例如臺北地方法院曾於大臺北地區增設板橋分院及士林分院，高雄市與高雄縣合設一所高雄地方法院，以及屬於新北市行政區劃之汐止、淡水、八里、三芝、石門等行政轄區劃歸士林地方法院管轄，而瑞芳、平溪、雙溪、貢寮、金山、萬里等行政轄區則劃歸基隆地方法院管轄等均屬之。

　　地方法院之增設或合設，關係國家機關組織之裁併與調整等事項，對於人民訴訟權益將造成重大影響，故應依中央法規標準法第5條有關法律保留之規定，以法律定之。至於地方法院管轄區域之劃分或變更等事項，則係為達成地方法院適當行使司法審判及其他裁判性作用之目的所必要之手段，屬於司法行政權行使之範疇，依據法院組織法第7條之立法授權，責由國家最高司法機關司法院以命令位階之函令或法規定之。

　　此外，為配合特定地區、特定案件類型之業務需要，地方法院除得依法院組織法第14條之規定於必要時另設專業法庭專責辦理特殊專業類型案件以外，司法院並得依同法第8條第2項規定設立專業地方法院以茲因應。關於專業地方法院之組織及管轄等事項，應另以法律定之。例如高雄少年及家事法院係因應少年事件處理法第5條第1款、家事事件法第2條及其他有關法令之規定而設置，管轄高雄市全境各個行政轄區內之少年保護、少年刑事案件及家事事件等三種類型案件者即是。

第二項　地方法院之職權

　　地方法院在其設立區域內行使司法權，得就某些種類之事件享有管轄權，係謂事務管轄或審級管轄。地方法院管轄事件之種類，即係其職權行使之範圍。法院組織法第9條規定：「地方法院管轄事件如左：一、民事、刑事第一審訴訟案件。但法律別有規定者，不在此限。二、其他法律規定之訴訟案件。三、法律規定之非訟事件。」

　　所謂民事、刑事第一審訴訟案件，係指依通常訴訟程序及適用簡易訴

訟程序之民事、刑事第一審之訴訟案件而言。所謂法律別有規定者不在此限，則係指法律如有特別規定，第一審訴訟案件不歸由地方法院管轄，或地方法院管轄上訴審訴訟案件時，則應從其規定。例如同法第32條第1款規定，關於內亂、外患及妨害國交之刑事第一審訴訟案件，由高等法院管轄；民事訴訟法第436-1條第1項、第436-24條第1項及刑事訴訟法第455-1條第1項等規定，對於簡易訴訟程序由簡易庭獨任法官所為之第一審裁判如有不服，得上訴或抗告於管轄之第二審地方法院以合議庭審判行之等即屬之。

　　所謂其他法律規定之訴訟案件，係指依據本（第9條）條第1款規定以外其他法律之規定，某些訴訟案件應歸由地方法院管轄之情形而言。例如依據公職人員選舉罷免法第126條第1款之規定，第一審選舉、罷免訴訟，由選舉、罷免行為地之該管地方法院或其分院管轄；依據社會秩序維護法第33條之規定，違反社會秩序維護法之案件，由行為地或行為人之住所、居所或所在地之地方法院或其分院或警察機關管轄；依據行政訴訟法第229條第1項之規定，適用簡易訴訟程序之事件，以地方法院行政訴訟庭為第一審管轄法院[1]；依據行政訴訟法第237-3條第1項及道路交通管理處罰條例第87條之規定，對於同條例第8條或第37條第5項處罰之裁決不服，向管轄之地方法院行政訴訟庭提起撤銷訴訟；以及依據行政訴訟法第175條之規定聲請保全證據、同法第294條、第300條之規定聲請假扣押、假處分等保全程序，及同法第305條第1項之規定聲請強制執行等，均由地方法院行政訴訟庭管轄等均屬之。其他尚有依少年事件處理法、家事事件法、刑事補償法等相關法律規定歸由地方法院管轄之訴訟事件，其類型甚且超越地方法院審理通常民、刑事訴訟案件之屬性，由於種類繁多，逐一列載不免仍有疏漏，影響人民訴訟權利及司法受益權之行使，故以「其他法律規定之訴訟案件」等文字予以概括。

---

[1]　行政訴訟法第3-1條規定：「辦理行政訴訟之地方法院行政訴訟庭，亦為本法所稱之行政法院。」解釋上，地方法院所設行政訴訟庭視為行政法院，與高等行政法院及最高行政法院共同建構我國現行三級行政法院體系之實質規模。

至於所謂法律規定之非訟事件，應係指依據非訟事件法及其他相關法律之規定，某些不具普通訟爭性質且專屬於地方法院或其分院管轄辦理之事件而言。例如依據非訟事件法所規定由法院民事庭、簡易庭及登記處辦理之民事非訟事件、登記事件、商事非訟事件；依據公證法所規定由法院公證處辦理之公證事務；依據提存法所規定由提存所辦理之提存事務；依據強制執行法所規定由民事執行處辦理之強制執行事件；以及依據破產法所規定之和解及破產事件與依據消費者債務清理條例所規定之更生及清算事件等均屬之。

　　非訟事件雖不具地方法院審理通常審判事務之性質，但仍屬法律賦予司法權以貫徹之國家權力作用，法院為妥適、迅速處理非訟事件，自可基於人民自主處分私權之意志，因當事人或利害關係人之聲請，經由職權進行主動探知與聲請人、相對人及當事人外其他利害關係人私權事件或爭執有關之事實及蒐集相關之證據，必要時，法官並得對於當事人之權利義務法律關係，依法作成具有創設、變更或消滅效果之裁定。

第三項　地方法院之組織

第一款　概說

　　地方法院之組織，包括地方法院之類別、編制、員額及職掌等事項。法院組織法第11條規定：「地方法院或其分院之類別及員額，依附表之規定。各地方法院或其分院應適用之類別及其變更，由司法院定之。」依第11條第1項附表之說明所示，地方法院或其分院分為六類。每年受理案件8萬件以上者，為第一類；每年受理案件4萬件以上未滿8萬件者，為第二類；每年受理案件2萬件以上未滿4萬件者，為第三類；每年受理案件1萬件以上未滿2萬件者，為第四類；每年受理案件5,000件以上未滿1萬件者，為第五類；每年受理案件未滿5,000件者，為第六類。

　　各個地方法院或其分院依司法院所定類別歸屬定其編制及員額，司法院並得基於司法行政權行使之權限，按各個地方法院或其分院受理案件之多寡，適時變更其所適用之類別。從而，每年案件受理之數額，即成為區

分地方法院及其分院類別及調整編制和員額之重要參據。至於每年之起始日與終止日，應以司法年度計算，依法院組織法第77條之規定，司法年度自1月1日起至12月31日止。

第二款　審判組織

一、法官

　　法院組織法第12條第1項至第4項規定：「地方法院置法官，薦任第八職等至第九職等或簡任第十職等至第十一職等；試署法官，薦任第七職等至第九職等；候補法官，薦任第六職等至第八職等。實任法官繼續服務十年以上，成績優良，經審查合格者，得晉敍至簡任第十二職等至地十三職等；繼續服務十五年以上，成績優良，經審查合格者，得晉敍至簡任第十二職等至第十四職等。前項簡任第十四職等法官員額，不得逾地方法院實任法官總額三分之一。第二項晉敍法官之資格、審查委員會之組成、審查程序及限制不得申請晉敍情形等事項之審查辦法，由司法院定之。」地方法院法官之編制及員額，應依其受理案件多寡及歸屬類別，分別決定之。

　　地方法院任用之法官除經實任者外，尚包括若干試署法官及候補法官等初任法官在內[2]。依據法官法第9條第1項及第2項之規定，具法官、檢察官考試及格，或曾實際執行律師業務三年以上具擬任職務任用資格，經遴選任用為地方法院法官者為候補法官，候補期間五年，候補期滿審查合格者，予以試署，試署期間一年；曾任公設辯護人六年以上，曾實際執行律師業務六年以上具擬任職務任用資格，或曾任助理教授以上合計六年以上講授主要法律科目二年以上具擬任職務任用資格，經遴選任用為地方法院法官者為試署法官，試署期間二年；曾任法官、檢察官並任公務人員合計十年以上或執行律師業務十年以上者，試署期間一年。

---

[2] 所稱之實任法官、實任檢察官，係指候補、試署法官、檢察官經考查服務成績及格予以實授者而言。司法人員人事條例第11條第2項參照。

法院組織法第12條並規定：「司法院因應地方法院業務需要，得調候補法官至地方法院辦事，承法官之命，辦理訴訟案件程序及實體之審查、法律問題之分析、資料之蒐集、裁判書之草擬等事務（第5項）。候補法官調地方法院辦事期間，計入其候補法官年資（第7項）。」

二、院長

　　法院組織法第13條規定：「地方法院置院長一人，由法官兼任，簡任第十職等至第十二職等，綜理全院行政事務。但直轄市地方法院兼任院長之法官，簡任第十一職等至第十三職等。」關於地方法院院長之遴任資格，依據司法人員人事條例第13條之規定，地方法院及其分院院長，應就具有高等法院或其分院法官、高等檢察署或其檢察分署檢察官及擬任職等任用資格，並有領導才能者遴任之。地方法院院長職務屬於司法行政性質，為行政職務，其本職仍為法官，院長僅為兼職。是故，院長除依有關法令及受司法院及其所屬司法行政機關指揮監督綜理全院行政事務外，並應以一般法官身分，行使對於訴訟案件之審判本職，其審判職權之行使，與同法院其他法官審判職權之行使並無不同。但院長職兼行政主管業務，綜理全院行政事務，院長辦理屬於本職之審判事務，關於民事、刑事、行政訴訟或其他專業類型案件及其性質、數量等事項，在該管法院辦理司法年度事務分配時，由院長自行選定（各級法院法官辦理案件年度司法事務分配辦法第10條第1項）。

　　地方法院院長之行政兼職，為綜理全院行政事務。所謂綜理全院行政事務，包含甚廣，概括言之，約有以下數點（地方法院及其分院處務規程第14條至第18條）：

　　(一)監督該管法院及其分院。分院院長監督該分院。

　　(二)依法令行使職權得發布命令。

　　(三)下列事項之處理與審核：

　　1. 年度工作計畫之決定、變更、執行及考核。

　　2. 候補法官獨任審判製作之裁判書類原本之審閱、公設辯護人辯護書類之核閱、司法事務官辦案書類之審閱及其他辦案書類之審閱。

3. 民事庭、刑事庭、行政訴訟庭、專業法庭、普通庭、簡易庭庭數之擬議及一般人事配置之核定。

4. 重要行政文稿函件之核判。

5. 所屬人員工作、操守、學識、能力考核、監督及任免、獎懲之擬議或核定。

6. 上級機關重要命令執行之監督考核。

7. 向上級或有關機關建議或報告事項之核定。

8. 人民陳訴事件之處理。

9. 其他有關重要行政事務之處理。

(四)考查該管法院及其分院各類案件進行情形，並注意其辦案期限；分院院長對於該管分院之事務亦同。

(五)有關行政事務或法律見解之溝通。院長為徵詢意見，得召集所屬有關職員舉行會議。

　　院長因故不能執行職務時，由資深庭長或院長指定之庭長代行其職務。其無庭長者，由資深法官或院長指定之法官代行其職務。前項情形應層報司法院（地方法院及其分院處務規程第19條）。

　　關於地方法院院長之任期、調任與期間計算，法官法第11條規定，「地方法院院長之任期為三年，得連任一次。但司法院認為確有必要者，得再延任之，其期間以三年為限（第1項）。前項院長不同審級之任期，應合併計算。司法院每年應對前項院長之品德、操守、執行職務之能力及參與審判工作之努力等事項，徵詢該院法官意見，並得參酌徵詢結果，對任期尚未屆滿者免兼院長職務（第2項）。院長之調任、連任、延任、免兼等有關事項之辦法，由司法院定之（第5項）」。

　　依據上述立法授權，司法院訂頒法院院長任期調任辦法，該辦法第3條規定，院長之任期自實際到職之日起算；兼任院長於免兼院長職務或回任法官本職逾二年時，重行起算；院長曾任檢察長者，其任檢察長之任期，不予併計。同辦法第4條規定，院長因司法院視業務需要，參酌其服務成績與徵詢該院法官意見、各級法院團體績效評比及其他相關資料予以

調任時，除法令另有規定外，應於下列範圍內行之：(一)調任其他法院或其分院院長、庭長；(二)調任司法院或其所屬機關相當之職務。同辦法第5條並規定，司法院亦得視業務需要，參酌上述院長調任有關參據，對任期尚未屆滿之院長，免兼其院長職務。院長年滿七十歲者，應停止辦理審判案件，並免兼院長職務。

三、法庭

法院組織法第14條規定：「地方法院分設民事庭、刑事庭、行政訴訟庭，其庭數視事務之繁簡定之；必要時得設專業法庭。」同法第14-1條第1項規定，「地方法院分設刑事強制處分庭，辦理偵查中強制處分聲請案件之審核。但司法院得視法院員額及事務繁簡，指定不設刑事強制處分庭之法院[3]」。同法第10條規定：「地方法院得設簡易庭，其管轄事件依法律之規定。」地方法院分設民事庭、刑事庭、行政訴訟庭、簡易庭、專業法庭及刑事強制處分庭，其庭數並非固定，應視所屬法院受理案件之多寡、轄區事件之性質及處理事務之繁簡而定之。法院院長應視業務需要、案件質（數）量、法官人力及庭長之專長，對辦理民事、刑事、行政訴訟之庭數、股數及庭長辦理之事務，指定之。但辦理同一事務之法官人數，不得低於二人（各級法院法官辦理案件年度司法事務分配辦法第10條第2項）。

地方法院及其分院設簡易庭，其管轄事件依法律之規定。例如簡易庭依據民事訴訟法第427條及刑事訴訟法第449-1條之規定管轄民事及刑事簡易訴訟程序案件，依據社會秩序維護法第36條之規定辦理違反社會秩序維護法所規定之案件，以及依據民事訴訟法第406-1條之規定辦理家事調解以外之民事調解事件等（地方法院及其分院處務規程第34條第1項）。

民事庭、刑事庭、行政訴訟庭、簡易庭及刑事強制處分庭，為地方法院對於法院組織法第9條所定管轄事件行使審判職權及履行其他裁判性

---

[3] 立法院於民國105年6月22日通過修正條文附帶決議：第一類法院應設刑事強制處分庭，第二、三類法院則得視法院員額及事務繁簡以專股代替，其餘法院得不設立。

事務之常設組織，必要時並得依有關法規另設專業法庭或指定專人處理應由法院處理之專業案件（地方法院及其分院處務規程第28條）。地方法院依據有關規定設立專業法庭之情形，例如依據勞動事件法第4條之規定設立勞動法庭處理勞動事件；依據勞資爭議處理法第6條之規定設立勞工法庭審理權利事項勞資爭議；依據少年事件處理法第5條之規定設立少年法庭處理少年保護事件及少年刑事案件；依據家事事件法第2條之規定設立家事法庭處理家事事件；依據社會秩序維護法第36條之規定設立普通庭處理違反社會秩序維護法之抗告案件；依據營業秘密法第14條之規定設立專業法庭審理營業秘密訴訟案件；依據消費者債務清理條例第5-1條之規定設立消費者債務清理專庭辦理消費者債務清理事件；以及依據消費者保護法第48條之規定設立消費專庭審理消費訴訟事件等均屬之。為妥速審理醫療、工程、重大金融或其他社會矚目之重大刑事案件，司法院亦得指定有關法院設置專業法庭或專股，辦理此類民、刑事特殊專業類型案件。前開案件之範圍，由司法院指定之（各級法院法官辦理案件年度司法事務分配辦法第2條第1項第4款、第13條）[4]。

　　此外，地方法院為即時處理其所管轄特殊專業類型案件，亦得責由所屬法官任務編組，臨時組成專業法庭，俾收專案專庭、專業亮點及快打速審之實效，例如為防制妨害商標專利犯罪設立商標專利案件專庭；為辦理國家賠償事件設立國家賠償事件專庭；為審理公職人員選舉罷免訴訟組成選舉法庭；以及為配合政府政策需要隨時組成肅貪專庭、肅竊專庭等，均屬專業法庭之性質，與上述依法令設立專業法庭之意旨相同，均為現代法院辦理管轄事件走向專業分流趨勢之表徵。

---

[4] 為因應軍事審判法修正，現役軍人非戰時犯陸海空軍刑法或特別法之罪，改由普通法院依刑事訴訟法追訴、處罰，司法院發布102.8.13院台廳司一字第1020021546號函，指定高等法院及其分院暨所屬各地方法院應於民國102年8月15日前成立軍事專業法庭（股）及選出承辦法官，其庭（股）數為二庭（股）至三庭（股）；承辦該專庭（股）之法官資格為實任、試署法官或候補法官滿二年以上，性別不拘，並於選出後報院。

地方法院設立專業法庭，將部分在傳統上原屬民事庭、刑事庭或簡易庭審理之案件移由專業法庭處理，其目的乃在使地方法院各庭審理案件趨於專責化及專業化，且經由專人專庭處理特定案件之設計，迅速累積處理經驗及形成各個專業法庭審理特定類型案件之標準作業模式和行事準則，俾使法官辦案客觀公正，進而提升法院公信力及符合人民對於司法效能之殷切期待。

四、庭長

法院組織法第15條規定：「民事庭、刑事庭、行政訴訟庭、專業法庭及簡易庭之庭長，除由兼任院長之法官兼任者外，餘由其他法官兼任，簡任第十職等至第十一職等或薦任第九職等，監督各該庭事務。曾任高等法院或其分院法官二年以上，調地方法院或其分院兼任院長或庭長之法官、法官者，得晉敘至簡任第十二職等至第十四職等。」庭長之職務屬於司法行政性質，庭長之本職仍為法官，庭長僅為兼職。從而，庭長除依法令監督各該法庭之行政事務以外，仍應以法官身分，行使對於訴訟案件之審判職權，與未兼庭長法官之審判職權並無不同。惟地方法院所設庭數既非固定，各庭庭長之員額亦非固定。各個地方法院庭長之編制，應依所屬地方法院所設法庭數額而為決定。

地方法院（一審法院）庭長應就具有下列各款資格之一者，擇優遴任（法院庭長遴任辦法第5條）：

(一)曾任一審法院院長、庭長，或二審法院院長、庭長、實任法官，或三審法院庭長、法官，或由法官轉任之司法行政人員、特任人員或其他法律明定年資及待遇依相當職務之法官、檢察官列計之人員。

(二)現任一審法院實任法官。

法官最近五年曾受懲戒處分，或記過以上之懲處處分，或司法院院長依法官法第21條第1項所為職務監督處分者，不予遴任為庭長（法院庭長遴任辦法第4條）。

地方法院（一審法院）庭長之遴任程序，概述如下（法院庭長遴任辦法第11條）：

(一)由司法院將符合遴任資格者，參酌法務部司法官學院司法官班結業期別，按其選定參加票選及推薦之事務類別分別造具名冊，逐送冊列人員所屬法院及直接上級審法院辦理票選，並送司法院指定之所在地律師公會辦理推薦。

(二)所屬法院及直接上級審法院應於司法院指定時間同時辦理票選，由所屬法院及直接上級審法院院長、庭長、法官（含調派該院辦理審判事務者）以無記名限制連記法秘密投入指定票匭，連記人數不得逾冊列人數二分之一。列入一審法院庭長票選名冊人員依選定參加票選及推薦之事務類別，其直接上級審法院分別為高等法院及其分院、高等行政法院或智慧財產及商業法院。

(三)所在地律師公會辦理推薦時，應於司法院指定期間內，就冊列人員秘密推薦之，其推薦人數不得逾冊列人數三分之一。但冊列人數不滿三人者，得推薦一人。

(四)司法院得視法院業務需要，將符合遴任資格且志願調任人員名冊，送請所屬法院及擬補職缺法院表示意見。司法院院長得參考徵詢結果，並審酌本辦法第11條第7項各款所列相關情形，擬具與擬補職缺同額之遴調名單，連同候選人名冊，提請司法院人事審議委員會審議。

地方法院庭長應監督所屬本庭之行政事務，概括言之，庭長之職掌約有以下數點（地方法院及其分院處務規程第20條、第30條、第33條、第36條、第46條）：

(一)本庭事務之監督。

(二)本庭評議簿之保管。

(三)本庭候補法官裁判書類之審閱。

(四)本庭各項文稿之決行。

(五)配置本庭法官及其他職員之工作、操行、學識、能力之考核、監

督與獎懲之擬議。

(六)人民陳訴事件之調查及擬議。

(七)法律問題之研究。

(八)抽籤或電腦分案事務之主持。

(九)其他有關庭務之處理。

民事庭、刑事庭、行政訴訟庭、專業法庭、普通庭、簡易庭庭長各有二人以上時，其相互間行政事務之劃分與處理，由院長決定之。並得以一人負責共同性之行政事務。庭長中有因故不能執行職務者，應分別互為代理。其僅有一人者，由該庭資深之法官代理其職務。合議審判由各該庭庭長充審判長；無庭長或庭長有事故時，由庭員資深者充之，資同由年長者充之（地方法院及其分院處務規程第21條、第22條）。

此外，基於庭長對於本庭在司法行政方面監督行政事務之職責，並積極輔助審判事務，庭長對所屬本庭法官審理之案件，應注意有無拖延不結或遲延宣示判決、公告主文或交付裁判書原本等情事，並督促其從速辦理；庭長對本庭法官之言行操守，應隨時注意觀察，如發現有具體不法情事者，應即報請院長處理之；庭長審閱裁判書類及監督該庭法官認真負責者，得酌予獎勵。其有疏失或懈怠情事者，應酌予議處（臺灣各地方法院行合議審判暨加強庭長監督責任實施要點第7點、第8點、第10點）。

地方法院及其分院之庭長監督所屬各該庭（處）事務，具有行政兼職之性質，法院組織法第15條，第16條定有明文，已如前述。關於地方法院及其分院庭長之任期及調任，依據法官法第11條第1項、第3項及第4項之規定，地方法院及其分院庭長之任期為三年，得連任一次。但司法院認為確有必要者，得再延任之，其期間以三年為限。庭長同審級之任期，應合併計算。其任期屆滿連任前，司法院應徵詢該庭長曾任職法院法官之意見。司法院於庭長任期中，如發現有具體事證，足認其有不適任庭長之情事者，得對其免兼庭長職務。

司法院訂頒庭長遴任、免兼、職期、調任等有關事項之命令，是否違反憲法第81條法官身分之保障及法院組織之法律保留原則，則不無疑義。

論者有謂，法院組織法第4條第1項規定：「合議審判，以庭長充審判長；無庭長或庭長有事故時，以庭員中資深者充之，資同以年長者充之。」庭長並具法官身分，於開庭時充任審判長，為法庭之主席，主持審判事務，其法官身分與審判本職，未因兼任庭長職務而改變。司法院釋字第539號解釋則表示，法院組織法第15條、第16條等規定庭長監督各該庭（處）之事務，係指為審判之順利進行所必要之輔助性司法行政事務而言。庭長之職務主要係監督各該庭行政事務，於審判事務雖充任合議庭審判長，但無庭長或庭長有事故時，仍以庭員中資深者充任之，足見審判長係合議審判時為統一指揮訴訟程序所設之機制，與庭長職務之屬於行政性質者有別，庭長與審判長自屬不同功能之兩種職務。

　　憲法第81條所保障之身分對象，應僅限於職司獨立審判之法官，而不及於監督司法行政事務之庭長。於庭長之任期屆滿後，未因業務需要酌予延長職期，司法行政機關就組織法上之職權為必要之裁量並發布免兼庭長命令之人事行政行為，僅係免除庭長之行政兼職，於其擔任法官職司審判之本職無損，對其既有之官等、職等、俸給亦無不利之影響，故在性質上僅屬機關行政業務之調整，與憲法第81條法官身分保障之意旨尚無牴觸。由是，憲法對於審判長職務所建構有關法官身分之制度性保障，對於法官所兼任之庭長職務而言，尚無延伸適用或參酌援引之餘地。惟為貫徹法院組織之法律保留原則，建立審判獨立之完備司法體制，有關庭長之遴選及任免等相關人事行政事項，仍以本諸維護審判獨立之司法自主性，參照司法院釋字第530號解釋意旨作通盤規劃，以法律規定為宜。

　　關於法院庭長之遴選、任免、職期等相關人事事項，法院組織法及法官法已大致定有明文，但法官法第10條第2項關於各法院庭長之遴任，其資格、程序等有關事項之辦法，與同法第11條第5項關於庭長調任、連任、延任、免兼等有關事項之辦法，仍授權由司法院定之。司法院為確保法官審判之獨立及其身分之保障，應基於其固有司法行政權及規則制定權行使之職責，以維護司法審判機關之完整性與自主性為前提，並參酌上揭解釋意旨，在司法院釋字第443號解釋理由書所揭示相對性法律保留範疇內，嚴謹訂頒與庭長行政職務人事事項有關之技術性與細節性之通盤性規

定[5]。

第三款　事務組織

一、民事執行處

　　法院組織法第16條規定：「地方法院設民事執行處，由法官或司法事務官辦理其事務；其法官在二人以上者，由一人兼任庭長，簡任第十職等至第十一職等或薦任第九職等，監督該處事務。」同一執行法官或司法事務官得配置書記官一至三人辦理執行事務。執行事件之進行及當事人書狀之處理，應由法官或司法事務官自行為之。書記官應受法官或司法事務官之指示辦理執行事項。民事執行處配置之執達員，其執行職務應受配屬之法官或司法事務官、書記官指揮監督。書記官或執達員經法官或司法事務官命為查封或其他執行行為者，應作成筆錄或報告送請法官或司法事務官核閱（地方法院及其分院處務規程第38條、第39條、第41條、第43條、第45條）。

二、公設辯護人室

　　法院組織法第17條第1項規定：「地方法院設公設辯護人室，置公設辯護人，薦任第七職等至第九職等或簡任第十職等至第十一職等；其公設辯護人在二人以上者，置主任公設辯護人，薦任第九職等或簡任第十職等至第十一職等。」公設辯護人條例第8條第1項、第9條規定：「地方法院及其分院主任公設辯護人，應就曾任地方法院或其分院公設辯護人五年以上，成績優良者遴任之。公設辯護人有二人以上者，以一人為主任公設辯護人，監督及分配公設辯護事務。」公設辯護人應受院長之行政監督。公設辯護人有二人以上時置主任公設辯護人，其事務之分配，由主任公設辯護人報請院長定之（地方法院及其分院處務規程第47條、第48條）。

5　依法官法第10條第2項之立法授權，司法院105年4月8日院台人五字第1050009365號令修正發布法院庭長遴任辦法，全文14條。

三、司法事務官室

法院組織法第17-1條第1項規定：「地方法院設司法事務官室，置司法事務官，薦任第七職等至第九職等；司法事務官在二人以上者，置主任司法事務官，薦任第九職等至簡任第十職等。」主任司法事務官，應就具有司法事務官及擬任職務所列職等之任用資格，並有領導才能者遴任之（司法人員人事條例第20-1條第3項）。司法事務官有二人以上時，置主任司法事務官。司法事務官之事務分配，由主任司法事務官報請院長決定之。司法事務官應受院長之行政監督。司法事務官辦理事務，應受該管事務庭長之職務監督。未置庭長者，由院長指定適當之人員行使之（地方法院及其分院處務規程第51-1條、第51-2條、第51-3條）。

四、調查保護室

法院組織法第18條規定：「地方法院設調查保護室，置少年調查官、少年保護官、家事調查員、心理測驗員、心理輔導員及佐理員。少年調查官、少年保護官及家事調查員合計二人以上者，置主任調查保護官一人；合計六人以上者，得分組辦事，組長由少年調查官、少年保護官或家事調查官兼任，不另列等。少年調查官、少年保護官及家事調查員，薦任第七職等至第九職等；主任調查保護官，薦任第九職等至簡任第十職等；心理測驗員及心理輔導員，薦任第六職等至第八職等；佐理員，委任第四職等至第五職等，其中二分之一得列薦任第六職等。」調查保護室之主任調查保護官，應就具有少年調查官、少年保護官或家事調查官及擬任職務所列職等之任用資格，並有領導才能者遴任之（少年及家事法院組織法第23條）。主任調查保護官、組長、少年調查官、少年保護官、家事調查官、心理測驗員、心理輔導員及佐理員應受院長之行政監督。少年調查官、少年保護官、家事調查官執行職務應受庭長、法官之指揮監督。少年調查官、家事調查官應協助司法事務官執行職務。心理測驗員、心理輔導員執行職務，應服從庭長、法官、司法事務官、少年調查官、少年保護官及家事調查官之指揮監督。書記官、佐理及執達員隨同司法事務官、少年調查官、少年保護官或家事調查官執行職務者，應服從其指揮監督。調查

保護室之事務分配，由主任調查保護官報請院長決定之（地方法院及其分院處務規程第53條、第53-1條、第53-2條、第53-3條、第54條）。

五、公證處

法院組織法第19條規定：「地方法院設公證處，置公證人及佐理員；公證人在二人以上者，置主任公證人。公證人，薦任第七職等至第九職等；主任公證人，薦任第九職等或簡任第十職等；佐理員，委任第三職等至第五職等。」公證人有二人以上者，以一人為主任公證人，處理並監督公證處之行政事務（公證法第22條第2項）。主任公證人，應就具有公證人及擬任職等任用資格，並有領導才能者遴任之（司法人員人事條例第24條）。公證人辦理公證事務，應受院長之行政監督，院長並得指定民事庭庭長督導之。主任公證人辦理公證處一般行政事務，其事務之分配，由主任公證人報請院長定之（地方法院及其分院處務規程第56條第1項、第58條）。公證處配置之佐理員及其他人員，應受主任公證人、公證人或兼充公證人之法官或司法事務官指揮監督；公證分處之設立，應層報司法院核准（地方法院及其分院處務規程第59條、第60條）。

六、提存所

法院組織法第20條規定：「地方法院設提存所，置主任及佐理員。主任，薦任第九職等或簡任第十職等；佐理員，委任第三職等至第五職等或薦任第六職等至第八職等。前項薦任佐理員員額，不得逾同一法院佐理員總額二分之一。」提存所置主任一人，佐理員及其他人員若干人，辦理提存事務。但法院得指定法官、司法事務官或書記官兼辦之（提存法第2條第1項、地方法院及其分院處務規程第62條）。提存所主任，應就具有司法人員人事條例第23條第1項第2款至第6款所列公證人任用資格之一者遴任之（司法人員人事條例第23條第2項）。提存所辦理事務應受院長之行政監督，院長並得指定民事庭庭長督導之。提存事件之准許或其他有關提存之處分，應由提存所主任或兼辦之司法事務官決定之。提存所之佐理員及其他人員，依主任或兼辦之司法事務官之命辦理提存事務（地方法院

及其分院處務規程第63條、第64條）。

七、登記處

法院組織法第21條規定：「地方法院設登記處，置主任及佐理員。主任，薦任第九職等或簡任第十職等；佐理員，委任第三職等至第五職等或薦任第六職等至第八職等。前項薦任佐理員員額，不得逾同一法院佐理員總額二分之一。」登記處主任，應就具有司法人員人事條例第23條第1項第2款至第6款所列公證人任用資格之一者遴任之（司法人員人事條例第23條第2項）。登記處置主任一人，佐理員及其他人員若干人。但法院得指定法官、司法事務官或書記官兼辦之。登記處辦理登記事件，應受院長之行政監督，院長並得指定民事庭庭長督導之（地方法院及其分院處務規程第67條、第68條）。

八、書記處

法院組織法第22條規定：「地方法院設書記處，置書記官長一人，薦任第九職等至簡任第十職等，承院長之命處理行政事務；一等書記官，薦任第八職等至第九職等；二等書記官，薦任第六職等至第七職等；三等書記官，委任第四職等至第五職等，分掌紀錄、文書、研究考核、總務、資料及訴訟輔導等事務，並得分科、分股辦事，科長由一等書記官兼任，股長由一等書記官或二等書記官兼任，均不另列等。前項一等書記官、二等書記官總額，不得逾同一法院一等書記官、二等書記官、三等書記官總額二分之一。」

地方法院書記處置書記官長一人，承院長之命處理行政事務，並指揮監督所屬書記官、法官助理及其他人員（地方法院及其分院處務規程第70條）。薦任書記官長，應就具有薦任法院書記官任用資格，並有領導才能者遴任之。簡任書記官長，應就具有簡任職任用資格，曾任薦任法院書記官、書記官長、司法行政人員三年以上，並有領導才能者遴任之（司法人員人事條例第20條）。書記官長因故不能執行職務時，應由院長指定適當人員代理。書記官以下職員因故不能執行職務時，由書記官長指定適當人

員代理之，並報告院長（地方法院及其分院處務規程第71條、第72條）。

　　書記處設民事紀錄科、刑事紀錄科、行政訴訟紀錄科、民事執行紀錄科、國民法官科、文書科、研究考核科、總務科、資料科及訴訟輔導科。其設有專業法庭、普通庭、簡易庭者，得各設紀錄科。各紀錄科視業務需要，並得分設一科至三科。各科置科長一人，並得視業務需要分股辦事；分股辦事者，各股得置股長一人。但在事物較簡之法院，得不分科或併科辦事。科長、股長，由地方法院陳報高等法院轉請司法院就一等書記官、一等書記官或二等書記官指派兼任之。書記處承辦文件除依法令屬於書記官職權者外，應送請各單位主管核轉院長核定。但一般例行文稿、例行報告表或以各單位名義行之者，得依其性質由庭長、法官、司法事務官或書記官長，或各該單位主管核定之（地方法院及其分院處務規程第73條、第76條）。

九、其他人員

　　地方法院及其分院通譯、執達員、法警及其他應行設置之人員，其任用資格依有關法律之規定（司法人員人事條例第26條）。

　　法院組織法第12條規定：「地方法院於必要時，得置法官助理，依聘用人員聘用條例聘用各種專業人員充任之；承法官之命，辦理訴訟案件程序之審查、法律問題之分析、資料之蒐集等事務（第6項）。具律師執業資格者，經聘用充任法官助理期間，計入其律師執業年資（第8項）。法官助理之遴聘、訓練、業務、管理及考核等相關事項，由司法院以命令定之（第9項）。」地方法院及其分院得視業務需要，置法官助理若干人；其遴聘、訓練、業務、管理及考核等事項，由司法院定之。法官助理應服從其配屬庭長、法官之指揮命令執行職務（地方法院及其分院處務規程第88-1條第1項、第88-2條第1項）。

　　法院組織法第23條規定：「地方法院置一等通譯，薦任第七職等至第八職等；二等通譯，薦任第六職等至第七職等；三等通譯，委任第四職等至第五職等；技士，委任第五職等或薦任第六職等至第七職等；執達員，委任第三職等至第五職等；錄事、庭務員，均委任第一職等至第三職

等。前項一等通譯、二等通譯總額，不得逾同一法院一等通譯、二等通譯、三等通譯總額二分之一。地方法院為辦理值庭、執行、警衛、解送人犯及有關司法警察事務，置法警；法警長，委任第五職等或薦任第六職等至第七職等；副法警長，委任第四職等至第五職等或薦任第六職等；法警，委任第三職等至第五職等；其管理辦法，由司法院會同行政院定之。地方法院因傳譯需要，應逐案約聘原住民族或其他各種語言之特約通譯；其約聘辦法，由司法院定之。」地方法院及其分院各置法警若干人，其管理辦法及執行職務注意事項另定之（地方法院及其分院處務規程第91條）。

第四款 管理機構

地方法院及其分院設人事室、會計室、統計室及政風室，依照法令分別辦理人事、歲計、會計、統計及政風事項（地方法院及其分院處務規程第92條）。

法院組織法第24條規定：「地方法院設人事室，置主任一人，薦任第八職等至第九職等，副主任一人，薦任第七職至第九職等；必要時得依法置佐理人員，依法律規定辦理人事管理、人事查核等事項。直轄市地方法院人事室，必要時得分股辦事，由佐理人員兼任之，不另列等。事務較簡之地方法院，得僅置人事管理員，委任第五職等至薦任第七職等。」

法院組織法第25條規定：「地方法院設會計室、統計室，各置主任一人，均薦任第八職等至第九職等；必要時得依法各置佐理人員，依法律規定分別辦理歲計、會計、統計等事項。直轄市地方法院會計室、統計室，必要時得分股辦事，均由佐理人員兼任，不另列等。事務較簡之地方法院，得僅置會計員、統計員、均委任第五職等至薦任第七職等。」

政風機構人員設置管理條例第2條第2項、第5條第1項、第6條、第7條規定，「全國政風業務，由法務部廉政署規劃、協調及指揮監督。各機關政風機構之設置，依各該機關之層級、業務屬性、組織編制及政風業務需求等因素定之；其設置標準，由主管機關擬訂，報行政院核定。政風機

構之名稱爲處、室；並得視業務之繁簡，下設次級單位辦事。政風處置處長，必要時得置副處長；政風室置主任。政風人員各職稱之官等職等及員額，依各機關組織法規或所適用之職務列等表規定辦理。」

人事室、會計室、統計室及政風室人員，應受院長之指揮監督。各室主辦文稿，應會由書記官長送陳院長核定（地方法院及其分院處務規程第93條、第94條）。

法院組織法第26條規定：「地方法院設資訊室，置主任一人，薦任第七職等至第九職等，承院長之命處理資訊室之行政事項；資訊管理師，薦任第六職等至第七職等，操作員，委任第三職等至第五職等；必要時得置設計師，薦任第六職等至第八職等，以處理資訊事項。」資訊室所主辦之文稿，應會由書記官長送陳院長核定（地方法院及其分院處務規程第89條第2項）。

第五款 地方法院分院

法院組織法第27條規定：「地方法院分院置院長一人，由法官兼任，簡任第十職等至第十二職等，綜理該分院行政事務。」同法第28條規定：「地方法院院長，得派本院法官兼行分院法官之職務。」關於地方法院分院之管轄事件，同法第29條規定：「地方法院分院管轄事件，與地方法院同。」地方法院分院審判訴訟案件及處理非訟事件應適用之規定，同法第6條規定：「地方法院分院審判訴訟案件及處理非訟事件，適用關於各該本院之規定。」同法第30條並規定：「第十一條至第二十六條規定，於地方法院分院準用之。」

第三節 少年及家事法院

第一項 少年及家事法院之設立

爲保障未成年人健全之自我成長，妥適處理家事紛爭，並考量少年事件處理法處理少年保護事件和少年刑事案件及家事事件法處理家事事件之

特殊及共通需求，且呼應各界期盼設立少年及家事法院之建議，爰參考日本家庭裁判所及韓國家庭法院專責管轄少年事件及家事事件之制度，依法院組織法第8條第2項，「在特定地區，因業務需要，得設專業地方法院；其組織及管轄等事項，以法律定之」之規定，制定少年及家事法院組織法，設立少年及家事法院，冀以增進司法專業效能（少年及家事法院組織法第1條）。

　　少年及家事法院組織法第3條規定：「少年及家事法院之設置地點，由司法院定之，並得視地理環境及案件多寡，增設少年及家事法院分院（第1項）。少年及家事法院管轄區域之劃分或變更，由司法院以命令定之（第2項）。」目前於高雄市設置高雄少年及家事法院，管轄高雄市行政區劃轄區內之少年保護事件、少年刑事案件及家事事件等三種類型，就法院層級而言與地方法院及其分院相同。

第二項　少年及家事法院之職權

　　少年及家事法院組織法第2條規定：「少年及家事法院，除法律別有規定外，管轄下列第一審事件：一、少年事件處理法之案件。二、家事事件法之事件。三、其他法律規定由少年及家事法庭、少年法院、地方法院少年法庭或家事法庭處理之事件。前項第二款及第三款所生非訟事件之抗告事件，除法律別有規定外，由少年及家事法院管轄。前二項事件，於未設少年及家事法院地區，由地方法院少年法庭、家事法庭辦理之。但得視實際情形，由專人兼辦之。第一項及第二項之第一審事件，由少年及家事法院所在地之地方法院檢察署檢察官對應執行之。」少年事件處理法第2條、第3條規定，十二歲以上十八歲未滿之少年觸犯刑罰法律之行為，或有該法第3條第2項所列非行行為，依其性格及環境有觸犯刑罰法律之虞者，有關少年保護事件及少年刑事案件，應由少年法院處理。同時，家事事件法第2條、第3條規定，該法第3條所列甲類、乙類、丙類、丁類、戊類及其他應由法院處理之家事事件，由少年及家事法院處理。至於所謂依其他法律規定管轄之事件，例如對於兒童及少年實施兒童及少年福利與權

益保障法、兒童及少年性剝削防制法、人口販運防制法或兒童及少年性交易防制條例所列犯罪之刑事案件及少年保護事件；觸犯毒品危害防制條例第十條所定犯罪，經檢察官聲請少年及家事法院應先裁定之少年保護事件等即屬之。

　　關於少年及家事法院法官行使審判之方式，少年及家事法院組織法第4條規定，「少年及家事法院審判案件，以法官一人獨任或三人合議行之。合議審判，以庭長充審判長；無庭長或庭長有事故時，以庭員中資深者充之，資同以年長者充之。獨任審判，即以該法官行審判長之職權。」

第三項　少年及家事法院之組織

第一款　概說

　　少年及家事法院之組織，包括其類別、編制、員額及職掌等事項。少年及家事法院組織法第5條規定：「少年及家事法院之類別及員額，依附表之規定。少年及家事法院應適用之類別及其變更，由司法院以命令定之。」依第5條第1項附表之說明所示，少年及家事法院每年受理案件二萬件以上者，為第一類；每年受理案件一萬件以上未滿二萬件者，為第二類；每年受理案件未滿一萬件者，為第三類。

一、法官

　　少年及家事法院組織法第6條第1項規定：「少年及家事法院置法官。」同法第50條規定，「本法未規定者，準用法院組織法及其他有關法律之規定。」少年及家事法院與地方法院及其分院在普通法院並列同一層級，均屬第一審法院，法院組織法第12條有關地方法院法官資格與任用之規定，於少年及家事法院準用之。從而，少年及家事法院法官，薦任第八職等至第九職等或簡任第十職等至第十一職等；試署法官，薦任第七職等至第九職等；候補法官，薦任第六職等至第八職等。實任法官繼續服務十年以上，成績優良，經審查合格者，得晉敘至簡任第十二職等至地十三職等；繼續服務十五年以上，成績優良，經審查合格者，得晉敘至簡任第

十二職等至第十四職等。少年及家事法院法官之編制及員額，應依其受理案件多寡及歸屬類別，分別決定之。

　　為確保少年及家事法院法官處理少年及家事事件之裁判品質、公信力及相關專業素養，少年及家事法院組織法第20條第1、2項規定：「少年及家事法院庭長及法官，應遴選具有處理少年或家事業務之學識、經歷及熱忱者任用之。前項遴選辦法，由司法院定之。」少年事件處理法第7條第2項與家事事件法第8條第2項亦有相同之規定。爰此，司法院訂頒改任少年及家事法院法官辦法，明定現職普通法院或其他專業法院法官申請改任少年及家事法院法官之資格及條件，並由法官遷調改任辦法第25條第2項所設改任專業法院法官遴選委員會辦理少年及家事法院法官之遴選。申請人應檢具相關資料或證明文件，其是否確具辦理少年事件或家事事件之學識、經驗、熱忱，則由司法院認定之。經改任委員會遴選合格之法官，取得改任少年及家事法院少年法庭或家事法庭法官之資格，有效期間為四年；逾有效期間未派任者，應重行遴選。具改任資格法官之派任，應由司法院院長依其遷調志願，再按其年資、期別、職務評定等項，擇品德、學識、工作、才能優良者，擬具與擬補職缺同額之遷調名單，提請司法院人事審議委員會審議擇優改任（改任少年及家事法院法官辦法參照）。

二、院長

　　少年及家事法院組織法第7條規定：「少年及家事法院置院長一人，由法官兼任，綜理全院行政事務。」依據同法第50條準用法院組織法第13條之規定，少年及家事法院院長，簡任第十職等至第十二職等。但直轄市地方法院兼任院長之法官，簡任第十一職等至第十三職等。關於少年及家事法院院長之遴任資格，準用司法人員人事條例第13條之規定，應就具有高等法院或其分院法官、高等法院或其分院檢察署檢察官及擬任職等任用資格，並有領導才能者遴任之。少年及家事法院院長職務屬於司法行政性質，為行政職務，其本職仍為法官，院長僅為兼職。是故，院長除依有關法令及受司法院及其所屬司法行政機關指揮監督綜理全院行政事務外，並應以一般法官身分，行使對於本院管轄少年事件或家事事件之審判職權。

但院長辦理屬於其本質之審判事務，關於類型、性質及數量等事項，在該管法院辦理司法年度事務分配時，由院長自行選定（各級法院法官辦理案件年度司法事務分配辦法第10條第1項）。

少年及家事法院院長之行政兼職，爲綜理全院行政事務。所謂綜理全院行政事務，包含甚廣，概括言之，約有以下數點（少年及家事法院處務規程第11條至第15條、第17條）：

(一)監督該管法院及其分院。

(二)綜理全院行政事務，處理院內事務得發布命令。

(三)下列事項之處理或審核：

1. 年度工作計畫之決定、變更、執行及考核。

2. 裁判書、辯護書及其他處分書類之審閱。

3. 重要行政文稿函件之核判。

4. 庭數之擬議及一般人事配置之核定。

5. 編製概算及預算案之提示。

6. 各單位工作之監督、指導及考核。

7. 上級機關重要命令執行之監督考核。

8. 人民陳訴事件之處理。

9. 所屬人員工作、操行、學識、能力考核、監督及任免、獎懲之擬議或核定。

10.向上級或有關機關建議或報告事項之核定。

11.其他有關院務之處理。

(四)考查該管法院及分院各類案件進行情形，並注意其辦案期限。

(五)有關行政事務之處理或法律見解之溝通。院長爲徵詢意見，得召集所屬有關職員舉行會議。

(六)爲謀審判業務及行政事務之改進，得指定人員從事研究、設計、審核等事項。

院長因故不能執行職務時，由資深庭長或院長指定之庭長代行其職務；其無庭長者，由資深法官或院長指定之法官代行其職務。前項情形應

層報司法院（少年及家事法院處務規程第16條）。

關於少年及家事法院院長之任期、調任與期間計算，法官法第11條第1項、第2項及第5項規定，「其他專業法院院長之任期爲三年，得連任一次。但司法院認爲確有必要者，得再延任之，其期間以三年爲限。前項院長不同審級之任期，應合併計算。司法院每年應對前項院長之品德、操守、執行職務之能力及參與審判工作之努力等事項，徵詢該院法官意見，並得參酌徵詢結果，對任期尚未屆滿者免兼院長職務。院長之調任、連任、延任、免兼等有關事項之辦法，由司法院定之」。司法院訂頒法院院長任期調任辦法，有關少年及家事法院院長任期、調任等事項，與地方法院同，詳如前述。

三、法庭

少年及家事法院組織法第8條規定：「少年及家事法院設少年法庭、家事法庭。少年法庭得分設保護庭、刑事庭；家事法庭得應法律規定或業務特性，分設專庭。」少年及家事法院並得設簡易庭，或指定專人辦理下列事件：(一)家事簡易訴訟程序事件；(二)家事小額訴訟程序事件；(三)家事調解事件（少年及家事法院處務規程第31條第1項）。少年及家事法院得視事務之繁簡，分設各庭；每庭各置庭長一人，並置法官若干人及書記官和其他必要人員。換言之，少年及家事法院之各庭庭數並非固定，應視受理案件之多寡、轄區事件之性質及處理事務之繁簡決定之。各庭庭數之設置，應層報司法院核備（少年及家事法院處務規程第18條、第27條）。院長應視業務需要、案件質（數）量、法官人力及庭長之專長，對庭數、股數及庭長辦理之事務，指定之。但辦理同一事務之法官人數，不得低於二人（各級法院法官辦理案件年度司法事務分配辦法第10條第2項）。

四、庭長

少年及家事法院組織法第9條規定：「少年及家事法院之庭長，除由兼任院長之法官兼任者外，餘由其他法官兼任，監督各該庭事務。」依據同法第50條準用法院組織法第15條之規定，少年及家事法院之庭長，簡

任第十職等至第十一職等或薦任第九職等。曾任高等法院或其分院法官二年以上，調少年及家事法院兼任院長或庭長之法官、法官者，得晉敘至簡任第十二職等至第十四職等。庭長之職務屬於司法行政性質，庭長之本職仍爲法官，庭長僅爲兼職。從而，庭長除依法令監督各該法庭之行政事務以外，仍應以法官身分，行使對於本院管轄少年事件或家事事件之審判職權。庭長之編制，應依少年法庭所分設之保護庭、刑事庭，家事法庭所分設各庭或專業法庭，以及少年及家事法院所設簡易庭之數額而爲決定。

關於庭長之遴任，少年及家事法院組織法第20條第1、2項規定：「少年及家事法院庭長，應遴選具有處理少年或家事業務之學識、經歷及熱忱者任用之。前項遴選辦法，由司法院定之。」司法院依據法官法第10條第2項立法授權，訂頒法院庭長遴任辦法，關於少年及家事法院庭長之遴任資格、條件、程序等事項，與同屬一審法院之地方法院相同，詳如前述。

少年及家事法院庭長應監督所屬本庭之行政事務，概括言之，庭長之職掌約有以下數點（少年及家事法院處務規程第19條）：

(一)本庭事務之監督。

(二)執行處事務之監督。

(三)本庭候補法官裁判書類之審閱。

(四)本庭評議之主持及評議簿之保管。

(五)本庭各項文稿之決行。

(六)本庭法官工作之考核與獎懲之擬議。

(七)配置本庭法官助理及其他職員工作之指揮及操行、學識、能力之監督、考核與獎懲之擬議。

(八)年終會議決議及院長交辦事項之處理。

(九)人民陳訴事件之調查及擬議。

(十)法律問題之研究。

(十一)抽籤或電腦分案事務之主持。

(十二)有關業務改進建議事項。

(十三)其他有關庭務之處理。

　　各庭庭長相互間行政事務之劃分與處理，由年終會議或院長徵詢有關庭長意見後決定之，並得以一人負責共同性之行政事務。庭長因故不能執行職務時，行政事務之代理應依法官法所定代理次序定之。合議審判由該庭庭長充審判長；無庭長或庭長有事故時，由庭員資深者充之，資同由年長者充之（少年及家事法院處務規程第20條、第21條）。

　　少年及家事法院組織法第4條第2項規定：「合議審判，以庭長充審判長；無庭長或庭長有事故時，以庭員中資深者充之，資同以年長者充之。」基於庭長對於本庭在司法行政方面監督行政事務之職責，並積極輔助審判事務，庭長對所屬本庭法官審理之案件，應注意有無拖延不結或遲延宣示判決、公告主文或交付裁判書原本等情事，並督促其從速辦理；庭長對本庭法官之言行操守，應隨時注意觀察，如發現有具體不法情事者，應即報請院長處理之；庭長審閱裁判書類及監督該庭法官認眞負責者，得酌予獎勵。其有疏失或懈怠情事者，應酌予議處（臺灣各地方法院行合議審判暨加強庭長監督責任實施要點第7點、第8點、第10點參照）。關於少年及家事法院庭長之任期及調任，依據法官法第11條之規定，少年及家事法院庭長之任期爲三年，得連任一次。但司法院認爲確有必要者，得再延任之，其期間以三年爲限（第1項）。庭長同審級之任期，應合併計算。其任期屆滿連任前，司法院應徵詢該庭長曾任職法院法官之意見（第3項）。司法院於庭長任期中，如發現有具體事證，足認其有不適任庭長之情事者，得對其免兼庭長職務（第4項）。關於庭長之調任、連任、延任、免兼等有關事項之辦法，依據同條第5項之立法授權，由司法院定之。

第三款　事務組織

一、執行處

　　少年及家事法院組織法第10條規定：「少年及家事法院爲辦理強制執行事務，得設執行處，或囑託地方法院民事執行處代爲執行。執行處置法官或司法事務官、書記官及執達員，辦理執行事務。」執行處法官或司

法事務官在二人以上者，得置庭長一人，監督該處事務；未置庭長者，由院長指定適當之人員監督之（少年及家事法院處務規程第36條）。依據同法第50條準用法院組織法第16條之規定，執行處之庭長，簡任第十職等至第十一職等或薦任第九職等。同一執行法官或司法事務官得配置書記官一至三人辦理執行事務。執行事件之進行及當事人書狀之處理，應由法官或司法事務官自行為之。書記官應受法官或司法事務官之指示辦理執行事項。執行處配置之執達員，其執行職務應受配屬之法官或司法事務官、書記官指揮監督。書記官或執達員經法官或司法事務官命為查封或其他執行行為者，應作成筆錄或報告送請法官或司法事務官核閱（少年及家事法院處務規程第37條、第39條、第41條、第43條）。

二、公設辯護人室

少年及家事法院組織法第11條規定，「少年及家事法院設公設辯護人室，置公設辯護人，薦任第七職等至第九職等或簡任第十職等至第十一職等；其公設辯護人合計在二人以上者，置主任公設辯護人，薦任第九職等或簡任第十職等至第十二職等。實任公設辯護人服務滿十五年以上，成績優良，經審查合格者，得晉敘至簡任第十二職等。曾任高等法院或其分院、智慧財產及商業法院公設辯護人四年以上，調少年及家事法院之公設辯護人，成績優良，經審查合格者，得晉敘至簡任第十二職等。曾任高等法院或其分院、智慧財產及商業法院公設辯護人之服務年資，合併計算。第二項、第三項之審查辦法，由司法院定之。具律師資格者於擔任公設辯護人期間，計入其律師執業期間。」依據同法第50條準用公設辯護人條例第8條第1項、第9條之規定，少年及家事法院主任公設辯護人，應就曾任少年及家事法院公設辯護人五年以上，成績優良者遴任之；公設辯護人有二人以上者，以一人為主任公設辯護人，監督及分配公設辯護事務。公設辯護人應受院長之行政監督（少年及家事法院處務規程第46條）。

三、司法事務官室

少年及家事法院組織法第12條規定：「少年及家事法院設司法事務

官室，置司法事務官，薦任第七職等至第九職等；司法事務官在二人以上者，置主任司法事務官一人，薦任第九職等至簡任第十職等。具律師執業資格者，擔任司法事務官期間，計入其律師執業年資。」主任司法事務官，應就具有司法事務官及擬任職務所列職等之任用資格，並有領導才能者遴任之（司法人員人事條例第20-1條第3項）。司法事務官之事務分配，由主任司法事務官報請院長決定之；未置主任司法事務官，由院長決定之。司法事務官應受院長之行政監督。司法事務官辦理事務，應受該管事務庭長之職務監督；未置庭長者，由院長指定適當之人員行使之（少年及家事法院處務規程第51條、第52條、第53條）。

四、調查保護室

少年及家事法院組織法第13條規定：「少年及家事法院設調查保護室，置少年調查官、少年保護官、家事調查員、心理測驗員、心理輔導員及佐理員。少年調查官、少年保護官及家事調查員合計二人以上者，置主任調查保護官一人；合計在六人以上者，得分組辦事，組長由少年調查官、少年保護官或家事調查官兼任，不另列等。少年調查官、少年保護官及家事調查員，薦任第七職等至第九職等；主任調查保護官，薦任第九職等至簡任第十職等；心理測驗員及心理輔導員，薦任第六職等至薦任第八職等；佐理員，委任第四職等至第五職等，其中二分之一得列薦任第六職等。」同法第23條並規定：「調查保護室之主任調查保護官，應就具有少年調查官、少年保護官或家事調查官及擬任職務所列職等之任用資格，並有領導才能者遴任之。」調查保護室之事務分配，由主任調查保護官報請院長決定之。主任調查保護官、組長、少年調查官、少年保護官、家事調查官、心理測驗員、心理輔導員及佐理員應受院長之行政監督。少年調查官、少年保護官、家事調查官執行職務應受主任調查保護官、組長之指揮監督。主任調查保護官、組長、少年調查官、少年保護官、家事調查官執行職務應受庭長、法官之指揮監督。少年調查官、家事調查官應協助司法事務官執行職務。心理測驗員、心理輔導員執行職務，應服從法官、司法事務官、少年調查官、少年保護官及家事調查官之指揮監督。書記官、佐

理及執達員隨同少年調查官、少年保護官或家事調查官執行職務者，應服從其指揮監督（少年及家事法院處務規程第62條至第66條）。

五、書記處

少年及家事法院組織法第14條規定，「少年及家事法院設書記處，置書記官長一人，薦任第九職等至簡任第十職等，承院長之命處理行政事務；一等書記官，薦任第八職等至第九職等；二等書記官，薦任第六職等至第七職等；三等書記官，委任第四職等至第五職等；分掌紀錄、強制執行、提存、文書、研究考核、總務、資料及訴訟輔導等事務，並得視業務需要分科、分股辦事，科長由一等書記官兼任，股長由一等書記官或二等書記官兼任，均不另列等。前項一等書記官、二等書記官總額，不得逾同一法院一等書記官、二等書記官、三等書記官總額二分之一。」

少年及家事法院書記處置書記官長一人，承院長之命，處理院內一般行政事務，並指揮監督所屬書記官、法官助理及其他人員（少年及家事法院處務規程第71條）。薦任書記官長，應就具有薦任法院書記官任用資格，並有領導才能者遴任之。簡任書記官長，應就具有簡任職任用資格，曾任薦任法院書記官、書記官長、司法行政人員三年以上，並有領導才能者遴任之（司法人員人事條例第20條）。書記官長因故不能執行職務時，應由院長指定適當人員代理之。科長因事故不能執行職務時，由書記官長指定代理人。其代理期間逾三日者，得報經院長核定。書記官以下職員因故不能執行職務時，由書記官長指定適當人員代理之，其代理期間逾三日者並報告院長（少年及家事法院處務規程第72條）。

書記處得分設少年紀錄科、家事紀錄科、執行紀錄科、文書科、研究考核科、總務科、資料科及訴訟輔導科。其設有專業法庭、簡易庭者，得各設紀錄科。各紀錄科視業務需要，並得分設一科至三科。各科置科長一人，其業務較繁者，得分股辦事；分股辦事者，各股得置股長一人。事物較簡者，得不分科或併科辦事。科長、股長，由法院層報司法院就一等書記官、一等書記官或二等書記官指派兼任之。書記處承辦文件，除依法令屬於書記官職權者外，應送請各單位主管核轉院長核定。但一般例行文

稿、例行報表或以各單位名義行之者，得依其性質由庭長、法官、司法事務官、書記官長或各該單位主管核定之（少年及家事法院處務規程第73條、第75條）。

六、其他人員

少年及家事法院通譯、執達員、法警及其他應行設置之人員，其任用資格依有關法律之規定（司法人員人事條例第26條）。

少年及家事法院組織法第6條規定：「少年及家事法院於必要時，得置法官助理，依相關法令聘用各種專業人員充任之；承法官之命，辦理訴訟案件程序之審查、法律問題之分析、資料之蒐集等事務（第2項）。具律師執業資格者，經聘用充任法官助理期間，計入其律師執業年資（第3項）。」少年及家事法院得視業務需要，置法官助理若干人。法官助理應服從其配屬庭長、法官之指揮命令執行職務（少年及家事法院處務規程第85條第1項、第3項）。

少年及家事法院組織法第15條規定，「少年及家事法院置一等通譯，薦任第七職等至第八職等；二等通譯，薦任第六職等至第七職等；三等通譯，委任第四職等至第五職等；技士，委任第五職等或薦任第六職等至第七職等；執達員，委任第三職等至第五職等；錄事、庭務員，均委任第一職等至第三職等。前項一等通譯、二等通譯總額，不得逾同一法院一等通譯、二等通譯、三等通譯總額二分之一。少年及家事法院為辦理值庭、執行、警衛、解送人犯及有關司法警察事務，置法警；法警長，委任第五職等或薦任第六職等至第七職等；副法警長，委任第四職等至第五職等或薦任第六職等；法警，委任第三職等至第五職等。」法警執行職務注意事項及其管理、服制、訓練、考核、監督等，均依法警管理辦法及其相關法令規定辦理（少年及家事法院處務規程第86條第2項）。

第四款　管理機構

少年及家事法院設人事室、會計室、統計室、政風室及資訊室，辦理人事管理、歲計、會計、統計、政風及資訊事項（少年及家事法院處務規

程第87條）。

　　少年及家事法院組織法第16條規定：「少年及家事法院設人事室，置主任一人，薦任第八職等至第九職等；科員，委任第五職等或薦任第六職至第七職等，依法辦理人事事項。」

　　少年及家事法院組織法第17條規定：「少年及家事法院設會計室、統計室，各置會計主任、統計主任一人，均薦任第八職等至第九職等；科員，委任第五職等或薦任第六職至第七職等，依法分別辦理歲計、會計、統計等事項。」

　　少年及家事法院組織法第18條規定：「少年及家事法院設政風室，置主任一人，薦任第八職等至第九職等；科員，委任第五職等或薦任第六職至第七職等，依法辦理政風事項。」政風機構人員設置管理條例規定，全國政風業務，由法務部廉政署規劃、協調及指揮監督（第2條第2項）。各機關政風機構之設置，依各該機關之層級、業務屬性、組織編制及政風業務需求等因素定之；其設置標準，由主管機關擬訂，報行政院核定（第5條第1項）。政風機構之名稱為處、室；並得視業務之繁簡，下設次級單位辦事。政風處置處長，必要時得置副處長；政風室置主任（第6條）。政風人員各職稱之官等職等及員額，依各機關組織法規或所適用之職務列等表規定辦理（第7條）。

　　少年及家事法院組織法第19條規定：「少年及家事法院設資訊室，置主任一人，薦任第八職等至第九職等，承院長之命處理資訊室之行政事項；資訊管理師，薦任第七職等；助理設計師，委任第四職等至第五職等，其中二分之一得列薦任第六職等，處理資訊事項。」

　　人事室、會計室、統計室、政風室及資訊室等單位之人員，應受院長之指揮監督。各單位主辦之文稿，應會由書記官長送陳院長核定。人事室主任，依法主辦人事管理事務；會計室主任，依法主辦會計事務；統計室主任，依法主辦統計事務；政風室主任，依法主辦政風事務；資訊室主任，依法主辦資訊管理事務，均受院長之指揮監督（少年及家事法院處務規程第87條、第88條、第90條、第92條、第94條、第96條、第98條）。

第五款 少年及家事法院分院

少年及家事法院組織法第3條第1項規定：「少年及家事法院之設置地點，由司法院定之，並得視地理環境及案件多寡，增設少年及家事法院分院。」同法第51條並規定：「本法於少年及家事法院分院及於未設少年及家事法院地區之地方法院少年法庭、家事法庭準用之。」

第四節 高等法院

第一項 高等法院之設立

法院組織法第31條規定：「省、直轄市或特別區域各設高等法院。但得視其地理環境及案件多寡，增設高等法院分院；或合設高等法院；或將其轄區之一部劃歸其他高等法院或其分院，不受行政區劃之限制。」以上規定，是為高等法院設立之法律準據。

高等法院之設立區域，原則上係以一省、一直轄市或一特別區域之行政區劃為劃分標準，但亦有其例外。如基於幅員遼闊或人口總數等地理環境及受理案件性質及數額多寡等因素之考量，亦得在同一省、直轄市或特別區域內增設高等法院分院或合設高等法院，或將某一高等法院轄區之一部劃歸其他高等法院或其分院管轄，不受省、直轄市及特別區域轄區劃分之限制。例如在臺北市及臺灣省二行政區劃內合設一所臺灣高等法院，及將高雄市劃歸臺灣高等法院高雄分院管轄，不另行設立高雄市高等法院等即是。依據法院組織法第7條之授權，高等法院及其分院管轄區域之劃分或變更，由司法院定之。

第二項 高等法院之職權

法院組織法第32條規定：「高等法院管轄事件如下：一、關於內亂、外患及妨害國交之刑事第一審訴訟案件。二、不服地方法院及其分院第一審判決而上訴之民事、刑事訴訟案件。但法律另有規定者，從其規

定。三、不服地方法院及其分院裁定而抗告之案件。但法律另有規定者，從其規定。四、其他法律規定之訴訟案件。」

刑法第100條至第119條關於內亂、外患及妨害國交之罪，關涉國家之安定與安全及國際和平之維繫與促進，應審慎處理，且有速審速結之必要，故而歸由高等法院管轄此類案件之第一審訴訟程序及由最高法院管轄其第二審上訴程序，並為終審，以收嚴懲凶頑、穩定社稷之實效。刑事訴訟法第4條但書規定，內亂罪、外患罪及妨害國交罪之第一審管轄權歸屬於高等法院，為高等法院之特別管轄事件。

不服地方法院及其分院第一審判決而上訴之民事、刑事訴訟案件，以及不服地方法院及其分院裁定而抗告之案件，則屬高等法院之普通管轄事件。但不服地方法院及其分院裁定而抗告之案件，不以民事及刑事事件之裁定為限，舉凡法律規定得為抗告之事件，諸如對於地方法院依非訟事件法所為駁回聲請或侵害權利之裁定，或依公證法所為駁回公證異議之裁定等，當事人均得提起抗告。此類抗告事件，管轄權亦歸屬於高等法院，並為高等法院之普通管轄事件。但關於不服地方法院行政訴訟庭所為之裁判而上訴或抗告之案件，係由高等行政法院管轄，非由高等法院管轄，爰明定法律另有規定者，從其規定之除外規定。

所謂其他法律規定之訴訟案件，例如依據殘害人群治罪條例第6條之規定關於犯本條例所定之罪者，其第一審訴訟由高等法院或其分院管轄；依據公職人員選舉罷免法第126條第2款之規定，不服地方法院或其分院第一審判決而上訴之選舉、罷免訴訟事件，由該管高等法院或其分院管轄等，均屬高等法院依其他法律規定所管轄之訴訟案件。

第三項　高等法院之組織

第一款　概說

高等法院之組織，包括高等法院之類別、編制、員額及職掌等事項。法院組織法第33條規定：「高等法院或其分院之類別及員額，依附表之規定。高等法院或其分院應適用之類別及變更，由司法院定之。」依據

前條第1項附表之說明，高等法院或其分院共分五類，每年受理案件4萬件以上者，為第一類。每年受理案件2萬件以上未滿4萬件者，為第二類。每年受理案件1萬件以上未滿2萬件者，為第三類。每年受理案件5,000件以上未滿1萬件者，為第四類。每年受理案件未滿5,000件者，為第五類。

　　高等法院或其分院依司法院所定類別歸屬定其編制及員額，司法院並得基於司法行政權行使之權限，按高等法院或其分院受理案件之增減，隨時變更其所適用之類別。是以，每年案件受理之數額，即成為區分高等法院及其分院類別及調整編制和員額之重要參據。至於每年之起始日與終止日，應以司法年度計算，依法院組織法第77條之規定，司法年度自1月1日起至12月31日止。

第二款　審判組織

一、法官

　　法院組織法第34條第1項至第3項、第5項規定：「高等法院置法官，簡任第十職等至第十一職等或薦任第九職等；試署法官，薦任第七職等至第九職等。高等法院法官繼續服務二年以上，得晉敘至簡任第十二職等至第十四職等；依第十二條第二項規定晉敘有案者，得敘至簡任第十二職等至第十三職等或簡任第十二職等至第十四職等。司法院因應高等法院業務需要，得調地方法院或其分院試署法官或候補法官至高等法院辦事，承法官之命，辦理訴訟案件程序及實體之審查、法律問題之分析、資料之蒐集、裁判書之草擬等事務。試署法官或候補法官調高等法院辦事期間，計入其試署或候補法官年資。」高等法院法官之編制及員額，應依其所歸屬之類別，分別決定之。

二、院長

　　法院組織法第35條規定：「高等法院置院長一人，由法官兼任，簡任第十三職等至第十四職等，綜理全院行政事務。」關於高等法院院長之遴任資格，司法人員人事條例第14條規定：「高等法院及其分院院長，應

就具有最高法院法官、最高法院檢察署檢察官資格，並有領導才能者遴任之。」高等法院院長之職務屬於司法行政性質，其本職仍為法官，院長僅為兼職，故而院長除應依法綜理全院行政事務以外，仍應以法官身分，行使對於訴訟案件之審判職權，與其他法官之審判職權並無不同。但院長職兼行政主管業務，綜理全院行政事務，院長辦理屬於本職之審判事務，關於民事、刑事或其他專業類型案件及其性質、數量等事項，在該管法院辦理司法年度事務分配時，由院長自行選定（各級法院法官辦理案件年度司法事務分配辦法第10條第1項）。

　　高等法院院長之行政兼職，為綜理全院行政事務。所謂綜理全院行政事務，包含甚廣，概括言之，約有以下數點（高等法院及其分院處務規程等7條至第12條）：

(一)監督該管法院及其分院與所屬地方法院及其分院。高等法院分院院長監督該管分院與轄區內地方法院及其分院。

(二)依法令行使職權得發布命令。

(三)處理或核定下列事項：

1. 年度工作計畫之決定、變更、執行及考核。

2. 庭長、法官裁判書類正本之研閱及公設辯護人辯護書類之核閱。

3. 重要行政文稿函件之核判。

4. 民刑事庭、專業法庭庭數之擬議及一般人事配置之核定。

5. 上級機關重要行政命令執行之監督考核。

6. 人民陳訴事件之處理。

7. 所屬職員工作操行學識能力考核監督及任免獎懲之擬議或核定。

8. 向上級或有關機關建議或報告事項之核定。

9. 其他有關重要行政事務之處理。

(四)對於該管法院及其分院與所屬地方法院及其分院民刑事案件、非訟事件及其他法律規定之案件，應隨時考查其進行情形，並注意其辦案期限。分院院長對於該管分院與轄區內地方法院及其分院之事務亦同。

(五)有關行政事務或法律見解之溝通。為徵詢意見，得召集所屬有關

職員舉行會議。

(六)得視該管法院及其分院與所屬地方法院及其分院事務之增減及業
務之需要，擬具年度概算，報請司法院核辦。

　　院長因故不能執行職務時，由資深庭長或院長指定之庭長代行其職
務，並應陳報司法院（高等法院及其分院處務規程第13條）。

　　關於高等法院及其分院院長之任期、調任與期間計算，法官法規
定，高等法院以下各法院及高等行政法院、其他專業法院院長、庭長之任
期為三年，得連任一次。但司法院認為確有必要者，得再延任之，其期間
以三年為限（第11條第1項）。前項院長不同審級之任期，應合併計算。
司法院每年應對前項院長之品德、操守、執行職務之能力及參與審判工作
之努力等事項，徵詢該院法官意見，並得參酌徵詢結果，對任期尚未屆滿
者免兼院長職務（第2項）。院長之調任、連任、延任、免兼等有關事項
之辦法，由司法院定之（第5項）。司法院訂頒法院院長任期調任辦法，
詳如前述。

三、法庭

　　法院組織法第36條前段規定：「高等法院分設民事庭、刑事庭，其
庭數視事務之繁簡定之；必要時得設專業法庭。」同法第14-1條第1項規
定：「地方法院與高等法院分設刑事強制處分庭，辦理偵查中強制處分聲
請案件之審核。但司法院得視法院員額及事務繁簡，指定不設刑事強制處
分庭之法院[6]。」高等法院分設民事庭、刑事庭及專業法庭之庭數並非固
定，應視所屬法院受理案件之多寡、轄區事件之性質及處理事務之繁簡而
分別決定之。庭數之設置，應報司法院核備（高等法院及其分院處務規程
第14條第2項）。

　　高等法院分設民事庭、刑事庭，為法院行使法定職掌所常設之審判
組織，每庭置庭長一人、法官若干人（高等法院及其分院處務規程第14條

---

[6]　立法院於民國105年6月22日通過修正條文附帶決議：第一類法院應設刑事強制處分
　　庭，第二、三類法院則得視法院員額及事務繁簡以專股代替，其餘法院得不設立。

第1項），必要時並得依有關法令指定專人或另設專業法庭處理之。例如依據勞動事件法第4條之規定設立勞動法庭處理勞動事件依據勞資爭議處理法第6條之規定設勞工法庭審理權利事項勞資爭議；依據少年事件處理法第5條第3項之規定設少年法庭處理少年保護事件及少年刑事案件；依據公職人員選舉罷免法第127條設選舉法庭審理公職人員選舉、罷免訴訟，以及分設家事、工程、醫療、貪瀆、金融等專業法庭處理依其他法令應由法院管轄之專業案件等均屬之。但事務較簡者，高等法院得指定人員兼辦之，尚無另設專業法庭之必要（高等法院及其分院處務規程第24條）。各個專業法庭於必要時得置庭長，綜理全庭行政事務，並視事務繁簡配置法官、書記官及其他必要人員，與一般民事庭、刑事庭人員之配置情形並無不同（高等法院及其分院處務規程第25條）。

四、庭長

法院組織法第36條後段規定：「各庭庭長，除由兼任院長之法官兼任者外，餘由其他法官兼任，簡任第十一職等至第十三職等，監督各該庭事務。」庭長之職務屬於司法行政性質，庭長之本職仍為法官，庭長僅為兼職，庭長除依法令監督各該法庭之行政事務外，仍應以法官身分，行使對於訴訟案件之審判職權，與未兼庭長法官之審判職權並無不同。惟高等法院所設庭數既非固定，各庭庭長之員額亦非固定。各個高等法院庭長之編制，應依所屬高等法院所設法庭數額而為決定。

司法院依法官法第10條第2項之立法授權，訂頒法院庭長遴任辦法，明定庭長之遴任資格、條件等有關事項，以落實與庭長行政職務人事事項有關之技術性與細節性之通盤性規定。高等法院及其分院庭長應就具有下列各款資格之一者，擇優遴任（法院庭長遴任辦法第6條）：

(一)曾任一審法院院長，或二審法院院長、庭長，或三審法院庭長、法官，或由法官轉任之司法院副秘書長、各廳處長、法官學院院長、特任人員或其他法律明定年資及待遇依相當職務之法官、檢察官列計之人員。

(二)現任高等法院及其分院實任法官一年以上，並曾任二審法院法官

合計四年以上。

法官最近五年曾受懲戒處分，或記過以上之懲處處分，或司法院院長依法官法第21條第1項所為職務監督處分者，不予遴任為庭長（法院庭長遴任辦法第4條）。

高等法院（二審法院）庭長之遴任程序，概述如下（法院庭長遴任辦法第11條）：

(一)由司法院將符合遴任資格者，參酌法務部司法官學院司法官班結業期別，按其選定參加票選及推薦之事務類別分別造具名冊，逕送冊列人員所屬法院及直接上級審法院辦理票選，並送司法院指定之所在地律師公會辦理推薦。

(二)所屬法院及直接上級審法院應於司法院指定時間同時辦理票選，由所屬法院及直接上級審法院院長、庭長、法官（含調派該院辦理審判事務者）以無記名限制連記法秘密投入指定票匭，連記人數不得逾冊列人數二分之一。列入二審法院庭長票選名冊人員依選定參加票選及推薦之事務類別，其直接上級審法院分別為最高法院、最高行政法院。

(三)所在地律師公會辦理推薦時，應於司法院指定期間內，就冊列人員秘密推薦之，其推薦人數不得逾冊列人數三分之一。但冊列人數不滿三人者，得推薦一人。

(四)司法院得視法院業務需要，將符合遴任資格且志願調任人員名冊，送請所屬法院及擬補職缺法院表示意見。司法院院長得參考徵詢結果並審酌本辦法第11條第7項各款所列相關情形，擬具與擬補職缺同額之遷調名單，連同候選人名冊，提請司法院人事審議委員會審議。

高等法院各庭庭長之行政兼職，為監督各該法庭之行政事務，概括言之，庭長之職掌約有以下數點（高等法院及其分院處務規程第15條、第26條）：

(一)本庭事務之監督。

㈡本庭評議簿之保管。

　　㈢本庭各項文稿之決行。

　　㈣配置本庭職員之工作、操行、學識、能力之考核監督與獎懲之擬議。

　　㈤人民陳訴事件之調查及擬議。

　　㈥發回更審裁判原因之審查。

　　㈦法律問題之研究。

　　㈧抽籤或電腦分案事務之主持。

　　㈨其他有關庭務之處理。

　　庭長各有二人以上，其相互間行政事務之劃分與處理，由年終會議或由院長徵詢有關庭長意見後定之。並得以一人負責共同性之行政事務。其中一人因故不能執行職務者，其行政事務應分別互為代理；合議審判審判長由該庭庭員中資深者充之，資同以年長者充之（高等法院及其分院處務規程第16條、第17條）。

　　法院組織法第4條第1項規定：「合議審判，以庭長充審判長；無庭長或庭長有事故時，以庭員中資深者充之，資同以年長者充之。」關於高等法院及其分院庭長之任期及調任，依據法官法第11條第1項、第3項及第4項之規定，高等法院及其分院庭長之任期為三年，得連任一次。但司法院認為確有必要者，得再延任之，其期間以三年為限。庭長同審級之任期，應合併計算。其任期屆滿連任前，司法院應徵詢該庭長曾任職法院法官之意見。司法院於庭長任期中，如發現有具體事證，足認其有不適任庭長之情事者，得對其免兼庭長職務。關於庭長之調任、連任、延任、免兼等有關事項之辦法，依據同條第5項之立法授權，由司法院定之。

第三款　事務組織

一、公設辯護人室

　　法院組織法第37條規定：「高等法院設公設辯護人室，置公設辯護人，簡任第十職等至第十一職等或薦任第九職等；其公設辯護人在二人以

上者，置主任公設辯護人，簡任第十職等至第十二職等。前項公設辯護人繼續服務四年以上，成績優良，經審查合格者，得晉敘至簡任第十二職等；已依第十七條第二項、第三項、少年及家事法院組織法第十一條第二項、第三項規定晉敘有案者，得敘至簡任第十二職等。前項公設辯護人之服務年資與曾任高等法院分院、智慧財產及商業法院公設辯護人之服務年資，合併計算。第二項之審查辦法，由司法院定之。」公設辯護人條例第8條第2項、第3項規定，「高等法院及其分院公設辯護人，應就曾任地方法院或其分院主任公設辯護人二年以上或公設辯護人七年以上，成績優良者遴任之。高等法院及其分院主任公設辯護人，應就曾任高等法院或其分院公設辯護人五年以上，成績優良者遴任之。」公設辯護人應受院長之行政監督。法院為當事人之訴訟案件，得指派公設辯護人代理（高等法院及其分院處務規程第27條、第31條）。

二、書記處

　　法院組織法第38條規定：「高等法院設書記處，置書記官長一人，薦任第九職等至簡任第十一職等，承院長之命處理行政事務；一等書記官，薦任第八職等至第九職等；二等書記官，薦任第六職等至第七職等；三等書記官，委任第四職等至第五職等，分掌紀錄、文書、研究考核、總務、資料及訴訟輔導事務，並得分科、分股辦事，科長由一等書記官兼任；股長由一等書記官或二等書記官兼任，均不另列等。前項一等書記官、二等書記官總額，不得逾同一法院一等書記官、二等書記官、三等書記官總額二分之一。」

　　高等法院及其分院置書記官長一人，承院長之命，處理各該院一般行政事務，並指揮監督所屬書記官、法官助理及其他人員。薦任書記官長，應就具有薦任法院書記官任用資格，並有領導才能者遴任之。簡任書記官長，應就具有簡任職任用資格，曾任薦任法院書記官、書記官長、司法行政人員三年以上，並有領導才能者遴任之（司法人員人事條例第20條）。書記官長因故不能執行職務時，應由院長指定適當人員代理。書記官以下職員因故不能執行職務時，由書記官長指定適當人員代理之，並報告院長。

書記處設民事紀錄科、刑事紀錄科、文書科、研究考核科、總務科、資料科及訴訟輔導科。其設有專業法庭者，得設專業法庭紀錄科。各紀錄科視業務需要，並得分設一至三科。各科置科長一人，並得視業務需要分股辦事。但在事務較簡之法院，得不分科或併科辦事。科長、股長均屬行政兼職，由高等法院陳報司法院就科長以一等書記官及股長以一等書記官或二等書記官指派兼任之。書記處承辦文件，除依法令屬於書記官職權者外，應送請各單位主管核轉院長核定。但一般例行文稿、例行報表或以各單位名義行之者，得依其性質由庭長、法官或書記官長或各該單位主管核定之（高等法院及其分院處務規程第33條至第35條、第37條）。

三、其他人員

法院組織法第34條規定：「高等法院於必要時得置法官助理，依聘用人員聘用條例聘用各種專業人員充任之，承法官之命，辦理訴訟案件程序及實體之審查、法律問題之分析、資料之蒐集、裁判書之草擬等事務（第4項）。具律師執業資格者，經聘用充任法官助理期間，計入其律師執業年資（第6項）。」書記處得視業務需要，置法官助理若干人，其遴聘、訓練、業務、管理及考核等相關事項，由司法院定之。法官助理應服從其配屬庭長、法官之指揮命令執行職務，並應服從依法院組織法第34條第3項規定，調高等法院及其分院，承其配屬庭長、法官之命辦事之試署或候補法官，於職務權限內之指揮命令執行職務。但該試署或候補法官之指揮命令與其配置庭長、法官之指揮命令有牴觸者，應服從其配屬庭長、法官之指揮命令（高等法院及其分院處務規程第35條第4項、第39條第1項、第48-2條第1項）。

法院組織法第39條規定：「高等法院置一等通譯，薦任第八職等至第九職等；二等通譯，薦任第六職等至第七職等；三等通譯，委任第四職等至第五職等；技士，委任第五職等或薦任第六職等至第七職等；執達員，委任第三職等至第五職等；錄事、庭務員，均委任第一職等至第三職等。前項一等通譯、二等通譯總額，不得逾同一法院一等通譯、二等通譯、三等通譯總額二分之一。第二十三條第三項、第四項之規定，於高等

法院或其分院準用之。」基於上述準用法院組織法第23條第3項及第4項之規定，地方法院為辦理值庭、執行、警衛、解送人犯及有關司法警察事務，置法警；法警長，委任第五職等或薦任第六職等至第七職等；副法警長，委任第四職等至第五職等或薦任第六職等；法警，委任第三職等至第五職等；其管理辦法，由司法院會同行政院定之。地方法院因傳譯需要，應逐案約聘原住民族或其他各種語言之特約通譯；其約聘辦法，由司法院定之。關於法警送達、解送人犯或少年、候審戒護、值庭、具保責付、拘提、搜索扣押、協助民事強制執行、警衛、值日事項等職務之管理要點及執行職務注意事項，另定之（高等法院及其分院處務規程第51條第2項）。

第四款　管理機構

　　高等法院設人事室、會計室、統計室及政風室、各室置主任一人，並依業務性質分科辦事。高等法院分院除不分科外，準用前項規定。前條人員應受院長之指揮。其所主辦之文稿，應會由書記官長送陳院長核定（高等法院及其分院處務規程第52條、第53條）。

　　法院組織法第40條規定：「高等法院設人事室，置主任一人，簡任第十職等，副主任一人，薦任第九職或簡任第十職等；科員，委任第四職等至第五職等或薦任第六職等至第七職等，其中薦任科員不得逾同一法院科員總額三分之一，依法律規定辦理人事管理、人事查核等事項，並得分科辦事；科長，薦任第九職等。」

　　政風機構人員設置管理條例規定，全國政風業務，由法務部廉政署規劃、協調及指揮監督（第2條第2項）。各機關政風機構之設置，依各該機關之層級、業務屬性、組織編制及政風業務需求等因素定之；其設置標準，由主管機關擬訂，報行政院核定（第5條第1項）。政風機構之名稱為處、室；並得視業務之繁簡，下設次級單位辦事。政風處置處長，必要時得置副處長；政風室置主任（第6條）。政風人員各職稱之官等職等及員額，依各機關組織法規或所適用之職務列等表規定辦理（第7條）。

法院組織法第41條規定：「高等法院設會計室、統計室，各置主任一人，均簡任第十職等；必要時得依法各置佐理人員，依法律規定分別辦理歲計、會計、統計等事項，並得分科辦事；科長，薦任第九職等。」

法院組織法第42條規定：「高等法院設資訊室，置主任一人，簡任第十職等，承院長之命處理資訊室之行政事項；資訊管理師，薦任第六職等至第七職等，操作員，委任第三職等至第五職等；必要時得置科長、設計師，科長，薦任第九職等，設計師，薦任第六職等至第八職等，處理資訊事項。」資訊室所主辦之文稿，應會由書記官長送陳院長核定（高等法院及其分院處務規程第49條第2項）。

第五款　高等法院分院

法院組織法第43條規定：「高等法院分院置院長一人，由法官兼任，簡任第十二職等至第十四職等，綜理該分院行政事務。」同法第44條規定：「高等法院院長得派本院法官兼行分院法官職務。」關於高等法院分院之審判職權及組織事項，法院組織法第6條規定，「高等法院分院審判訴訟案件，適用關於各該本院之規定」。同法第45條規定：「高等法院分院管轄事件，與高等法院同。」同法第46條規定：「第三十四條至第四十二條之規定，於高等法院分院準用之。」

第五節　高等行政法院

第一項　高等行政法院之設立

行政法院組織法第6條規定：「省、直轄市或特別區域各設高等行政法院。但其轄區狹小或事務較簡者，得合數省、市或特別區域設一高等行政法院，其轄區遼闊或事務較繁者，得增設之。高等行政法院管轄區域之劃分或變更，由司法院定之。」以上規定，是為高等行政法院設立之法律準據。

高等行政法院之設立區域，原則上係以一省、一直轄市或一特別區域

之行政區劃為劃分標準，但亦有其例外。如基於幅員遼闊或人口總數等地理環境及受理案件性質或數額多寡等因素，亦得在同一省、直轄市或特別區域內增設高等行政法院，或在數省、直轄市或特別區域合設一所高等行政法院，不受省、直轄市或特別區域行政區劃之限制。例如在臺澎金馬區域內臺灣省各縣市，福建省連江縣及金門縣，臺北市、新北市、桃園市、臺中市、臺南市及高雄市等直轄市轄境內分設臺北、臺中、高雄三所高等行政法院，臺北高等行政法院管轄區域包括臺北市、新北市、桃園市、新竹、基隆、宜蘭、花蓮、金門、馬祖；臺中高等行政法院管轄區域包括臺中市、苗栗、南投、彰化、雲林；高雄高等行政法院管轄區域包括高雄市、臺南市、嘉義、屏東、臺東、澎湖及東沙島、太平島等，其管轄區域不受行政區劃之限制是。高等行政法院管轄區域之劃分或變更，由司法院定之。

第二項　高等行政法院之職權

行政法院組織法第7條規定：「高等行政法院管轄事件如下：一、不服訴願決定或法律規定視同訴願決定，提起之行政訴訟通常訴訟程序事件。但法律另有規定者從其規定。二、不服地方法院行政訴訟庭第一審判決而上訴之事件。三、不服地方法院行政訴訟庭裁定而抗告之事件。四、其他依法律規定由高等行政法院管轄之事件。」

所謂不服訴願決定或法律規定視同訴願決定所提起之行政訴訟通常訴訟程序事件，係指依行政訴訟法第4條、第5條之規定，人民因中央或地方機關之違法行政處分，或對其依法申請之案件，於法令所定期間內應作為而不作為，或予以駁回，而認為其權利或法律上利益受損害者，經依訴願法提起訴願，對於訴願決定或視同訴願決定仍有不服時，得依行政訴訟法規定，向行政法院提起撤銷訴訟，或請求該行政機關應為行政處分或應為特定內容之行政處分之通常訴訟程序行政訴訟而言。依行政訴訟法第104-1條之規定，適用通常訴訟程序之事件，以高等行政法院為第一審管轄法院。

但法律另有規定，行政訴訟不以對於訴願法所定訴願決定或法律規定視同訴願決定不服爲前提亦得提起，並以高等行政法院爲第一審管轄法院者，則應從其規定。例如依行政訴訟法第6條之規定，提起確認行政處分無效及公法上法律關係成立或不成立之訴訟；依同法第8條之規定，請求因公法上原因發生財產上給付及作成行政處分以外之其他非財產上給付之訴訟；或依同法第9條之規定，人民爲維護公益，得就無關自己權利及法律上利益之事項，以法律規定者爲限，對於行政機關之違法行爲提起公益訴訟等，因不屬同法第229條第2項所列舉簡易行政訴訟事件，其第一審訴訟程序應由高等行政法院管轄。

　　行政訴訟法第229條第1項至第3項規定：「適用簡易訴訟程序之事件，以地方法院行政訴訟庭爲第一審管轄法院。下列各款行政訴訟事件，除本法別有規定外，適用本章所定之簡易程序：一、關於稅捐課徵事件涉訟，所核課之稅額在新臺幣四十萬元以下者。二、因不服行政機關所爲新臺幣四十萬元以下罰鍰處分而涉訟者。三、其他關於公法上財產關係之訴訟，其標的之金額或價額在新臺幣四十萬元以下者。四、因不服行政機關所爲告誡、警告、記點、記次、講習、輔導教育或其他相類之輕微處分而涉訟者。五、關於內政部入出國及移民署（以下簡稱入出國及移民署）之行政收容事件涉訟，或合併請求損害賠償或其他財產上給付者。六、依法律之規定應適用簡易訴訟程序者。前項所定數額，司法院得因情勢需要，以命令減爲新臺幣二十萬元或增至新臺幣六十萬元。」同法第237-9條第1項並規定，「交通裁決事件，除本章別有規定外，準用簡易訴訟程序之規定。」對於上述地方法院行政訴訟庭第一審簡易訴訟程序之裁判如有不服而上訴或抗告之事件，高等行政法院享有第二審管轄權，非以原裁判違背法令爲理由，不得爲之，故屬上訴法律審，且爲終審[7]。

　　至於其他依法律規定由高等行政法院管轄之事件，例如依據公民投票

7　參照行政訴訟法第235條：「對於簡易訴訟程序之裁判不服者，除本法別有規定外，得上訴或抗告於管轄之高等行政法院。前項上訴或抗告，非以原裁判違背法令爲理由，不得爲之。對於簡易訴訟程序之第二審裁判，不得上訴或抗告。」

法第54條第2項第1款之規定，涉及中央與地方職權劃分或法律之爭議或其他之行政爭議，第一審公民投票訴訟，由公民投票行為地之該管高等行政法院管轄；依據行政訴訟法第307條之規定，債務人異議之訴，依其執行名義係適用通常訴訟程序，由高等行政法院受理等情形即是。

第三項　高等行政法院之組織

第一款　概說

高等行政法院之組織，包括高等行政法院之編制、員額及職掌等事項。行政法院組織法第5條規定，「各級行政法院之員額，依本法附表一、二之規定。為應業務需要，在附表一庭長、法官、司法事務官、書記官、通譯、執達員、錄事、庭務員及法警總額額度內，司法院得訂定各高等行政法院員額配置表，為適度之人力調度。」以上規定，係為高等行政法院組織設置之法律準據。

第二款　審判組織

一、法官

行政法院組織法第10條規定：「高等行政法院每庭置法官三人，簡任第十職等至第十一職等或薦任第九職等（第1項）。高等行政法院法官繼續服務二年以上，得晉敘至簡任第十二職等至第十四職等；依法院組織法第十二條第二項規定晉敘有案者，得敘至簡任第十二職等至第十三職等或簡任第十二職等至第十四職等（第2項）。經遴選曾任高等行政法院法官二年以上，調地方法院或其分院兼任院長或庭長之法官、法官者，得晉敘至簡任第十二職等至第十四職等（第3項）。前二項高等行政法院法官服務年資與曾任高等法院法官、智慧財產及商業法院法官或高等檢察署檢察官服務年資，合併計算（第4項）。司法院為因應高等行政法院業務之需要，得調地方法院及其分院法官、試署法官或候補法官至高等行政法院辦事，每庭一人至三人，協助法官辦理訴訟案件程序、實體重點之分析、

資料之蒐集分析、裁判書之草擬等事項（第5項）。法官、試署法官或候補法官調高等行政法院為辦事法官期間，計入其法官、試署法官或候補法官年資（第7項）。」

高等行政法院法官之編制、員額、晉敘及年資計算等事項，應依上述規定辦理。

高等行政法院法官之職責如下（高等行政法院處務規程第19條第1項）：

(一)主辦事件之審理進行。

(二)關於主辦事件訴訟進行文稿之審核。

(三)參與評議時意見之陳述。

(四)主辦事件裁判書之撰擬。

(五)就主辦事件對於配置書記官執行職務之指揮考核。

(六)其他有關審判之事項。

二、院長

行政法院組織法第8條規定：「高等行政法院置院長一人，由法官兼任，簡任第十三職等至第十四職等，綜理全院行政事務。前項高等行政法院院長，應就具有最高行政法院法官、最高法院法官或最高法院檢察署檢察官資格，並有領導才能者遴任之。」高等行政法院院長之職務屬於司法行政性質，其本職仍為法官，院長僅為兼職，院長除依法令綜理全院行政事務外，仍應以法官身分，行使對於訴訟案件之審判職權，與其他法官之審判職權並無不同。

高等行政法院院長之行政兼職，為綜理全院行政事務。所謂綜理全院行政事務，包含甚廣，概括言之，約有以下數點（高等行政法院處務規程等9條至第13條）：

(一)綜理全院行政事務，其處理院內事務以命令行之。但尋常事務得命書記處以傳覽簿行之。

(二)因督促行政事務進行，得酌定辦結期限。

(三)核定或處理之職責如下：

1. 工作計畫之決定。
2. 法律建議案之核定及高等行政法院單行法規之核定發布。
3. 庭數之擬議。
4. 職員員額之擬議。
5. 編製概算及預算案之提示。
6. 各單位工作之監督指導及考核。
7. 職員之任免、獎懲、監督及考核。
8. 重要行政文件之判行。
9. 法官會議及其他重要會議之主持。
10.上級機關重要行政命令執行之監督考核。
11.向上級或有關機關建議或報告事項之核定。
12.人民陳訴事件之處理。
13.其他有關院務之處理。
(四)對於行政事務之處理，認有諮詢之必要時，得召集庭長會議、庭長、法官聯席會議或行政會議。
(五)得視該院事務之增減及業務之需要，擬具年度概算，報請司法院核辦。
(六)院長有事故不能執行職務時，由資深庭長或院長指定之庭長代理，並陳報司法院。

　　關於高等行政法院院長之任期、調任與期間計算，法官法第11條規定，高等行政法院院長之任期為三年，得連任一次。但司法院認為確有必要者，得再延任之，其期間以三年為限（第1項）。前項院長不同審級之任期，應合併計算。司法院每年應對前項院長之品德、操守、執行職務之能力及參與審判工作之努力等事項，徵詢該院法官意見，並得參酌徵詢結果，對任期尚未屆滿者免兼院長職務（第2項）。院長之調任、連任、延任、免兼等有關事項之辦法，由司法院定之（第5項）。司法院訂頒法院院長任期調任辦法，詳如前述。

三、法庭

行政法院組織法第9條第1項規定：「高等行政法院之庭數，視事務之繁簡定之，必要時得設專業法庭。」高等行政法院之庭數並非固定，應視所屬高等行政法院受理案件之多寡、轄區事件之性質及處理事務之繁簡而分別決定之。庭數之設置，應報司法院核備（高等行政法院處務規程第15條第2項）。

高等行政法院分設各庭，為高等行政法院行使審判職權所應具備之常設組織，每庭置庭長一人，法官二人，合議審判訴訟事件（高等行政法院處務規程第15條第1項）。於必要時，得設專業法庭。依法令應由行政法院處理之專業事件，高等行政法院得指定專人或專庭處理之[8]。但事務較簡者，得指定人員兼辦之（高等行政法院處務規程第27條）。專業法庭於必要時得置庭長，綜理全庭行政事務，並視事務繁簡配置法官、書記官及其他必要人員（高等行政法院處務規程第28條）。

四、庭長

行政法院組織法第9條第2項規定：「各庭置庭長一人，簡任第十一職等至第十三職等，除由兼任院長之法官兼任者外，餘就法官中遴兼之，監督各該庭事務。」庭長之職務屬於司法行政性質，庭長之本職仍為法官，庭長僅為兼職，庭長除依法令監督各該法庭之行政事務外，仍應以法官身分，行使對於訴訟案件之審判職權，與未兼庭長法官之審判職權並無不同。惟高等行政法院所設庭數既非固定，庭長之員額亦非固定。高等行政法院庭長之編制，應依所屬高等行政法院所設法庭數額而為決定。

司法院依法官法第10條第2項之立法授權，訂頒法院庭長遴任辦法，明定庭長之遴任資格、條件等有關事項，以落實與庭長行政職務人事事項有關之技術性與細節性之通盤性規定。高等行政法院庭長應就具有下列各款資格之一者，擇優遴任（法院庭長遴任辦法第7條）：

8　專業法庭亦有依法應行設置之情形，例如依據納稅者權利保護法第18條第1項規定，高等行政法院應設稅務專業法庭，審理納稅者因稅務案件提起之行政訴訟者是。

(一)曾任一審法院院長，或二審法院院長、庭長，或三審法院庭長、法官，或由法官轉任之司法院副秘書長、各廳處長、法官學院院長、特任人員或其他法律明定年資及待遇依相當職務之法官、檢察官列計之人員，並具改任行政法院法官資格。

(二)現任高等行政法院實任法官一年以上，並曾任二審法院法官合計四年以上。

法官最近五年曾受懲戒處分，或記過以上之懲處處分，或司法院院長依法官法第21條第1項所為職務監督處分者，不予遴任為庭長（法院庭長遴任辦法第4條）。

高等行政法院（二審法院）庭長之遴任程序，概述如下（法院庭長遴任辦法第11條）：

(一)由司法院將符合遴任資格者，參酌法務部司法官學院司法官班結業期別，按其選定參加票選及推薦之事務類別分別造具名冊，逐送冊列人員所屬法院及直接上級審法院辦理票選，並送司法院指定之所在地律師公會辦理推薦。

(二)所屬法院及直接上級審法院應於司法院指定時間同時辦理票選，由所屬法院及直接上級審法院院長、庭長、法官（含調派該院辦理審判事務者）以無記名限制連記法秘密投入指定票匭，連記人數不得逾冊列人數二分之一。列入二審法院庭長票選名冊人員依選定參加票選及推薦之事務類別，其直接上級審法院分別為最高法院、最高行政法院。

(三)所在地律師公會辦理推薦時，應於司法院指定期間內，就冊列人員秘密推薦之，其推薦人數不得逾冊列人數三分之一。但冊列人數不滿三人者，得推薦一人。

(四)司法院得視法院業務需要，將符合遴任資格且志願調任人員名冊，送請所屬法院及擬補職缺法院表示意見。司法院院長得參考徵詢結果並審酌本辦法第11條第7項各款所列各款相關情形，擬具與擬補職缺同額之遴調名單，連同候選人名冊，提請司法院人事審議委員會審議。

高等行政法院各庭庭長之行政兼職，為監督各該法庭之行政事務，概括言之，庭長之職責如下（高等行政法院處務規程第16條第1項）：

(一)本庭事務之監督。

(二)本庭評議之主持。

(三)本庭評議簿之保管。

(四)本庭關於訴訟進行文件之判行。

(五)本庭法官所擬裁判書之核定。

(六)法官會議決議及院長交辦事項之處理。

(七)本庭法官工作之考核及獎懲之擬議。

(八)對調辦事法官之督導考核。

(九)配置本庭法官助理及其他職員工作之指揮及操行、學識、能力之考核監督與獎懲之擬議。

(十)人民陳訴事件之調查及擬議。

(十一)法律問題之研究。

(十二)抽籤或電腦分案事務之主持。

(十三)有關業務改進建議事項。

(十四)其他有關庭務之處理。

　　各庭庭長相互間行政事務之劃分與處理，由院長決定之。庭長有事故不能執行職務時，行政事務之代理依代理次序表辦理（高等行政法院處務規程第17條、第18條）。

　　行政法院組織法第4條規定：「合議審判，以庭長充審判長；無庭長或庭長有事故時，以同庭法官中資深者充之，資同以年長者充之。」關於高等行政法院庭長之任期及調任，依據法官法第11條第1項、第3項及第4項之規定，高等行政法院庭長之任期為三年，得連任一次。但司法院認為確有必要者，得再延任之，其期間以三年為限。庭長同審級之任期，應合併計算。其任期屆滿連任前，司法院應徵詢該庭長曾任職法院法官之意見。司法院於庭長任期中，如發現有具體事證，足認其有不適任庭長之情事者，得對其免兼庭長職務。關於庭長之調任、連任、延任、免兼等有關事項之辦法，依據同條第5項之立法授權，由司法院定之。

第三款　事務組織

一、司法事務官室

　　行政法院組織法第10-1條規定：「高等行政法院設司法事務官室，置司法事務官，薦任第七職等至第九職等；司法事務官在二人以上者，置主任司法事務官，薦任第九職等至簡任第十職等。前項司法事務官以具有財經、稅務或會計專業者為限。」主任司法事務官，應就具有司法事務官及擬任職務所列職等之任用資格，並有領導才能者遴任之（司法人員人事條例第20-1條第3項）。司法事務官有二人以上時，置主任司法事務官。司法事務官之事務分配，由主任司法事務官報請院長決定之。司法事務官應受院長之行政監督。司法事務官辦理事務，應受該管事務庭長之職務監督。未置庭長者，由院長指定適當之人員行使之（高等行政法院處務規程第28-1條至第28-3條）。

二、書記處

　　行政法院組織法第21條規定：「高等行政法院設書記處，置書記官長，薦任第九職等或簡任第十職等至第十一職等，承院長之命處理行政事務；一等書記官，薦任第八職等至第九職等；二等書記官，薦任第六職等至第七職等；三等書記官，委任第四職等至第五職等。書記處分科掌理事務，各科於必要時，得分股辦事。科長由一等書記官兼任之，股長由一等書記官或二等書記官兼任之，均不另列等。第一項一等書記官、二等書記官員額合計不得逾同一行政法院一等書記官、二等書記官、三等書記官總額二分之一。」

　　高等行政法院置書記官長一人，承院長之命，處理該院一般行政事務，並指揮監督所屬書記官、法官助理及其他人員。書記官長因故不能執行職務時，應由院長指定適當人員代理之。科長因事故不能執行職務時，由書記官長指定代理人，其代理期間逾三日者，應報經院長核定。書記官以下職員因故不能執行職務時，由書記官長指定適當人員代理之，其代理期間逾三日者並報告院長（高等行政法院處務規程第29條、第31條）。

高等行政法院設紀錄科、文書科、研究發展考核科、總務科、訴訟輔導科。各科置科長一人、書記官若干人，承長官之命，辦理各該科主管事務，並得視業務需要分股辦事。其設有專業法庭者，得各設專業法庭紀錄科。各紀錄科視業務需要，並得分設一科至三科。院長得視業務之需要，以命令設審查科、資料科或指定專人辦理之。科長、股長均屬行政兼職，由院長報請司法院就科長以一等書記官及股長以一等書記官或二等書記官指派兼任之。書記處承辦文件，除依法令屬於書記官職權者外，應送請各單位主管核轉院長核定。但一般例行文稿、例行報表或以各單位名義行之者，得依其性質由庭長、法官或書記官長或各該單位主管核定之（高等行政法院處務規程第33條至第35條）。

二、其他人員

　　行政法院組織法第10條規定：「高等行政法院必要時，得置法官助理，依聘用人員相關法令聘用專業人員，或調派各級法院或行政法院其他司法人員或借調其他機關適當人員充任之，協助該庭辦理訴訟案件程序之進行、程序重點之分析、資料之蒐集分析等事務（第6項）。具專業證照執業資格者，經聘用充任法官助理期間，計入專業執業年資（第8項）。法官助理之遴聘辦法，由司法院定之（第9項）。」高等行政法院得視業務需要，置法官助理若干人；其遴聘及管理等事項由司法院定之。法官助理應服從其配屬庭長、法官之指揮命令執行職務，並應服從依行政法院組織法第10條第3項規定，調至高等行政法院協助法官辦事之地方法院及其分院法官、試署法官或候補法官，於職務權限內之指揮命令執行職務。但該辦事法官、試署或候補法官之指揮命令與受協助之庭長、法官之指揮命令有牴觸者，應服從其配屬庭長、法官之指揮命令（高等行政法院處務規程第48條第2項、第48-1條）。

　　行政法院組織法第23條第1項規定：「各級行政法院得置通譯、技士，均委任第三職等至第五職等；執達員，委任第三職等至第五職等；錄事、庭務員均委任第一職等至第三職等。」同法第24條規定，「各級行政法院置法警，委任第三職等至第五職等；法警長，委任第五職等或薦任

第六職等至第七職等；副法警長，委任第四職等至第五職等或薦任第六職等。」

書記處置法警長一人、法警若干人，必要時得置副法警長一人；法警管理依法警管理辦法之規定，其他作業要點及執行職務注意事項，由高等行政法院另定之。書記處置通譯、法警、執達員、錄事、庭務員若干人，辦理有關通譯、警衛、送達及值庭等事務（高等行政法院處務規程第33條第1項第6款、第6項）。同時，依據行政法院組織法第47條準用法院組織法第23條第4項之規定，高等行政法院因傳譯需要。應逐案約聘原住民族或其他各種語言之特約通譯；其約聘辦法，由司法院定之。

第四款　管理機構

行政法院組織法第25條第1項規定：「高等行政法院設人事室、置主任一人，薦任第九職等至簡任第十職等；並得置科員，委任第五職等或薦任第六職等至第七職等。依法律規定辦理人事管理事項。」

行政法院組織法第26條第1項規定：「高等行政法院設會計室、統計室，分置會計主任、統計主任各一人，均薦任第九職等至簡任第十職等；並得置科員，委任第五職等或薦任第六職等至第七職等。依法律規定分別辦理歲計、會計及統計等事項。」

行政法院組織法第27條第1項規定：「高等行政法院設政風室，置主任一人，薦任第九職等至簡任第十職等；並得置科員，委任第五職等或薦任第六職等至第七職等。依法律規定辦理政風事項。」

行政法院組織法第28條第1項規定：「高等行政法院設資訊室，置主任一人，薦任第九職等至簡任第十職等；設計師，薦任第六職等至第八職等；資訊管理師，薦任第七職等；助理設計師，委任第四職等至第五職等，其中二分之一員額得列薦任第六職等，處理資訊事項。」

人事室、會計室、統計室、政風室及資訊室主任，分別依法律主辦各該主管人事管理事務、會計事務、統計事務、政風事務及資訊管理事項，並受院長之指揮監督。各室主辦文稿，應經由書記官長送請院長核定。各

室之辦事要點，另定之（高等行政法院處務規程第50條、第52條、第54條、第56條、第58條至第60條）。

第六節　智慧財產及商業法院

第一項　智慧財產及商業法院之設立

　　現代社會進步快速，專業區分逐漸複雜，世界各國為因應社會變遷，常按事實與業務需要特別設立專門法院專辦特定訴訟類型審判事務，例如在德國為處理勞資糾紛與工會案件設立勞工法院，鄰近國家如日本設有家事裁判所、韓國設有家事法院、新加坡設有少年法院等專門法院之設立，其目的乃在建構與強化各級法院專業分工取向，以提升司法公信力及精進法官對於特定爭議事項之裁判品質。有鑑於此，特依據憲法第82條所揭示國會保留原則及司法院組織法第6條之規定，制定智慧財產及商業法院組織法，於司法院設立智慧財產及商業法院，專門辦理人民智慧財產及商業案件[9]。

　　智慧財產及商業法院組織法第1條規定：「為保障智慧財產權，優化經商環境，妥適處理智慧財產及商業案件，促進國家科技與經濟發展，特制定本法。」同法第4條規定：「智慧財產及商業法院之設置地點，由司法院定之。司法院得視地理環境及案件多寡，增設智慧財產及商業法院分院。」以上規定，是為智慧財產及商業法院設立之法律準據。依據智慧財

---

[9] 智慧財產及商業法院依法掌理關於智慧財產之民事、刑事及行政訴訟初審及上訴審之審判事務，為專辦智慧財產權所衍生事件或爭議之專門法院，與傳統上對於二元化司法制度所理解有關審理民事、刑事訴訟案件者為普通法院及受理行政訴訟事件者為特別法院或行政法院之體系顯有區別，智慧財產及商業法院組織法之立法依據及智慧財產及商業法院之設立依據，解釋上，應回歸憲法第82條「司法院及各級法院之組織，以法律定之」及司法院組織法第6條「司法院設各級法院、行政法院及懲戒法院；其組織均另以法律定之」等規定，而非法院組織法第8條第2項「在特定地區，因業務需要，得設專業地方法院；其組織及管轄等事項，以法律定之」之規定。

產及商業法院組織法之規定，智慧財產及商業法院設置地點由司法院決定之。必要時，司法院得視地理環境與案件需要，增設智慧財產及商業法院分院，以符實際運作需求。智慧財產及商業法院組織法第44條規定：「本法未規定者，準用法院組織法及其他相關法律之規定。」

第二項　智慧財產及商業法院之職權

智慧財產及商業法院組織法第3條規定：「智慧財產及商業法院管轄事件如下：一、依專利法、商標法、著作權法、光碟管理條例、營業秘密法、積體電路電路布局保護法、植物品種及種苗法或公平交易法所保護之智慧財產權益所生之第一審及第二審民事訴訟事件，及依商業事件審理法規定由商業法院管轄之商業事件。二、因刑法第二百五十三條至第二百五十五條、第三百十七條、第三百十八條之罪或違反商標法、著作權法、營業秘密法及智慧財產案件審理法第三十五條第一項、第三十六條第一項案件，不服地方法院依通常、簡式審判或協商程序所為之第一審裁判而上訴或抗告之刑事案件。但少年刑事案件，不在此限。三、因專利法、商標法、著作權法、光碟管理條例、積體電路電路布局保護法、植物品種及種苗法或公平交易法涉及智慧財產權所生之第一審行政訴訟事件及強制執行事件。四、其他依法律規定或經司法院指定由智慧財產及商業法院管轄之案件。」智慧財產及商業法院職掌與智慧財產有關之民事、刑事及行政訴訟案件，並依商業事件審理法之規定審理有關商業之民事訴訟與非訟事件，係一所集民事、刑事及行政訴訟審判事務於一身之專門法院，在司法審判體系中屬於高等法院之層級。

有關智慧財產之民事訴訟案件，係指專利法、商標法、著作權法、光碟管理條例、營業秘密法、積體電路電路布局保護法、植物品種及種苗法或公平交易法中所保護之智慧財產權益所致生之第一審及第二審之民事訴訟事件，並包括與本案有關之保全證據、保全程序及強制執行事件等事項在內。智慧財產案件審理法第7條規定：「智慧財產及商業法院組織法第三條第一款、第四款所定之民事事件，由智慧財產及商業法院管轄。」但

當事人合意由普通法院管轄，則應尊重當事人自主決定權益，由普通法院審理。

有關智慧財產之刑事訴訟案件，係指刑法第253條之偽造或仿造商標、商號罪、第254條之販賣、陳列、輸入偽造或仿造商標、商號之貨物罪、第255條之對商品為虛偽標記與販賣陳列輸入商品罪；刑法第317條之洩漏業務上知悉工商秘密罪、第318條之洩漏職務上工商秘密罪；違反商標法、著作權法、營業秘密法及智慧財產案件審理法第35條第1項、第36條第1項違反秘密保持命令案件，不服地方法院依通常、簡式審判或協商程序所為之第一審裁判而上訴或抗告之刑事案件。智慧財產案件審理法第23條規定：「智慧財產及商業法院組織法第三條第二款前段、第四款所定刑事案件之起訴，應向管轄之地方法院為之。檢察官聲請以簡易判決處刑者，亦同。」同法第25條第1項並規定：「不服地方法院關於第二十三條案件依通常、簡式審判或協商程序所為之第一審裁判而上訴或抗告者，除少年刑事案件外，應向管轄之智慧財產及商業法院為之。」少年涉及上開刑事案件，為考量少年及兒童最佳訴訟權益，應優先留由少年及家事法院、少年法庭依少年事件處理法之規定處理，故予以排除。

至於有關智慧財產之行政訴訟事件，則係指專利法、商標法、著作權法、光碟管理條例、積體電路電路布局保護法、植物品種及種苗法或公平交易法中關於智慧財產權之申請、撤銷或廢止程序、不公平競爭及其他公法上爭議所生之行政訴訟事件，以及與本案有關之保全證據、保全程序及強制執行事件。智慧財產案件審理法第31條規定：「智慧財產及商業法院組織法第三條第三款、第四款所定之行政訴訟事件，由智慧財產及商業法院管轄（第1項）。其他行政訴訟與前項各款訴訟合併起訴或為訴之追加時，應向智慧財產及商業法院為之（第2項）。」

所謂其他依法律規定由智慧財產及商業法院管轄之案件，例如依商業事件審理法第2條所規定包括商業訴訟事件及商業非訟事件之商業事件，應由智慧財產及商業法院所分設商業法庭處理之。所稱商業訴訟事件，係指下列各款事件：一、證券交易法之有價證券詐欺、財務報告或財務業務文件不實、未交付公開說明書、公開說明書不實、違法公開收購、操縱市

場、短線交易、內線交易、不合營業常規交易、違法貸款或提供擔保；
二、期貨交易法之操縱市場、內線交易、期貨交易詐欺、公開說明書不
實、未交付公開說明書；三、證券投資信託及顧問法之虛偽、詐欺、其他
足致他人誤信之行爲、公開說明書不實、未交付公開說明書；四、不動產
證券化條例之公開說明書或投資說明書不實、未依規定提供公開說明書或
投資說明書；五、金融資產證券化條例之公開說明書或投資說明書不實、
未依規定提供公開說明書或投資說明書；六、公開發行股票之公司股東基
於股東身分行使股東權利，對公司、公司負責人所生民事上權利義務之爭
議事件，及證券投資人及期貨交易人保護機構依證券投資人及期貨交易人
保護法規定，訴請法院裁判解任公司之董事或監察人事件；七、公開發行
股票之公司股東會或董事會決議效力之爭議事件；八、與公開發行股票
公司具有控制或從屬關係，且公司資本額在新臺幣5億元以上之非公開發
行股票公司股東會或董事會決議效力之爭議事件；九、因公司法、證券交
易法、期貨交易法、銀行法、企業併購法、金融機構合併法、金融控股公
司法、不動產證券化條例、金融資產證券化條例、信託法、票券金融管理
法、證券投資信託及顧問法所生民事法律關係之爭議，其訴訟標的之金額
或價額在新臺幣1億元以上者，經雙方當事人以書面合意由商業法院管轄
之民事事件；十、其他依法律規定或經司法院指定由商業法院管轄之商業
訴訟事件。所稱商業非訟事件，則係指下列各款事項：(一)公開發行股票
之公司裁定收買股份價格事件；(二)公開發行股票之公司依公司法規定聲
請選任臨時管理人、選派檢查人，及其解任事件；(三)其他依法律規定或
經司法院指定由商業法院管轄之商業非訟事件。

　　由於智慧財產訴訟及商業事件具有快速更迭與創新之特性，爲因應未
來新型態、新爭議標的之需求，智慧財產及商業法院職權除適度涵攝其他
法律規定相關訴訟和非訟事件外，並得經司法院指定將特定案件由智慧財
產及商業法院專責管轄，俾便保留法律適用之廣度與向度。例如司法院指
定以下民事事件由智慧財產及商業法院管轄：一、不當行使智慧財產權權
利所生損害賠償爭議事件；二、當事人以一訴主張單一或數項訴訟標的，
其主要部分涉及智慧財產權，且係基於同一原因事實而不宜割裂者，均爲

智慧財產權訴訟。司法院並指定下列行政訴訟事件由智慧財產及商業法院管轄：一、不當行使智慧財產權妨礙公平競爭所生行政訴訟事件；二、海關依海關緝私條例第39-1條規定，對報運貨物進出口行為人侵害智慧財產權標的物所為行政處分提起之行政訴訟事件。

第三項　智慧財產及商業法院之組織

第一款　概說

　　智慧財產及商業法院之組織，包括智慧財產及商業法院之類別、編制、員額及職掌等事項。智慧財產及商業法院組織法第7條規定：「智慧財產及商業法院或其分院之類別及員額，依附表之規定。智慧財產及商業法院或其分院應適用之類別及其變更，由司法院以命令定之。」依據本條第1項附表之說明，智慧財產及商業法院或其分院共分三類，每年受理案件1萬件以上者，為第一類。每年受理案件5,000件以上未滿1萬件者，為第二類。每年受理案件未滿5,000件者，為第三類。

　　智慧財產及商業法院或其分院依司法院所定類別歸屬定其編制及員額，司法院並得基於司法行政權行使之權限，按智慧財產及商業法院或其分院受理案件之增減，隨時變更其所適用之類別。是以，每年案件受理之數額，即成為區分智慧財產及商業法院及其分院類別及調整編制和員額之重要參據。至於每年之起始日與終止日，應以司法年度計算，依智慧財產及商業法院組織法第26條之規定，司法年度，每年自1月1日起至同年12月31日止。

第二款　審判組織

一、法官

　　智慧財產及商業法院組織法第10條第1項至第3項規定：「智慧財產及商業法院置法官、試署法官，分別依其改任或遴選類別，辦理智慧財產案件或商業事件之審判相關事務。司法院因應業務需要，得調地方法院及

其分院試署法官或候補法官至智慧財產及商業法院辦事，協助法官辦理案件程序之進行、爭點之整理、資料之蒐集、分析及裁判書之草擬等事項。試署法官或候補法官調智慧財產及商業法院辦事期間，計入其試署法官或候補法官年資。」智慧財產及商業法院法官之編制及員額，應依其所歸屬之類別，分別決定之。

關於智慧財產及商業法官之任用，智慧財產及商業法院組織法第14條第1項規定：「智慧財產及商業法院法官，應就具有下列資格之一者任用之：

一、曾任智慧財產及商業法院法官。

二、曾任實任法官或實任檢察官。

三、曾任法官、檢察官職務並任薦任以上公務人員合計八年以上。

四、曾實際執行智慧財產或商業訴訟律師業務八年以上，具擬任職務任用資格。

五、公立或經立案之私立大學、獨立學院法律、政治、行政學系或其研究所畢業，曾任教育部審定合格之大學或獨立學院專任教授、副教授或助理教授合計八年以上，講授智慧財產權或商事法類之相關法律課程五年以上，有上述相關之專門著作，具擬任職務任用資格。

六、公立或經立案之私立大學、獨立學院法律、政治、行政學系或其研究所畢業，曾任中央研究院特聘研究員、研究員、副研究員、助研究員合計八年以上，有智慧財產權或商事法類之相關法律專門著作，具擬任職務任用資格。

七、公立或經立案之私立大學、獨立學院法律、政治、行政學系或其研究所畢業，曾任簡任公務人員，辦理有關智慧財產、商業管理、證券交易或管理、期貨交易或管理之審查、訴願或法制業務合計十年以上，有智慧財產權或商事法類之相關法律專門著作。」

關於智慧財產及商業法院法官之遴選，智慧財產及商業法院組織法第15條第1項規定，「任用符合前條（第十四條）第一項資格之人為智慧

財產及商業法院法官，應各依智慧財產或商業專業類別，分別改任或遴選之。改任與遴選審查，應注意其品德、經驗與專業法學之素養」。

二、院長

　　智慧財產及商業法院組織法第8條第1項規定：「智慧財產及商業法院置院長，由法官兼任，綜理全院行政事務。」關於智慧財產及商業法院院長之遴任資格，同條第2項規定：「智慧財產及商業法院院長，應就具有最高法院法官、最高行政法院法官或最高檢察署檢察官任用資格，並有領導才能者遴任之。」智慧財產及商業法院院長之職務屬於司法行政性質，其本職仍為法官，院長僅為兼職，院長除依法綜理全院行政事務外，仍應以法官身分，行使對於訴訟案件之審判職權，與其他法官之審判職權並無不同。

　　智慧財產及商業法院院長之行政兼職，為綜理全院行政事務。所謂綜理全院行政事務，包含甚廣，概括言之，約有以下數點（智慧財產及商業法院處務規程等7條至第12條）：

(一)監督該法院及其分院。

(二)綜理全院行政事務，其處理院內事務得發布命令。

(三)處理或核定之職責如下：

1. 年度計畫之決定、變更、執行及考核。

2. 公設辯護人辯護書類織核閱、初任司法事務官書類之審閱。

3. 重要行政文稿函件之核判。

4. 庭數之擬議及一般人事配置之核定。

5. 編製概算及預算案之提示。

6. 各單位工作之監督指導及考核。

7. 上級機關重要行政命令執行之監督考核。

8. 人民陳訴事件之處理。

9. 職員之任免、獎懲、監督及考核。

10.主持年終會議及其他重要會議或活動。

11.向上級或有關機關建議或報告事項之核定。

12.其他有關院務之處理。

(四)對於該法院及其分院民、刑事案件、行政訴訟、強制執行、非訟事件及其他法律規定之案件，應隨時考察其進行情形，並注意其辦案期限。

(五)有關行政事務之處理或法律見解之溝通，院長爲諮詢意見，得召集有關職員舉行會議。

(六)得視該法院及其分院事務之增減及業務之需要，擬具年度概算，報請司法院核辦。

院長因故不能執行職務時，由資深庭長或院長指定之庭長代其職務，並陳報司法院（智慧財產及商業法院處務規程等13條）。

關於智慧財產及商業法院院長之任期、調任與期間計算，法官法第11條規定：「其他專業法院院長之任期爲三年，得連任一次。但司法院認爲確有必要者，得再延任之，其期間以三年爲限（第1項）。前項院長不同審級之任期，應合併計算。司法院每年應對前項院長之品德、操守、執行職務之能力及參與審判工作之努力等事項，徵詢該院法官意見，並得參酌徵詢結果，對任期尚未屆滿者免兼院長職務（第2項）。院長及庭長之調任、連任、延任、免兼等有關事項之辦法，由司法院定之（第5項）。」司法院訂頒法院院長任期調任辦法，詳如前述。

三、法庭

智慧財產及商業法院組織法第9條第1項規定：「智慧財產及商業法院分設智慧財產法庭、商業法庭，其庭數視事務之繁簡定之。」智慧財產及商業法院之庭數並非固定，應視所屬法院受理案件之多寡、轄區事件之性質及處理事務之繁簡而分別決定之。各庭庭數之設置，應陳報司法院核備（智慧財產及商業法院處務規程第15條第2項）。

高等行政法院分設各庭，爲智慧財產及商業法院行使審判職權所應具備之常設組織，每庭各置庭長一人，法官若干人，合議審判訴訟事件（智慧財產及商業法院處務規程第15條第1項）。智慧財產及商業法院於必要時得設專業法庭。依法令應由智慧財產及商業法院處理之專業事件，得指

定專人或專庭處理之。但事務較簡者，得指定人員兼辦之（智慧財產及商業法院處務規程第25條）。專業法庭置庭長，綜理全庭行政事務，並置法官、書記官及其他必要人員（智慧財產及商業法院處務規程第26條）。

四、庭長

智慧財產及商業法院組織法第9條第2項規定：「各庭置庭長一人，分別於智慧財產法庭、商業法庭法官中遴兼之，監督各該庭事務。」庭長之職務屬於司法行政性質，庭長之本職仍為法官，庭長僅為兼職，庭長除依法令監督各該法庭之行政事務外，仍應以法官身分，行使對於訴訟案件之審判職權，與未兼庭長法官之審判職權並無不同。惟智慧財產及商業法院所設庭數既非固定，各庭庭長之員額亦非固定。各個智慧財產及商業法院庭長之編制，應依所屬智慧財產及商業法院所設法庭數額而為決定。

司法院依法官法第10條第2項之立法授權，訂頒法院庭長遴任辦法，明定庭長之遴任資格、條件等有關事項，以落實與庭長行政職務人事事項有關之技術性與細節性之通盤性規定。智慧財產及商業法院庭長應就具有下列各款資格之一者，擇優遴任（法院庭長遴任辦法第8條）：

(一)曾任一審法院院長，或二審法院院長、庭長，或三審法院庭長、法官，或由法官轉任之司法院副秘書長、各廳處長、法官學院院長、特任人員或其他法律明定年資及待遇依相當職務之法官、檢察官列計之人員，並具改任智慧財產及商業法院智慧財產法庭法官或商業法庭法官資格。

(二)現任智慧財產及商業法院智慧財產法庭實任法官一年以上，並曾任二審法院法官合計四年以上。

(三)現任智慧財產及商業法院實任法官一年以上，並曾任二審法院法官合計四年以上。

法官最近五年曾受懲戒處分，或記過以上之懲處處分，或司法院院長依法官法第21條第1項所為職務監督處分者，不予遴任為庭長（法院庭長遴任辦法第4條）。

　　智慧財產及商業法院（二審法院）庭長之遴任程序，概述如下（法院庭長遴任辦法第11條）：

(一)由司法院將符合遴任資格者，參酌法務部司法官學院司法官班結業期別，按其選定參加票選及推薦之事務類別分別造具名冊，逐送冊列人員所屬法院及直接上級審法院辦理票選，並送司法院指定之所在地律師公會辦理推薦。

(二)所屬法院及直接上級審法院應於司法院指定時間同時辦理票選，由所屬法院及直接上級審法院院長、庭長、法官（含調派該院辦理審判事務者）以無記名限制連記法秘密投入指定票匭，連記人數不得逾冊列人數二分之一。列入二審法院庭長票選名冊人員依選定參加票選及推薦之事務類別，其直接上級審法院分別為最高法院、最高行政法院。

(三)所在地律師公會辦理推薦時，應於司法院指定期間內，就冊列人員秘密推薦之，其推薦人數不得逾冊列人數三分之一。但冊列人數不滿三人者，得推薦一人。

(四)司法院得視法院業務需要，將符合遴任資格且志願調任人員名冊，送請所屬法院及擬補職缺法院表示意見。司法院院長得參考徵詢結果並審酌相關情形，擬具與擬補職缺同額之遴調名單，連同候選人名冊，提請司法院人事審議委員會審議。

　　智慧財產及商業法院各庭庭長之行政兼職，為監督各該法庭之行政事務，概括言之，庭長之職責如下（智慧財產及商業法院處務規程第16條第1項）：

(一)本庭事務之監督。

(二)執行處事務之監督。

(三)本庭評議之主持。

(四)本庭評議簿之保管。

(五)本庭各項文稿之決行。

(六)本庭法官工作之考核及獎懲之擬議。

(七)配置本庭法官助理及其他職員工作之指揮及操行、學識、能力之監督、考核與獎懲之擬議。

(八)年終會議決議及院長交辦事項之處理。

(九)人民陳訴事件之調查及擬議。

(十)法律問題之研究。

(十一)抽籤或電腦分案事務之主持。

(十二)有關業務改進建議事項。

(十三)其他有關庭務之處理。

各庭庭長相互間行政事務之劃分與處理，由年終會議或院長徵詢有關庭長意見後決定之，並得以一人負責共同性之行政事務。庭長因故不能執行職務時，行政事務之代理依代理次序定之（智慧財產及商業法院處務規程第17條、第18條）。

智慧財產及商業法院組織法第6條第2項規定：「合議審判，以庭長充審判長；無庭長或庭長有事故時，以庭員中資深者充之，資同以年長者充之。」關於智慧財產及商業法院庭長之任期及調任，依據法官法第11條第1項、第3項及第4項之規定，高等行政法院庭長之任期為三年，得連任一次。但司法院認為確有必要者，得再延任之，其期間以三年為限。庭長同審級之任期，應合併計算。其任期屆滿連任前，司法院應徵詢該庭長曾任職法院法官之意見。司法院於庭長任期中，如發現有具體事證，足認其有不適任庭長之情事者，得對其免兼庭長職務。關於庭長之調任、連任、延任、免兼等有關事項之辦法，依據同條第5項之立法授權，由司法院定之。

第三款　事務組織

一、執行處

智慧財產及商業法院組織法第11條規定：「智慧財產及商業法院得設執行處，由法官或司法事務官辦理智慧財產案件之強制執行事務，或囑託普通法院民事執行處或行政機關代為執行。」

二、公設辯護人室

　　智慧財產及商業法院組織法第12條規定：「智慧財產及商業法院設公設辯護人室，置公設辯護人，簡任第十職等至第十一職等或薦任第九職等；其合計在二人以上者，置主任公設辯護人，簡任第十職等至第十二職等。前項公設辯護人繼續服務四年以上，成績優良，經審查合格者，得晉敘至簡任第十二職等；已依法院組織法第十七條第二項、第三項、少年及家事法院組織法第十一條第二項、第三項規定晉敘有案者，得敘至簡任第十二職等。前項智慧財產及商業法院公設辯護人之服務年資與曾任高等法院或其分院公設辯護人之服務年資，合併計算。第二項之審查辦法，由司法院定之。」公設辯護人條例第8條第2項、第3項規定：「高等法院及其分院公設辯護人，應就曾任地方法院或其分院主任公設辯護人二年以上或公設辯護人七年以上，成績優良者遴任之。高等法院及其分院主任公設辯護人，應就曾任高等法院或其分院公設辯護人五年以上，成績優良者遴任之。」依智慧財產及商業法院組織法第44條：「本法未規定者，準用法院組織法及其他有關法律之規定。」以觀，公設辯護人條例有關高等法院及其分院公設辯護人及主任公設辯護人遴任之規定，與高等法院屬同一層級亦職司審判事務之智慧財產及商業法院自應準用之。公設辯護人在二人以上者，置主任公設辯護人。公設辯護人事務之分配，由主任公設辯護人報請院長決定之；未置主任公設辯護人者，逕由院長決定之。公設辯護人應受院長之行政監督（智慧財產及商業法院處務規程第43條、第44條）。

三、司法事務官室

　　智慧財產及商業法院組織法第13條第1項規定：「智慧財產及商業法院設司法事務官室，置司法事務官，薦任第七職等至第九職等；司法事務官在二人以上者，置主任司法事務官，薦任第九職等至簡任第十職等。」司法人員人事條例第20-1條第3項規定，「主任司法事務官，應就具有司法事務官及擬任職務所列職等之任用資格，並有領導才能者遴任之。」執行處之事務，由司法事務官、書記官及執達員辦理。司法事務官在二人以上者，置主任司法事務官，監督該處事務。司法事務官之事務分配，由

主任司法事務官報請院長決定之；未置主任司法事務官者，逕由院長決定之。司法事務官應受院長之行政監督（智慧財產及商業法院處務規程第28條至第30條）。

四、技術審查官室與商業調查官室

智慧財產及商業法院組織法第16條規定，「智慧財產及商業法院設技術審查官室與商業調查官室，分別置技術審查官與商業調查官，均薦任第八職等至第九職等。技術審查官室、商業調查官室之技術審查官、商業調查官其中二分之一，得分別列簡任第十職等；合計在二人以上者，得各置主任技術審查官或主任商業調查官，簡任第十職等至第十一職等。於業務需要時，得依聘用人員相關法令聘用或借調各種專業人員充任，其遴聘及借調辦法，由司法院定之。技術審查官室、商業調查官室得視業務需要分組辦事，各組組長由技術審查官、商業調查官兼任，不另列等。技術審查官及商業調查官分別承法官之命，辦理下列事務：一、案件技術或商業問題之判斷、資料之蒐集、分析及提供意見。二、其他法令所定之事務。」技術審查官應受院長之行政監督。主任技術審查官審查該室事務，技術審查官執行職務應受庭長、法官之指揮監督（智慧財產及商業法院處務規程第50條、第51條）。

五、書記處

智慧財產及商業法院組織法第18條規定：「智慧財產及商業法院設書記處，置書記官長，薦任第九職等至簡任第十一職等，承院長之命處理行政事務；一等書記官，薦任第八職等至第九職等；二等書記官，薦任第六職等至第七職等；三等書記官，委任第四職等至第五職等，分掌紀錄、文書、研究考核、總務、資料及訴訟輔導事務；並得分科、分股辦事，科長由一等書記官兼任，股長由一等書記官或二等書記官兼任，均不另列等。但一等書記官人數少於設科數，且有業務需要時，科長得由二等書記官兼任之。前項一等書記官、二等書記官總額，不得逾同一智慧財產及商業法院一等書記官、二等書記官、三等書記官總額二分之一。第一項所定分科、分股及兼任、免兼等事項，由司法院定之。」

　　書記處置書記官長一人，承院長之命，處理該院一般行政事務，並指揮監督所屬書記官、法官助理及其他人員。書記官長因故不能執行職務時，應由院長指定適當人員代理之。科長因事故不能執行職務時，由書記官長指定代理人。其代理期間逾三日者，應報經院長核定。書記官以下職員因故不能執行職務時，由書記官長指定適當人員代理之，其代理期間逾三日者並報告院長（智慧財產及商業法院處務規程第57條、第58條）。

　　書記處得分設紀錄科、執行紀錄科、文書科、研究考核科、總務科、資料科及訴訟輔導科。其設有專業法庭者，得設專業法庭紀錄科。各紀錄科視業務需要，並得分設一科至三科。各科置科長一人，其業務較繁者，得分股辦事，分股辦事者，各置股長一人。事務較簡者，得不分科或併科辦事。科長、股長均屬行政兼職，由院長陳報司法院就一等書記官、一等書記官或二等書記官指派兼任之。承辦文件，除依法令屬於書記官職權者外，應送請各單位主管核轉院長核定。但一般例行文稿、例行報表或以各單位名義行之者，得依其性質由庭長、法官、司法事務官、書記官長或各該單位主管核定之（智慧財產及商業法院處務規程第59條第1項至第3項、第62條）。

六、提存所

　　智慧財產及商業法院組織法第19條規定：「智慧財產及商業法院得設提存所，置主任，簡任第十職等；二等書記官，薦任第六職等至第七職等；三等書記官，委任第四職等至第五職等。」提存所置主任一人，佐理員及其他人員若干人，辦理提存事務。但法院得指定法官、司法事務官或書記官兼辦之。提存所辦理事務應受院長之行政監督，院長並得指定民事庭庭長監督之。提存事件之准許或其他有關提存之處分，應由提存所主任或兼辦之司法事務官決定之。提存所之佐理員及其他人員，依主任或兼辦之司法事務官之命辦理提存事務（智慧財產及商業法院處務規程第53條至第55條）。

七、其他人員

智慧財產及商業法院組織法第10條第4項至第6項規定：「智慧財產及商業法院置法官助理，依聘用人員相關法令聘用專業人員，或調派各級法院或行政法院其他司法人員或借調其他機關適當人員充任，協助法官辦理案件程序之進行、爭點之整理、資料之蒐集、分析等事項。具專業證照執業資格者，經聘用充任法官助理期間，計入其專業執業年資。法官助理之遴聘、訓練、業務、管理及考核等相關事項，由司法院定之。」法官助理應服從其配屬庭長、法官之指揮命令執行職務（智慧財產及商業法院處務規程第72條第2項）。

智慧財產及商業法院組織法第20條規定，「智慧財產及商業法院置一等通譯，薦任第八職等至第九職等；二等通譯，薦任第六職等至第七職等；三等通譯，委任第四職等至第五職等；技士，委任第五職等或薦任第六職等至第七職等；執達員，委任第三職等至第五職等；錄事、庭務員均委任第一職等至第三職等。前項一等通譯、二等通譯總額，不得逾同一智慧財產及商業法院一等通譯、二等通譯、三等通譯總額二分之一。智慧財產及商業法院因傳譯之需要，應逐案約聘原住民族或其他各種語言之特約通譯；其約聘辦法，由司法院定之。」

智慧財產及商業法院組織法第21條規定，「智慧財產及商業法院置法警；法警長，委任第五職等或薦任第六職等至第七職等；副法警長，委任第四職等至第五職等或薦任第六職等；法警，委任第三職等至第五職等。」關於法警送達、解送人犯或候審戒護、值庭、具保責付、拘提、搜索扣押、協助強制執行、警衛、值日事項之管理要點及執行職務注意事項，由智慧財產及商業法院另定之（智慧財產及商業法院處務規程第73條第2項）。

第四款　管理機構

智慧財產及商業法院設人事室、會計室、統計室、政風室及資訊室，辦理人事管理、歲計、會計、統計、政風及資訊事項。前條人員應受

院長之指揮監督。其所主辦之文稿，應會由書記官長送陳院長核定（智慧財產及商業法院處務規程第74條、第75條）。

　　智慧財產及商業法院組織法第22條規定，「智慧財產及商業法院設人事室，置主任，薦任第九職等至簡任第十職等；並得置專員，薦任第七職等至第八職等；科員，委任第五職等或薦任第六職等至第七職等，依法辦理人事管理事項。」人事室主任，依法律主辦人事管理事務，並受院長之指揮監督（智慧財產及商業法院處務規程第77條）。

　　智慧財產及商業法院組織法第23條規定：「智慧財產及商業法院設會計室、統計室，各置主任，均薦任第九職等至簡任第十職等；並得置專員，薦任第七職等至第八職等；科員，委任第五職等或薦任第六職等至第七職等，依法分別辦理歲計、會計及統計等事項。」會計室會計主任、統計室統計主任，依法律分別主辦會計、統計事務，並受院長之指揮監督（智慧財產及商業法院處務規程第79條、第81條）。

　　智慧財產及商業法院組織法第24條規定：「智慧財產及商業法院設政風室，置主任，薦任第九職等至簡任第十職等；並得置專員，薦任第七職等至第八職等；科員，委任第五職等或薦任第六職等至第七職等，依法辦理政風事項。」政風室主任，依法律主辦政風事務，並受院長之指揮監督（智慧財產及商業法院處務規程第83條）。

　　智慧財產及商業法院組織法第25條規定：「智慧財產及商業法院設資訊室，置主任，薦任第九職等至簡任第十職等；設計師、管理師，均薦任第六職等至第八職等；助理設計師，委任第四職等至第五職等或薦任第六職等，處理資訊事項。前項薦任助理設計師員額，不得逾同一智慧財產及商業法院助理設計師總額二分之一。」資訊室主任，依法律主辦資訊管理事務，並受院長之指揮監督（智慧財產及商業法院處務規程第85條）。

第七節　最高法院

第一項　最高法院之設立

法院組織法第47條規定：「最高法院設於中央政府所在地。」本規定係最高法院設立之法律準據。最高法院之設立區域，係以全國之領域為其管轄範圍，故無分設若干最高法院及其分院之情形。但最高法院為便於處理訴訟事件，得就適當區域設置分庭。最高法院分庭之設置及其管轄區域，以司法院院令定之。最高法院分庭得設於各該區域之高等法院或分院內（最高法院設置分庭條例第1條至第3條）。

第二項　最高法院之職權

法院組織法第48條規定：「最高法院管轄事件如左：一、不服高等法院及其分院第一審判決而上訴之刑事訴訟案件。二、不服高等法院及其分院第二審判決而上訴之民事、刑事訴訟案件。三、不服高等法院及其分院裁定而抗告之案件。四、非常上訴案件。五、其他法律規定之訴訟案件。」最高法院設置分庭條例第4條規定：「最高法院分庭受理各該區域內不服高等法院或分院之裁判而上訴或抗告之事件。」

所謂不服高等法院及其分院第一審判決而上訴之刑事訴訟案件，係指當事人不服高等法院及其分院所作成有關內亂罪、外患罪及妨害國交罪之刑事第一審判決，而向最高法院上訴之訴訟案件而言。此外，關於殘害人群治罪條例所定之罪名，其第一審由高等法院及分院管轄，當事人對於高等法院或分院第一審判決如有不服而上訴時，依刑事訴訟法第375條第1項之規定，應向最高法院為之。同條第2項並規定，最高法院審判不服高等法院第一審判決之上訴，亦適用第三審法律審程序。是故，當事人如非以判決違背法令為理由，即不得為之。以上所述，均屬不服高等法院及其分院第一審判決而上訴之刑事訴訟案件，為最高法院之特別管轄事件。

不服高等法院及其分院第二審判決而上訴之民事、刑事訴訟案件，以及不服高等法院及其分院裁定而抗告之案件，則屬最高法院之普通管轄

事件。當事人對於高等法院及其分院所爲民事、刑事訴訟案件第二審之判決如有不服時，原則上得向最高法院提起第三審之上訴。但對於財產權上訴之民事第二審判決，如其因上訴所得受之利益不逾新臺幣150萬元者，或對於刑事第二審判決上訴，其案件涉及刑事訴訟法第376條所列之罪名者，當事人均不得向最高法院提起第三審之上訴。但宣告死刑或無期徒刑之案件，不待被告上訴，第二審法院應依職權逕送第三審法院審判。[10]

　　當事人對於高等法院及其分院所爲裁定如有不服時，除法律別有規定不許抗告者外，均得向最高法院爲抗告。所謂法律別有規定不許抗告者，例如民事訴訟法第483條規定，訴訟程序進行中所爲之裁定，除別有規定外，不得抗告；同法第484條第1項前段規定，不得上訴於第三審法院之事件，其第二審法院所爲裁定，不得抗告；刑事訴訟法第404條前段規定，對於判決前關於管轄或訴訟程序之裁定，不得抗告；同法第405條規定，不得上訴於第三審法院之案件，其第二審法院所爲裁定，不得抗告等均屬之。所謂抗告，應包括再抗告在內。對於抗告法院所爲之裁定，應以不得再行抗告爲原則（民事訴訟法第486條第2項、刑事訴訟法第415條第1項前段）。但於民事訴訟案件，對於高等法院及其分院所爲抗告法院之裁定，以其適用法規顯有錯誤爲理由，得向最高法院提起再抗告（民事訴訟法第486條第4項）。於刑事訴訟案件，對於高等法院及其分院對於以下抗告所爲之裁定，亦得向最高法院提起再抗告：一、對於駁回上訴之裁定抗告者；二、對於因上訴逾期聲請回復原狀之裁定抗告者；三、對於聲請再審之裁定抗告者；四、對於刑事訴訟法第477條所定刑之裁定抗告者；五、對於刑事訴訟法第486條聲明疑義或異議之裁定抗告者；六、證人、鑑定人、通譯及其他非當事人對於所受之裁定抗告者。惟對於高等法院及其分院就上述抗告所爲抗告法院之裁定，雖得向最高法院提起再抗告，但對於依刑事訴訟法第405條不得上訴於第三審之案件，其所爲抗告法院之裁定，則不得爲再抗告，因屬例外下之例外情形，故回歸抗告法院之裁定不

---

[10] 參照司法院訴訟須知民事、刑事上訴第三審注意事項。

得再行抗告之原則（刑事訴訟法第415條第1項但書、第2項）。

　　所謂非常上訴，係指對於審判違背法令之刑事確定判決所設之非常救濟程序而言。刑事訴訟法第441條規定：「判決確定後，發見該案件之審判係違背法令者，最高檢察署檢察總長得向最高法院提起非常上訴。」確定後之刑事判決，應包括通常判決及簡易判決在內。所謂「審判」，乃有審理與裁判之意。是以，判決本身違背法令，固得成為非常上訴之理由，於判決前之訴訟程序如有違背法令，亦得成為非常上訴之理由。所謂審判違背法令，係指其審判程序或其判決所援用法令，與當時應適用之法令有所違背者而言，其範圍自應涵蓋判決與整個審理程序[11]。刑事訴訟法第378條、第379條所定判決違背法令之事由足供參照，但並非以此為限，是應注意。

　　此外，裁定與實體判決有同等效力者，於裁定確定後，檢察總長認為違法，亦得提起非常上訴，例如撤銷緩刑宣告之裁定、更定累犯之刑之裁定、定應執行之刑之裁定、易科罰金之裁定、單獨宣告沒收之裁定、減刑之裁定，以及保安處分之裁定等均屬之[12]。

　　非常上訴係以統一法律見解及其適用為主要目的，故為專屬於最高法院之管轄事件。非常上訴之判決既著重於糾正原確定判決適用法令之錯誤，自得不經言詞辯論為之。除原判決不利於被告，或經撤銷後由原審法院更為審判者外，有關判決之效力並不及於被告，是應注意（刑事訴訟法第444條、第447條、第448條）。

　　所謂其他法律規定之訴訟案件，例如民事訴訟法第436-2條第1項規定，對於第427條第2項簡易訴訟程序之第二審裁判，其上訴利益逾第466條所定之數額者，當事人僅得以其適用法規顯有錯誤為理由，逕向最高法院提起上訴或抗告，以及同法第436-3條第4項規定，有關對於簡易訴訟程序之第二審裁判提起第三審上訴或抗告，經為裁判之原法院以裁定駁回其上訴或抗告，當事人得就前開裁定，逕向最高法院抗告之規定等均是。此

11　參照25年非字第139號判例。

12　參照44年台非字第41號判例；89年台非字第76號裁判。

項概括性條款，用以涵蓋其他法律規定應歸由最高法院管轄之訴訟事件。

第三項　最高法院之組織

第一款　概說

　　最高法院之組織，包括最高法院之編制、員額及職掌等事項，其因未設立分院，且以全國領域為設立區域，故無劃分類別之必要。法院組織法第49條規定：「最高法院員額，依附表之規定。」以上規定，係為最高法院組織設置之法律依據。

第二款　審判組織

一、法官

　　法院組織法第51條規定，「最高法院置法官，簡任第十三職等至第十四職等（第1項前段）。司法院得調高等法院以下各級法院及其分院法官或候補法官至最高法院辦事，承法官之命，辦理訴訟案件程序及實體之審查、法律問題之分析、資料之蒐集、裁判書之草擬等事務（第2項）。法官或候補法官調最高法院辦事期間，計入其法官或候補法官年資（第4項）」。關於最高法院法官之員額，依法院組織法第49條附表之規定，其編制得置法官八十名至一百六十名不等，端視該院庭數多寡及事務繁簡決定之。此外，最高法院分庭得另置法官五名至七名，除資深一名充庭長處理該分庭一切事務外，其餘法官分掌民刑事審判事件（最高法院設置分庭條例第5條）。調派最高法院辦理審判事務或實任研究法官，免經各該占缺審級庭長票選及推薦程序，由司法院院長擬具與擬補職缺同額之遷調名單，提請司法院人事審議委員會審議（法院庭長遴任辦法第13條）。

　　最高法院民刑事庭法官之職責如下（最高法院處務規程第21條第1項）：

　　(一)主辦案件內容之審查報告。

　　(二)關於主辦案件訴訟進行文稿之審核。

(三)參與評議時意見之陳述。

(四)主辦案件裁判書之撰擬。

(五)裁定提案大法庭前徵詢書及受徵詢時回復書之撰擬。

(六)其他有關審判程序之事項。

法官應就主辦案件先行審查，將審查結果報由審判長定期交付評議。主辦法官應依評議之決議，擬製裁判書，連同卷證送交審判長核定。各庭法官因事故致評議缺員時，依年終會議預定之代理次序表，由他庭法官代理之（最高法院處務規程第25條第1項、第26條、第35條）。

二、院長

法院組織法第50條規定：「最高法院置院長一人，特任，綜理全院行政事務，並任法官。」最高法院院長，其院長及法官之職務均為本職，此與高等法院及其分院、地方法院及其分院院長由法官兼任者有別。此外，最高法院院長並任法官，為普通法院體系內唯一之特任法官。

最高法院院長，應就具下列資格之一，並有領導才能者遴任之（司法人員人事條例第16條）：

(一)曾任司法院大法官、最高法院院長、最高檢察署檢察總長、最高行政法院院長或懲戒法院院長者。

(二)曾任最高法院法官、最高檢察署檢察官、高等法院院長或高等檢察署檢察長合計五年以上者。

(三)曾任實任法官、檢察官十年以上，或任實任法官、檢察官並任司法行政人員合計十年以上者。

最高法院院長之職責，為綜理全院行政事務。所謂綜理全院行政事務，包含甚廣，概括言之，約有以下數點（最高法院處務規程第12條至第15條）：

(一)處理院務以命令行之，屬於尋常事件者，得命書記廳以傳覽簿行之。

(二)院長之職責如下：

1. 本院施政方針及工作計畫之決定。
2. 法律建議案之核定及本院單行法之核定公布。
3. 本院民事庭刑事庭庭數之擬議。
4. 本院職員員額之擬議。
5. 民刑事庭裁判書之事後審閱。
6. 編製預算及長期概算案之扼要提示。
7. 本院各單位工作之監督指導及考核。
8. 本院職員之任免獎懲監督及考核。
9. 重要行政文件之判行。
10.民刑事庭會議、庭長會議、年終會議及其他重要會議之主持。
11.其他有關政務之處理。

(三)院長為督促行政事務進行，得分別情形酌定辦結之期限。

(四)關於本院行政事務，院長為徵詢意見，得分別召開庭長會議、法官會議、行政會議。

　　院長因故不能執行職務時，由資深庭長或院長指定之庭長代行其職務，並呈報司法院。院長為謀審判業務及行政事務之改進，得指定人員擔任研究設計審核等事宜。前項人員得指定停止辦理案件之庭長法官擔任（最高法院處務規程第16條、第17條）。

三、法庭

　　法院組織法第51條第1項中段規定，「最高法院分設民事庭、刑事庭，其庭數視事務之繁簡定之」。最高法院分設民事庭及刑事庭，各庭各置庭長一人、法官四人，合議審判民刑事訴訟事件（最高法院處務規程第18條）。最高法院庭數既非固定，其所配置法官之總員額亦無固定，端視案件多寡及事務繁簡而為機動調整。

　　最高法院對於民、刑事上訴案件得設置審查庭，審查當事人之上訴是否以違背法令為理由。對於重大刑事案件或其他民刑事專業性案件，得成立專庭或由專人辦理。此外，為裁判法律爭議，最高法院之民事庭、刑事

庭爲數庭者，應設民事大法庭、刑事大法庭。民事大法庭、刑事大法庭裁判法律爭議，各以法官十一人合議行之，並分別由最高法院院長及其指定之庭長，擔任民事大法庭或刑事大法庭之審判長（法院組織法第51-1條、第51-6條第1項）。有關前開事務分配，由院長提交年終會議決定之。其於中途設置或變更者，提交庭長會議決定之（最高法院處務規程第24條）。

四、庭長

　　法院組織法第51條第1項後段規定，「最高法院各庭置庭長一人，除由院長兼任者外，餘由法官兼任，簡任第十四職等，監督各該庭事務」。庭長之職務屬於司法行政性質，庭長之本職仍爲法官，庭長僅爲兼職，故而庭長除應依法令監督各該法庭之行政事務以外，仍應以法官身分，行使對於訴訟案件之審判職權，與未兼庭長法官之審判職權並無不同。惟最高法院所設庭數既非固定，各庭庭長之員額亦非固定。最高法院庭長之編制，應依最高法院所設法庭數額而爲決定。

　　司法院依法官法第10條第2項之立法授權，訂頒法院庭長遴任辦法，明定庭長之遴任資格、條件等有關事項，以落實與庭長行政職務人事事項有關之技術性與細節性之通盤性規定。最高法院庭長應就具有下列各款資格之一者，擇優遴任（法院庭長遴任辦法第9條）：

(一)曾任二審法院院長，或三審法院庭長，或由法官轉任之司法院副秘書長、法官學院院長或特任人員。

(二)現任最高法院法官一年以上，並曾任三審法院法官合計五年以上。

　　法官最近五年曾受懲戒處分，或記過以上之懲處處分，或司法院院長依法官法第21條第1項所爲職務監督處分者，不予遴任爲庭長（法院庭長遴任辦法第4條）。

　　最高法院庭長之遴任程序，概述如下（法院庭長遴任辦法第12條）：

(一)由司法院將符合本辦法第9條第2款所定遴任資格者，參酌法務部司法官學院司法官班結業期別，按其選定參加票選之事務類別分別造具名冊，逕送最高法院辦理票選。

(二)最高法院應於司法院指定時間同時辦理票選，由該院院長、庭長、法官以無記名限制連記法秘密投入指定票匭，連記人數不得逾冊列人數二分之一。

(三)司法院得視法院業務需要，將符合本辦法所定三審法院庭長遴任資格且志願調任人員名冊，送請所屬法院及擬補職缺法院表示意見。司法院院長得參考徵詢結果，並審酌本辦法第11條第8項所列各款相關情形，擬具與擬補職缺同額之遷調名單，提請司法院人事審議委員會審議。

最高法院民刑事各庭庭長之職責如下（最高法院處務規程第19條）：

(一)本庭事務之分配及監督。

(二)本庭評議之主持。

(三)本庭關於訴訟進行文件之判行。

(四)本庭法官工作之考核與獎懲之擬議。

(五)配置本庭職員工作之指揮及操行、學識、能力之考核監督與獎懲之擬議。

(六)有關業務改進建議事項。

民刑事各庭庭長相互間行政事務之劃分與處理，由年終會議或院長徵詢有關庭長意見後決定之。民刑事庭庭長因事故不能執行職務時，由本庭資深法官臨時代理（最高法院處務規程第20條、第34條）。

法院組織法第4條第1項規定：「合議審判，以庭長充審判長；無庭長或庭長有事故時，以庭員中資深者充之，資同以年長者充之。」最高法院民刑事庭庭長之職責，除關於本庭事務之分配與監督外，其餘規定於法官充審判長時準用之（最高法院處務規程第21條第2項）。

第三款　事務組織

一、書記廳

　　法院組織法第52條規定：「最高法院設書記廳，置書記官長一人，簡任第十一職等至第十三職等，承院長之命處理行政事務；一等書記官，薦任第八職等至第九職等；二等書記官，薦任第六職等至第七職等；三等書記官，委任第四職等至第五職等，分掌紀錄、文書、研究考核、總務、資料及訴訟輔導等事務，並得分科、分股辦事，科長由一等書記官兼任；股長由一等書記官或二等書記官兼任，均不另列等。前項一等書記官、二等書記官總額，不得逾一等書記官、二等書記官、三等書記官總額二分之一。」

　　最高法院設書記廳，置書記官長一人，承院長之命，處理行政事務，並指揮監督書記廳一切事務（最高法院處務規程第36條第1項）。書記官長為討論書記廳行政事務，得召集所屬有關職員會議，由書記官長任主席，但不採表決制（最高法院處務規程第49條）。書記官長因事故不能執行職務時，應報請院長指定科長代理（最高法院處務規程第50條第1項）。

　　最高法院書記官長之職責如下（最高法院處務規程第37條）：

(一)襄助院長處理本院行政事務。

(二)院長交辦機要事項。

(三)所屬各科職員工作調整之擬議。

(四)所屬各科職員之指揮監督。

(五)本院重要會議之籌劃進行。

(六)建議院長有關業務改進及注意事項。

(七)本院重要行政文件之審核。

(八)本院尋常行政文件之簽發。

(九)書記廳重要文件之判行。

(十)院長交辦事項。

(十一)新聞之發布及其他公共關係之聯繫事項。

最高法院書記廳分設民刑事各庭書記科、民事科、刑事科、文書科、研究發展考核科、事務科、資料科、訴訟輔導科及法警室等，其所設各科置科長一人，書記官若干人，科長由一等書記官兼任之。各科於業務需要，得分股辦事，股長由一等書記官或二等書記官兼任之。科長因事故不能執行職務時，由書記官長指定代理人。其餘職員因事故不能執行職務時，依事務性質由科長指定代理人。科長及其餘職員代理期間逾三日者，應報經院長核定（最高法院處務規程第38條、第50條第2項、第3項）。

二、其他人員

法院組織法第51條規定：「最高法院於必要時得置法官助理，依聘用人員聘用條例聘用各種專業人員充任之；承法官之命，辦理訴訟案件程序之審查、法律問題之分析、資料之蒐集等事務（第3項）。具律師執業資格者經聘用充任法官助理期間，計入其律師執業年資（第5項）。」

法院組織法第53條規定：「最高法院置一等通譯，薦任第八職等至第九職等；二等通譯，薦任第六職等至第七職等；三等通譯，委任第四職等至第五職等；技士，委任第五職等或薦任第六職等至第七職等；執達員，委任第三職等至第五職等；錄事、庭務員，均委任第一職等至第三職等。前項一等通譯、二等通譯總額，不得逾一等通譯、二等通譯、三等通譯總額二分之一。第二十三條第三項、第四項之規定，於最高法院準用之。」基於上述準用法院組織法第23條第3項及第4項之規定，最高法院爲辦理值庭、執行、警衛、解送人犯及有關司法警察事務，置法警；法警長，委任第五職等或薦任第六職等至第七職等；副法警長，委任第四職等至第五職等或薦任第六職等；法警，委任第三職等至第五職等；其管理辦法，由司法院會同行政院定之。同時，最高法院因傳譯需要。應逐案約聘原住民族或其他各種語言之特約通譯；其約聘辦法，由司法院定之。

最高法院書記廳置通譯、技士、執達員、錄事、庭務員若干人，辦理有關通譯、營繕維修、送達及值庭等事務（最高法院處務規程第38條第2項後段）。

最高法院設法警室，置法警長、副法警長各一人，法警若干人，辦

理值庭、警衛及其他有關司法警察事務。法警受院長之監督指揮,由書記官長承院長之命,負直接監督考核之責。法警管理及執行職務,依照最高法院訂定最高法院法警執行警衛及值日勤務注意事項及有關法令規定辦理(最高法院處務規程第75條)。

第四款 管理機構

　　法院組織法第54條規定:「最高法院設人事室,置主任一人,簡任第十職等,副主任一人,薦任第九職等或簡任第十職等;科員,委任第四職等至第五職等或薦任第六職等至第七職等,其中薦任科員不得逾總額三分之一,依法律規定辦理人事管理、人事查核等事項,並得分股辦事;股長由科員兼任,不另列等。」人事室主任,依法令主辦人事管理事務,並受院長之指揮監督(最高法院處務規程第77條)。

　　法院組織法第55條規定:「最高法院設會計室、統計室,各置主任一人,均簡任第十職等;必要時得依法各置佐理人員,依法律規定分別辦理歲計、會計、統計等事項,並得分股辦事;股長由佐理人員兼任,不另列等。」會計室主任及統計室主任,依法令主辦歲計、會計及統計事務,並受院長之指揮監督(最高法院處務規程第79條、第81條)。

　　政風機構人員設置管理條例規定,全國政風業務,由法務部廉政署規劃、協調及指揮監督(第2條第2項)。各機關政風機構之設置,依各該機關之層級、業務屬性、組織編制及政風業務需求等因素定之;其設置標準,由主管機關擬訂,報行政院核定(第5條第1項)。政風機構之名稱為處、室;並得視業務之繁簡,下設次級單位辦事。政風處置處長,必要時得置副處長;政風室置主任(第6條)。政風人員各職稱之官等職等及員額,依各機關組織法規或所適用之職務列等表規定辦理(第7條)。政風室主任,依法令主辦政風事務,並受院長之指揮監督(最高法院處務規程第81-2條)。

　　法院組織法第56條規定:「最高法院設資訊室,置主任一人,簡任第十職等,承院長之命處理資訊室之行政事項;設計師,薦任第六職等至

第八職等；資訊管理師，薦任第六職等至第七職等；操作員，第三職等至第五職等，處理資訊事項。」資訊室主任，承院長之命，處理資訊室之行政事項（最高法院處務規程第82條前段）。

　　人事室、會計室、統計室、政風室主辦文稿，應會由書記官長送請院長核定。人事室、會計室、統計室、政風室、資訊室之辦事要點另定之（最高法院處務規程第83條、第84條）。

第四項　統一法律見解

　　就我國最高法院及其以下各級法院而言，判例（precedent）係指最高法院對於某一特定案件所作成之裁判，基於「相同事務應作相同處理，不同事務應作不同處理」之原則，得成為同一法院體系未來審理案情相同或類似案件之法理依據，經最高法院依法定程序選編為判例，報請司法院備查，且未經變更之判決先例而言。英美法系國家基於遵循先例原則（doctrine of stare decisis），肯認各級法院所作成之判決先例具有法律之效力，為法院法官所造之法，與國會議員所造之法共同締造法律制度之全貌。而在成文法系國家，最高法院之判決先例雖非成文法律之一部分，但為尋求法律適用之平等及法律見解之統一，判決先例所蘊涵之法律原則仍可作為法院審判相同或類似案件之參考，甚至可成為上級審法院廢棄或變更下級審裁判之法理基礎。從而，英美法國家與成文法國家對於判決先例之遵循，至少在事實上無二致。

　　社會正義並非一成不變，如僅死守判例所示教條而漠視現實需要，恐引致食古不化之譏，亦罔顧人民權益。是以，縱有相同事務應作相同處理之情形，法官仍應考量公平正義理念現時客觀之實踐。如在權衡法理平等與社會正義二項價值以後，認為社會正義之實現應予優先考量時，最高法院仍應有依法定程序變更判例之職責，舊法院組織法第57條乃規定：「最高法院之裁判，其所持法律見解，認有編為判例之必要者，應分別經由院長、庭長、法官組成之民事庭會議、刑事庭會議或民、刑事庭總會議決議後，報請司法院備查。最高法院審理案件，關於法律上之見解，認有變更

判例之必要時，適用前項規定。」上述規定，係爲最高法院履行判例選編及變更職務及尋求各庭法律見解統一之法定程序。

　　由於現階段法院組織法增訂大法庭制度，對於最高法院各庭法律見解之歧異已可達到終審法院統一法律見解之目的，最高法院原有判例選編及變更制度自無再予維持之必要，法院組織法第57條規定爰予刪除。最高法院於107年12月7日修正法院組織法施行前依法選編之判例，如其已無裁判全文可資查考，因該類判例所依憑之事實未可提供參佐，背離司法三段論證思維程序所形成個案裁判之本質，故應於修正條文施行後停止適用。未經前項規定停止適用之判例，其效力與未經選編爲判例之最高法院裁判相同（法院組織法第57-1條第1項、第2項）。

　　關於最高法院大法庭制度之實施，最高法院民事庭、刑事庭各庭審理案件，經評議後認採爲裁判基礎之法律見解，與先前裁判之法律見解歧異者，應以裁定敍明理由，依下列方式處理：一、民事庭提案予民事大法庭裁判；二、刑事庭提案予刑事大法庭裁判。最高法院民事庭、刑事庭各庭爲前項裁定前，應先以徵詢書徵詢其他各庭之意見。受徵詢庭應於三十日內以回復書回復之，逾期未回復，視爲主張維持先前裁判之法律見解。經任一受徵詢庭主張維持先前裁判之法律見解時，始得爲前項裁定（法院組織法第51-2條）。最高法院民事庭、刑事庭各庭審理案件，經評議後認採爲裁判基礎之法律見解具有原則重要性，得以裁定敍明理由，提案予民事大法庭、刑事大法庭裁判（法院組織法第51-3條）。最高法院民事庭、刑事庭各庭審理案件期間，當事人認爲足以影響裁判結果之法律見解，民事庭、刑事庭先前裁判之見解已產生歧異，或具有原則重要性，得以書狀表明下列各款事項，向受理案件之民事庭、刑事庭聲請以裁定提案予民事大法庭、刑事大法庭裁判：一、所涉及之法令；二、法律見解歧異之裁判，或法律見解具有原則重要性之具體內容；三、該歧異見解或具有原則重要性見解對於裁判結果之影響；四、聲請人所持法律見解（法院組織法第51-4條第1項）。提案庭於大法庭言詞辯論終結前，因涉及之法律爭議已無提案之必要，得以裁定敍明理由，撤銷提案（法院組織法第51-5條）。民事大法庭、刑事大法庭裁判法律爭議，應以裁定記載主文與理由行之，

並自辯論終結之日起三十日內宣示。法官於評議時所持法律上之意見與多數意見不同，經記明於評議簿，並於裁定宣示前補具不同意見書者，應與裁定一併公布（法院組織法第51-9條）。民事大法庭、刑事大法庭之裁定，對提案庭提交之案件有拘束力（法院組織法第51-10條）。

第八節　最高行政法院

第一項　最高行政法院之設立

行政法院組織法第11條規定：「最高行政法院設於中央政府所在地。」本規定係最高行政法院設立之法律準據。最高行政法院之設立區域，係以全國之領域為其管轄範圍，故無分設若干最高行政法院及其分院之情形。

第二項　最高行政法院之職權

行政法院組織法第12條規定：「最高行政法院管轄事件如下：一、不服高等行政法院裁判而上訴或抗告之事件。二、其他依法律規定由最高行政法院管轄之事件。」最高行政法院為行政訴訟事件之終審法院，對於不服高等行政法院裁判而上訴或抗告之事件，最高行政法院享有第二審並為法律審與終審之普通管轄權。最高行政法院對於上訴事件得設置審查庭，審查當事人之上訴是否以違背法令為理由（最高行政法院處務規程第18-1條第1項）。

所謂依法律規定由最高行政法院管轄之事件，例如依據行政訴訟法第235-1條第1項之規定，高等行政法院受理第235條第1項對於簡易訴訟程序之裁判不服而上訴或抗告之訴訟事件，認有確保裁判見解統一之必要者，應以裁定移送最高行政法院裁判；依據智慧財產案件審理法第32條之規定，對於智慧財產及商業法院之裁判，除法律別有規定外，得上訴或抗告於終審行政法院；依據公民投票法第54條第2項第2款之規定，不服高等行政法院第一審裁判而上訴、抗告之公民投票訴訟事件，由最高行政法院管

轄者均屬之。此項概括性條款，用以涵蓋其他法律規定應歸由最高行政法院管轄之行政訴訟事件。

第三項　最高行政法院之組織

第一款　概說

　　最高行政法院之組織，包括最高行政法院之編制、員額及職掌等事項，其因未設立分院，且以全國領域為設立區域，故無劃分類別之必要。行政法院組織法第5條第1項規定：「各級行政法院之員額，依本法附表一、二之規定。」以上規定，係為最高行政法院組織設置之法律依據。

第二款　審判組織

一、法官

　　行政法院組織法第15條規定：「最高行政法院每庭置法官五人，簡任第十三職等至第十四職等（第1項）。司法院為因應最高行政法院業務需要，得調高等行政法院或高等法院以下各級法院及其分院法官、試署法官或候補法官至最高行政法院辦事，每庭一人至五人，協助法官辦理訴訟案件程序、實體重點之分析、資料之蒐集分析、裁判書之草擬等事項（第2項）。法官、試署法官或候補法官調最高行政法院為辦事法官期間，計入其法官、試署法官或候補法官年資（第4項）。」關於最高行政法院法官之員額，依行政法院組織法第5條第1項附表2之規定，該法院得設法庭八至十四庭，每庭置法官四人，其編制得置法官三十二名至五十六名不等，端視該院庭數多寡及事務繁簡決定之。

　　最高行政法院法官之職責如下（最高行政法院處務規程第19條第1項）：

(一)主辦事件之審理進行。

(二)關於主辦事件訴訟進行文稿之審核。

(三)參與評議時意見之陳述。

(四)主辦事件裁判書之撰擬。

(五)裁定提案大法庭前徵詢書及受徵詢時回復書之撰擬。

(六)就主辦事件對於配置書記官執行職務之指揮考核。

(七)其他有關審判程序之事項。

(八)院長、庭長交辦之審判外之院務。

　　各庭法官因事故致評議缺員時，依代理次序表，由他庭法官代理。法官配受事件依法應製作裁判書，並依法律規定期限，將裁判書交付書記官製作正本後，送院長研閱。院長於必要時，得指定庭長襄助研閱之（最高行政法院處務規程第21條、第24條）。

二、院長

　　行政法院組織法第13條第1項規定：「最高行政法院置院長一人，特任，綜理全院行政事務，並任法官。」最高行政法院院長，其院長及法官之職務均為本職，此與高等行政法院及其分院院長係由法官兼任者有別。此外，最高行政法院院長並任法官，為行政法院體系內唯一之特任法官。最高行政法院院長，應就具有下列資格之一，並有領導才能者遴任之（行政法院組織法第13條第2項）：

(一)曾任司法院大法官、最高行政法院院長、最高法院院長、最高法院檢察署檢察總長或懲戒法院委員長。

(二)曾任行政法院評事、最高行政法院法官、最高法院法官、最高法院檢察署檢察官、高等行政法院院長、高等法院院長或高等法院檢察署檢察長合計五年以上者。

(三)曾任行政法院簡任評事或法官、簡任司法官十年以上，或任行政法院簡任法官、簡任司法官並任簡任司法行政人員合計十年以上者。

　　最高行政法院院長之職責，為綜理全院行政事務。所謂綜理全院行政事務，包含甚廣，概括言之，約有以下數點（最高行政法院處務規程第9條、第10條）：

(一)處理院內事務以命令行之。但尋常事務得命書記廳以傳覽簿行之。

(二)院長之職責如下：

1. 本院工作計畫之決定。

2. 法律建議案之核定及本院單行法規之核定發布。

3. 本院庭數之擬議。

4. 本院職員員額之擬議。

5. 裁判書之事後研閱。

6. 編製概算及預算案之提示。

7. 本院各單位工作之監督指導及考核。

8. 本院職員之任免、獎懲、監督及考核。

9. 重要行政文件之判行。

10. 法官會議、庭長會議、年終會議及其他重要會議之主持。

11. 上級機關重要行政命令執行之監督考核。

12. 人民陳訴事件之處理。

13. 向上級或有關機關建議或報告事項之核定。

14. 其他有關院務之處理。

(三)院長對於行政事務之處理，認有諮詢之必要時，得召集庭長會議、庭長、法官聯席會議或行政會議。院長有事故不能執行職務時，由資深庭長或院長指定之庭長代理，並陳報司法院（最高行政法院處務規程第11條、第13條）。

(四)院長為謀審判業務及行政事務之改進，得指定人員擔任研究、設計、審核等事宜。前項人員得指定停止辦理案件之庭長、法官擔任（最高行政法院處務規程第14條）。

三、法庭

行政法院組織法第14條第1項規定：「最高行政法院應分庭審判，其庭數視事務之繁簡定之。」最高行政法院各庭置庭長一人，法官四人，合議審判訴訟事件（最高行政法院處務規程第15條）。最高行政法院庭數既

非固定，其所配置法官之總員額亦無固定，端視案件多寡及事務繁簡而爲機動之調整，並有依法設置專業法庭之情形，例如依據納稅者權利保護法第18條第1項規定，最高行政法院應設稅務專業法庭，審理納稅者因稅務案件提起之行政訴訟。此外，爲裁判法律爭議，最高行政法院設大法庭，以確保法律適用一致及促進法律之續造（行政法院組織法第15-1條）。大法庭裁判法律爭議，以法官九人合議行之，並由最高行政法院院長擔任審判長（行政法院組織法第15-6條第1項）。

四、庭長

行政法院組織法第14條第2項規定：「最高行政法院各庭置庭長一人，簡任第十四職等，除由院長兼任者外，餘就法官中遴兼之，監督各該庭事務。」庭長之職務屬於司法行政性質，庭長之本職仍爲法官，庭長僅爲兼職，庭長除依法令監督各該法庭之行政事務外，仍應以法官身分，行使對於訴訟事件之審判職權，與未兼庭長法官之審判職權並無不同。惟最高行政法院所設庭數既非固定，各庭庭長之員額亦非固定。庭長員額係獨立於法官總員額之外，庭長之編制，應依該院所設法庭數額而爲決定。

司法院依法官法第10條第2項之立法授權，訂頒法院庭長遴任辦法，明定庭長之遴任資格、條件等有關事項，以落實與庭長行政職務人事事項有關之技術性與細節性之通盤性規定。最高行政法院庭長應就具有下列各款資格之一者，擇優遴任（法院庭長遴任辦法第10條）：

(一)曾任二審法院院長，或三審法院庭長，或由法官轉任之司法院副秘書長、法官學院院長或特任人員。

(二)現任最高行政法院法官一年以上，並曾任三審法院法官合計五年以上。

法官最近五年曾受懲戒處分，或記過以上之懲處處分，或司法院院長依法官法第21條第1項所爲職務監督處分者，不予遴任爲庭長（法院庭長遴任辦法第4條）。

最高行政法院庭長之遴任程序，概述如下（法院庭長遴任辦法第12條）：

(一)由司法院將符合本辦法第10條第2款所定遴任資格者,參酌法務
　　部司法官學院司法官班結業期別,按其選定參加票選之事務類別
　　分別造具名冊,逕送最高行政法院辦理票選。

(二)最高行政法院應於司法院指定時間同時辦理票選,由該院院長、
　　庭長、法官以無記名限制連記法秘密投入指定票匭,連記人數不
　　得逾冊列人數二分之一。

(三)司法院得視法院業務需要,將符合本辦法所定三審法院庭長遴任
　　資格且志願調任人員名冊,送請所屬法院及擬補職缺法院表示意
　　見。司法院院長得參考徵詢結果,並審酌本辦法第11條第7項所
　　列各款相關情形,擬具與擬補職缺同額之遴調名單,提請司法院
　　人事審議委員會審議。

最高行政法院各庭庭長之職責如下（最高行政法院處務規程第16條
第1項）：

(一)本庭事務之監督。

(二)本庭評議之主持及評議簿之保管。

(三)本庭關於訴訟進行文件之判行。

(四)年終會議決議及院長交辦事項之處理。

(五)本庭法官工作之考核與獎懲之擬議。

(六)對調辦事法官之督導考核。

(七)配置本庭法官助理及其他職員工作之指揮及操行、學識、能力之
　　考核監督與獎懲之擬議。

(八)人民陳訴事件之調查及擬議。

(九)法律問題之研究。

(十)抽籤及電腦分案事務之主持。

(十一)有關業務改進建議事項。

最高行政法院各庭庭長相互間行政事務之劃分與處理,由年終會議或
院長徵詢有關庭長意見後決定之。庭長有事故不能執行職務時,行政事務
之代理依代理次序表（最高行政法院處務規程第17條、第18條）。

第三款　事務組織

一、書記廳

行政法院組織法第22條規定：「最高行政法院設書記廳，置書記官長，簡任第十一職等至第十三職等，承院長之命處理行政事務；一等書記官，薦任第八職等至第九職等；二等書記官，薦任第六職等至第七職等；三等書記官，委任第四職等至第五職等。書記廳分科掌理事務，各科於必要時，得分股辦事。科長由一等書記官兼任之，股長由一等書記官或二等書記官兼任之，均不另列等。第一項一等書記官、二等書記官員額合計不得逾同一行政法院一等書記官、二等書記官、三等書記官總額二分之一。」

最高行政法院置書記官長一人，承院長之命，處理行政事務，並指揮監督書記廳一切事務（最高行政法院處務規程第29條）。書記官長為討論書記廳行政事務，得召集所屬有關職員會議，由書記官長任主席，但不採表決制。書記官長因事故不能執行職務時，應報請院長指定適當人員代理（最高行政法院處務規程第40條、第41條第1項）。

最高行政法院分設各庭書記科、審查科、文書科、研究發展考核科、總務科、訴訟輔導科等，其所設各科置科長一人，書記官若干人，科長以一等書記官兼任之。各科於業務需要，得分股辦事，股長由一等書記官或二等書記官兼任之。科長因事故不能執行職務時，由書記官長指定代理人。其餘職員因事故不能執行職務時，依事務性質由科室主管指定代理人。科長及其餘職員代理期間逾三日者，應報經院長核定（最高行政法院處務規程第31條、第41條第2項至第4項）。

二、其他人員

行政法院組織法第15條規定：「最高行政法院必要時，得置法官助理，依聘用人員相關法令聘用專業人員，或調派各級法院或行政法院其他司法人員或借調其他機關適當人員充任之，協助該庭辦理訴訟案件程序之進行、程序重點之分析、資料之蒐集分析等事項（第3項）。具專業

證照執業資格者，經聘用充任法官助理期間，計入其專業執業年資（第5項）。法官助理之遴聘辦法，由司法院定之（第6項）。」

行政法院組織法第23條第1項規定：「各級行政法院得置通譯、技士，均委任第三職等至第五職等；執達員，委任第三職等至第五職等；錄事、庭務員均委任第一職等至第三職等。」同法第24條規定：「各級行政法院置法警，委任第三職等至第五職等；法警長，委任第五職等或薦任第六職等至第七職等；副法警長，委任第四職等至第五職等或薦任第六職等。」

最高行政法院置法警長一人、法警若干人，必要時得置副法警長一人，法警之管理準用法警管理辦法之規定，其他作業要點及執行職務注意事項由最高行政法院另訂之。書記廳置通譯、法警、執達員、錄事、庭務員若干人，辦理有關通譯、警衛、送達及值庭等事務（最高行政法院處務規程第31條第1項第7款、第3項後段）。同時，依據行政法院組織法第47條準用法院組織法第23條第4項之規定，最高行政法院因傳譯需要，應逐案約聘原住民族或其他各種語言之特約通譯；其約聘辦法，由司法院定之。

第四款　管理機構

行政法院組織法第25條第2項規定：「最高行政法院設人事室，置主任一人，簡任第十職等；並得置科員，委任第五職等或薦任第六職等至第七職等。依法律規定辦理人事管理事項。」

行政法院組織法第26條第2項規定：「最高行政法院設會計室、統計室，分置會計主任、統計主任各一人，均簡任第十職等；並得置科員，委任第五職等或薦任第六職等至第七職等，依法律規定分別辦理歲計、會計及統計等事項。」

行政法院組織法第27條第2項規定：「最高行政法院設政風室，置主任一人，簡任第十職等；並得置科員，委任第五職等或薦任第六職等至第七職等。依法律規定辦理政風事項。」

　　行政法院組織法第28條第2項規定：「最高行政法院設資訊室，置主任一人，簡任第十職等；設計師，薦任第六職等至第八職等；資訊管理師，薦任第七職等；助理設計師，委任第四職等至第五職等，其中二分之一員額得列薦任第六職等，處理資訊事項。」

　　人事室主任、會計室主任、統計室主任、政風室主任及資訊室主任，各依法律主辦人事管理事務、會計事務、統計事務、政風事務及資訊管理事務，並受院長之指揮監督。各室主辦文稿，應經由書記官長送請院長核定。各室辦事要點另定之（最高行政法院處務規程第43條、第45條、第47條、第49條、第51條至第53條）。

第四項　統一法律見解

　　舊行政法院組織法第16條規定：「最高行政法院之裁判，其所持之法律見解，認有編爲判例之必要者，應經由院長、庭長、法官組成之會議決議後，報請司法院備查。最高行政法院審理事件，關於法律上之見解，認有變更判例之必要時，適用前項規定。最高行政法院之裁判，其所持之法律見解，各庭間見解不一致者，於依第一項規定編爲判例之前，應舉行院長、庭長、法官聯席會議，以決議統一其法律見解。」以上規定，原係最高行政法院實施判例選編及變更之法律依據。

　　由於現階段行政法院組織法增訂大法庭制度，對於最高行政法院各庭法律見解之歧異已可達到終審法院統一法律見解之目的，最高行政法院原有判例選編及變更制度自無再予維持之必要，行政法院組織法第16條規定爰予刪除。最高行政法院於107年12月7日修正行政法院組織法施行前依法選編之判例，如其已無裁判全文可資查考，因該類判例所依憑之事實未可提供參佐，背離司法三段論證思維程序所形成個案裁判之本質，故應於修正條文施行後停止適用。未經前項規定停止適用之判例，其效力與未經選編爲判例之最高行政法院裁判相同（法院組織法第57-1條第1項、第2項）。

　　關於最高行政法院大法庭制度之實施，最高行政法院各庭審理事

件，經評議後認採爲裁判基礎之法律見解，與先前裁判之法律見解歧異者，應以裁定敘明理由，提案予大法庭裁判。最高行政法院各庭爲前項裁定前，應先以徵詢書徵詢其他庭之意見。受徵詢庭應於三十日內以回復書回復之，逾期未回復，視爲主張維持先前裁判之法律見解。經任一受徵詢庭主張維持先前裁判之法律見解時，始得爲前項裁定（行政法院組織法第15-2條）。最高行政法院各庭審理事件，經評議後認採爲裁判基礎之法律見解具有原則重要性，得以裁定敘明理由，提案予大法庭裁判（行政法院組織法第15-3條）。最高行政法院各庭審理事件期間，當事人認爲足以影響裁判結果之法律見解，先前裁判之法律見解已產生歧異，或具有原則重要性，得以書狀表明下列各款事項，向受理事件庭聲請以裁定提案予大法庭裁判：一、涉及之法令；二、法律見解歧異之裁判，或法律見解具有原則重要性之具體內容；三、該歧異見解或具有原則重要性見解對於裁判結果之影響；四、所持法律見解及理由（行政法院組織法第15-4條第1項）。提案庭於大法庭言詞辯論終結前，因涉及之法律爭議已無提案之必要，得以裁定敘明理由，撤銷提案（行政法院組織法第15-5條）。大法庭裁判法律爭議，應以裁定記載主文與理由行之，並自辯論終結之日起三十日內宣示。法官於評議時所持法律上之意見與多數意見不同，經記明於評議簿，並於裁定宣示前補具不同意見書者，應與裁定一併公布（行政法院組織法第15-9條）。大法庭之裁定，對提案庭提交之事件有拘束力（行政法院組織法第15-10條）。

第九節　懲戒法院

第一項　懲戒法院之設立

司法院組織法第6條規定，「司法院設懲戒法院；其組織另以法律定之」。本規定係懲戒法院設立之法律準據。懲戒法院之設立區域，係以全國之領域爲其管轄範圍，故無分設若干懲戒法院及其分會之情形。

第二項　懲戒法院之職權

懲戒法院組織法第1條規定：「懲戒法院掌理全國公務員之懲戒及法官法第四十七條第一項第二款至第四款之事項。」公務員依公務員懲戒法應受懲戒處分，其爭訟屬公務員訴訟權實施範疇，基於憲法正當程序及平等保護原理，應由特別法院懲戒法院審理。

關於公務員懲戒案件之提起，公務員懲戒法第2條規定：「公務員有下列各款情事之一，有懲戒之必要者，應予懲戒：一、違法執行職務、怠於執行職務或其他失職行為。二、非執行職務之違法行為，致嚴重損害政府之信譽。」但同法第3條並規定：「公務員之行為非出於故意或過失者，不受懲戒。」被付懲戒人經審理有懲戒必要者，懲戒法院應為懲戒處分之判決。惟被付懲戒人如無違法失職、無故意過失或無懲戒必要，只要其中一項條件成立，即應獲得不受懲戒處分之判決，是應注意。

公務員懲戒法第23條規定，「監察院認為公務員有第二條所定情事，應付懲戒者，應將彈劾案連同證據，移送懲戒法院審理。」同法第24條規定：「各院、部、會首長、省、直轄市、縣（市）行政首長或其他相當之主管機關首長，認為所屬公務員有第二條所定情事者，應由其機關備文敘明事由，連同證據送請監察院審查。但對於所屬薦任第九職等或相當於薦任第九職等以下之公務員，得逕送懲戒法院審理。依前項但書規定逕送懲戒法院審理者，應提出移送書，記載被付懲戒人之姓名、職級、違法或失職之事實及證據，連同有關卷證，一併移送，並應按被付懲戒人之人數，檢附移送書之繕本。」懲戒法院審理公務員懲戒案件，兼採職權調查主義，故得依職權自行調查證據，並得囑託法院或其他機關調查，必要時亦得向有關機關調閱卷宗，並得請其為必要之說明。

第三項　懲戒法院之組織

第一款　概說

懲戒法院之組織，包括懲戒法院之編制、員額及職掌等事項，其因

未設立分院，且以全國領域爲設立區域，故無劃分類別之必要。懲戒法院組織法之相關規定，係爲懲戒法院設置之法律依據。懲戒法院組織法未規定者，準用法院組織法及其他有關人事法律之規定（懲戒法院組織法第26條）。

第二款　審判組織

一、法官

懲戒法院組織法第2條後段規定，「懲戒法院置法官九人至十五人」。關於委員之職等、遴選等事項，依據懲戒法院組織法第26條之規定，準用法院組織法及其他有關法律之規定。

懲戒法院法官之職責如下（懲戒法院處務規程第19條）：

(一)主辦案件之審理進行。

(二)關於主辦案件訴訟進行文稿之審核。

(三)參與評議時意見之陳述。

(四)主辦案件裁判書之撰擬。

(五)就主辦案件對於配置書記官執行職務之指揮考核。

(六)其他有關審判程序之事項。

各庭法官因事故致缺員時，依代理次序表，由他庭法官代理。法官配受案件依法應製作裁判書，並依法律規定期限，將裁判書交付書記官製作正本後，送院長研閱。院長於必要時，得指定審判長襄助研閱之（懲戒法院處務規程第21條、第24條）。

二、院長

懲戒法院組織法第2條前段規定：「懲戒法院置院長一人，特任，綜理全院行政事務，並任法官。」懲戒法院院長，其院長及法官之職務均爲本職，爲懲戒法院唯一之特任法官。

懲戒法院院長應具有下列資格之一（懲戒法院組織法第3條）：

(一)曾任司法院大法官、最高法院院長、最高行政法院院長、懲戒法

院院長或最高檢察署檢察總長者。

(二)曾任最高法院法官、行政法院法官、最高行政法院法官、懲戒法院法官、最高檢察署檢察官、高等法院院長、高等行政法院院長、智慧財產及商業法院院長或高等檢察署檢察長合計五年以上者。

(三)曾任實任法官、實任檢察官十七年以上；或任實任法官、實任檢察官，並任司法行政人員合計十七年以上者。

懲戒法院院長之職責，為綜理本院行政事務。所謂綜理本院行政事務，包含甚廣，概括言之，約有以下數點（懲戒法院處務規程第11條、第12條）：

(一)處理院內事務以命令行之。但尋常事務得命書記廳以傳覽簿行之。

(二)院長之職責如下：

1. 本院工作計畫之決定。

2. 法律建議案之核定及本院單行法規之核定發布。

3. 本院庭數之擬議。

4. 本院人員員額之擬議。

5. 裁判書之事後研閱。

6. 編製概算及預算案之提示。

7. 本院各單位工作之監督指導及考核。

8. 本院人員之任免、獎懲、監督及考核。

9. 重要行政文件之判行。

10.年終會議及其他重要會議之主持。

11.上級機關重要行政命令執行之監督考核。

12.人民陳述事件之處理。

13.向上級或有關機關建議或報告事項之核定。

14.其他有關院務之處理。

(三)院長對於行政事務之處理，認有諮詢之必要時，得分別召集法官

會議或行政會議。院長因事故不能執行職務時，由資深法官或院長指定之法官代理，並陳報司法院（懲戒法院處務規程第13條、第15條）。

(四)院長為謀審判業務及行政事務之改進，得指定人員擔任研究、設計、審核等事宜。前項人員得指定停止辦理案件之法官擔任（懲戒法院處務規程第14條）。

三、法庭

懲戒法院組織法第4條規定，「懲戒法院設懲戒法庭，分庭審判公務員懲戒案件，其庭數視事務之繁簡定之。但法律另有規定者，從其規定（第1項）。懲戒法庭第一審案件之審理及裁判，以法官三人合議行之；第二審案件之審理及裁判，以法官五人合議行之（第2項）」。懲戒法院組織法第5條第1項規定：「懲戒法院設職務法庭，分庭審判法官法第四十七條第一項各款及第八十九條第八項案件；其庭數視事務之繁簡定之。」懲戒法院庭數既非固定，其所配置法官之總員額亦無固定，端視案件多寡及事務繁簡而為機動之調整。

四、審判長

懲戒法院組織法第4條第2項規定，懲戒法院第一審案件合議庭由資深法官充審判長，資同以年長者充之；第二審案件則由院長充審判長，院長有事故時，以庭員中資深者充之，資同以年長者充之。懲戒法院審判長之職責如下（懲戒法院處務規程第16條）：

(一)本庭事務之分配及監督。

(二)本庭評議之主持及評議簿之保管。

(三)本庭關於訴訟進行文件之判行。

(四)本庭法官所擬裁判書之核定。

(五)本庭裁判具有參考價值者之選擇。

(六)年終會議決議及院長交辦事項之處理。

(七)本庭法官工作之考核與獎懲之擬議。

(八)配置本庭其他人員工作之指揮及操行、學識、能力之考核監督與獎懲之擬議。

(九)人民陳訴事件之調查及擬議。

(十)法律問題之研究。

(十一)抽籤及電腦分案事務之主持。

(十二)有關業務改進建議事項。

懲戒法院各審判長相互間行政事務之劃分與處理，由年終會議或院長徵詢有關審判長意見後決定之。審判長有事故不能執行職務時，行政事務之代理依代理次序表（懲戒法院處務規程第17條、第18條）。

第三款 事務組織

一、書記廳

懲戒法院組織法第6條規定：「懲戒法院設書記廳，置書記官長一人，簡任第十一職等至第十三職等，承院長之命處理行政事務；一等書記官及二等書記官合計七人至十三人；一等書記官，薦任第八職等至第九職等；二等書記官，薦任第六職等至第七職等；三等書記官七人至十七人，委任第四職等至第五職等，分掌紀錄、文書、研究考核、總務、資料及訴訟輔導等事務；並得分科、股辦事，科長由一等書記官兼任，股長由一等書記官或二等書記官兼任，均不另列等。但一等書記官人數少於設科數，且有業務需要時，科長得由二等書記官兼任之。前項所定分科、分股及兼任、免兼等事項，由司法院定之。」

懲戒法院設書記廳，置書記官長一人，承院長之命，處理行政事務，並指揮監督書記廳一切事務（懲戒法院處務規程第28條）。書記官長為討論書記廳行政事務，得召集所屬人員會議，由書記官長任主席，但不採表決制。書記官長因事故不能執行職務時，應報請院長指定適當人員代理（懲戒法院處務規程第41條、第42條第1項）。

懲戒法院書記廳分設紀錄科、文書科、資料科、研究發展考核科、總務科，法警室。各科置科長一人，書記官若干人。各科於業務需要，得分

股辦事。科長因事故不能執行職務時，由書記官長指定代理人。其餘人員因事故不能執行職務時，依事務性質由科室主管指定代理人。科長及其餘人員代理期間逾三日者，應報經院長核定（懲戒法院處務規程第30條、第42條第2項至第3項）。

二、其他人員

　　懲戒法院組織法第7條第1項規定，「懲戒法院置法警長一人，委任第五職等或薦任第六職等至第七職等；法警二人至八人，委任第三職等至第五職等；錄事五人至十七人，委任第一職等至第三職等；庭務員一人至三人，委任第一職等至第三職等。」

　　懲戒法院書記廳置通譯、法警、錄事、庭務員若干人，辦理有關通譯、警衛、送達及值庭等事務。懲戒法院設法警室，置法警長一人，法警二至八人，辦理值庭、警衛及其他有關司法警察事務。法警受院長之指揮監督，由書記官長承院長之命，負直接監督考核之責。法警之管理準用法警管理辦法之規定，其他作業要點及執行職務注意事項由本會另定之（懲戒法院處務規程第30條第4項、第43條）。

第四款　管理機構

　　懲戒法院組織法第8條規定：「懲戒法院設人事室、置主任一人，簡任第十職等；並得置科員一人，委任第五職等或薦任第六職等至第七職等。依法律規定辦理人事管理事項。」

　　懲戒法院組織法第9條規定：「懲戒法院設會計室、統計室，各置主任一人，均簡任第十職等；並得各置科員一人，委任第五職等或薦任第六職等至第七職等。依法律規定分別辦理歲計、會計及統計等事項。」

　　懲戒法院組織法第10條：「懲戒法院設政風室，置主任一人，簡任第十職等；其餘所需工作人員，應就本法所定員額內派充之。依法律規定辦理政風事項。」

　　懲戒法院組織法第11條規定：「懲戒法院設資訊室，置主任一人，簡任第十職等；設計師一人，薦任第六職等至第八職等；資訊管理師一人，

薦任第七職等；助理設計師二人至四人，委任第四職等至第五職等，其中二人得列薦任第六職等，處理資訊事項。」

人事室主任、會計室主任、統計室主任、資訊室主任，依法令主辦人事管理事務、歲計、會計事務、統計事務、資訊事務，並受院長之指揮監督。各室主辦文稿，應會由書記官長送請院長核定。各室辦事要點由本院另定之（懲戒法院處務規程第45條、第47條、第49條、第53條至第55條）。

第四項　案件編輯

懲戒法院認為懲戒案件具有參考價值者，應由院長或法官交文書科摘錄裁判要旨，連同裁判書正本提出於法官會議審查。為辦理案例要旨之編輯及裁判書之刊載公報，懲戒法院得設置編輯委員會；其辦事要點由本院另定之。此外，各庭為統一法令之見解，或法官認有必要時，亦得由院長召集法官會議共同研商，尋求共識（懲戒法院處務規程第26條、第27條、第78條）。

第十節　檢察機關

第一項　檢察機關之設立

第一款　檢察制度

世界各國對於刑事訴訟案件，均肯認應由他人提起訴訟，法官始得開始進行審判。此種訴訟之提起，除可由犯罪被害人或其一定關係人向法院提起自訴外，為保障國家安全，維護社會公益，國家並應設置檢察機關，由檢察官組成，專司偵查犯罪、提起公訴及實行公訴之職責，並代表國家成為刑事訴訟事件之原告，以公益代表人之身分，在刑事追訴程序中居於刑事被告對立當事人之立場，藉由交互詰問等程序機制與刑事被告進行直接及面對面之攻防與論辯，期使真理浮現、真實發見，務期摘奸發伏、勿

枉勿縱，達成維護國家安寧及伸張社會正義之使命。此在刑事訴訟立法例中所謂之彈劾主義，與國家訴權主義結合，而形成現代民主法治國家一致採行之檢察制度。

關於刑事訴訟，我國在往昔並無所謂之檢察制度。現代檢察制度導源於法國。法國於11、12世紀時期，以決鬥為判斷刑事訴訟之勝負，結果造成曲直難分，有力者勝，無力者敗，直至14世紀法王路易鑑其弊害，方予以廢除。在此同時，國王為維護其本身之利益，常聘有私務代理人赴法院提起訴訟，並為其辯護。嗣後法王欲廢除封建制度，及取締宗教侵犯司法之情事，乃擴張代理人之權限，使其代理一般人行使對於刑事案件之追訴，進而將此一代理人提升為國家之常設官吏，與私人追訴制度雙軌並行，稱為非常訴訟。由於非常訴訟合於刑事訴訟理論，故漸漸取代私人追訴而成為現代檢察制度之先河。至19世紀初期，拿破崙一世編纂法典，採用彈劾主義及國家訴權主義，其檢察制度始告確立。

歐洲國家如德、義等國均相繼仿效法國首創之檢察制度；日本於明治維新後亦起而效尤。我國迨至清末德宗設檢察廳時起，始仿效法國之檢察制度，配置檢察官於各級法院。民國69年審檢分隸後，將各級檢察機關改隸行政院，由法務部統轄，且為貫徹審判行政與檢察行政各自分離之原則，乃將原檢察官配置於法院之概念抽離而另行設置獨立之檢察機關。各級檢察署雖仍配置於各級法院及其分院，與法院合署辦公，但二者互不隸屬，職權、編制及員額於法院組織法中亦分別規定，俾使國家司法機關間事權劃分明確，以健全司法制度，增益司法效能。

第二款　檢察機關之意義

依現行檢察制度，所謂檢察機關，係指由檢察官所組成，代表國家行使刑事偵查追訴執行及其他法定檢察職權之司法機關而言，茲分述如下：

一、檢察機關係行使檢察權之國家機關

各級檢察機關置檢察官若干人，分別行使依法律所賦予之檢察職權。檢察官一詞實為檢察總長、檢察長、襄閱檢察官、主任檢察官及檢察

官等全體檢察官之通用職稱。檢察機關爲檢察官行使檢察職權之組織，檢察官基於檢察一體之原則，遂行國家合一且不可分割之檢察權。

二、檢察機關係由檢察官代表國家行使檢察權

我國對於刑事訴訟案件，係採彈劾主義。爲貫徹國家訴權主義之本旨，刑事訴訟法第3條規定，檢察官除代表國家追訴犯罪外，並在刑事訴訟程序中，代表國家立於原告之地位，爲刑事訴訟之當事人。依法院組織法第60條第1款之規定，檢察官行使實施偵查、提起公訴、實行公訴、協助自訴、擔當自訴及指揮刑事裁判之執行等職權，係爲國家行使檢察權作用之主要內容。

三、檢察機關係司法機關

檢察機關爲行使檢察權之國家機關。惟檢察權係爲達成刑事司法之任務及狹義司法審判之目的所進行具有司法性質之國家作用，其在性質上應屬司法行政權行使之事項，且由法務部統轄監督之，故與司法審判權係由法院行使者仍有不同。依據司法院釋字第392號解釋之意旨，檢察機關應與法院同屬憲法第8條第1項所指稱廣義之司法機關。

第三款　檢察署之配置

法院組織法第58條規定：「各級法院及分院各配置檢察署。」如前所述，檢察署配置於法院僅係司法制度在轉型配套上的權宜設計。檢察署配置於各級法院及分院，其地位與所配置法院之地位完全平等。各級檢察署檢察官之職位，與同級配置法院之法官相當；主任檢察官之職位，與同級配置法院之庭長相當；檢察長之職位，與同級配置法院之院長相當。至於最高檢察署檢察總長之職位，則與同級配置法院最高法院院長相當。檢察署配置於各級法院及其分院，地位與配置法院平等且互不隸屬，自非配置法院之附屬機關，檢察署行使職權，自應不受所配置法院之拘束。由是，法院組織法第61條規定：「檢察官對於法院，獨立行使職權。」

法院組織法第62條規定：「檢察官於其所屬檢察署管轄區域內執行

職務。但遇有緊急情形或法律另有規定者,不在此限。」檢察官應於所屬檢察署管轄區域內執行職務,是為原則。如遇有緊急情況,例如在證人瀕臨死亡之際,證據稍縱即逝,或在逮捕現行犯時,為發揮整體檢察職能,以有效打擊犯罪,自允許檢察官執行職務不受檢察署所劃定管轄區域之限制,則為例外。對於類如上述必要或急迫之例外情形,刑事訴訟法第13條、第14條及第16條亦有明文規定,是為檢察官之越境權。

同時,檢察官為辦理重大貪瀆、經濟犯罪、嚴重危害社會秩序等案件之需要,常有跨越轄區執行職務之必要,亦有行使越境權之情形,法院組織法第63-1條爰依檢察一體原則規定,「高等檢察署以下各級檢察署及其檢察分署為辦理重大貪瀆、經濟犯罪、嚴重危害社會秩序案件需要,得借調相關機關之專業人員協助偵查(第1項)。高等檢察署以下各級檢察署及其檢察分署檢察官執行前項職務時,得經臺灣高等檢察署檢察長或檢察總長之指定,執行各該審級檢察官之職權,不受第六十二條之限制(第2項)」。

第四款 檢察一體之原則

檢察官為檢察機關不可分割之一分子,對於法院,應獨立行使檢察職權。但由於檢察權之內涵,仍屬司法行政權行使之作用,與一般行政權行使之性質相近,故而檢察官行使職權,對於檢察機關,仍應受階級收分命令服從關係之拘束。易言之,檢察機關整體在外部關係上,對於法院獨立行使檢察職權,但檢察官個人在內部關係上,則應服從檢察首長之指揮監督,對於檢察機關,無獨立行使檢察職權之情形。從而,上自最高檢察署檢察總長,下至地方檢察署檢察官,應形成上下一體、脈絡相連和綿密縱橫之職務服從及命令執行關係,以建立結構縝密、職能完整之國家檢察體系,冀使犯罪或危害公安事件無所遁形。上述情形,即為檢察一體原則之體現。

基於檢察一體之原則,檢察官行使職權,應受以下規定之限制。

一、服從檢察首長之指揮監督

法院組織法第63條規定：「檢察總長依本法及其他法律之規定，指揮監督該署檢察官及高等檢察署以下各級檢察署及檢察分署檢察官。檢察長依本法及其他法律之規定，指揮監督該署檢察官及其所屬檢察署檢察官。檢察官應服從前二項指揮監督長官之命令。」檢察官或主任檢察官對檢察首長之指示有意見時，得陳述之；但檢察首長不採納者，仍應服從其命令（地方檢察署及其檢察分署處務規程第26條第1項、高等檢察署及其檢察分署處務規程第27條第1項）。

是以，檢察官行使職權，應服從檢察首長之指揮監督，以貫徹檢察一體之原則，此與法官獨立審判之原則自有不同。但檢察官仍得本於其法律專業立場，對於指揮監督長官所下達涉及強制處分權行使、犯罪事實認定或法律適用之命令，提出書面附理由意見，促請長官行使依轉事務分配職權。從而，法官法第92條規定：「檢察官對法院組織法第六十三條第一項、第二項指揮監督長官之命令，除有違法之情事外，應服從之。前項指揮監督命令涉及強制處分權之行使、犯罪事實之認定或法律之適用者，其命令應以書面附理由為之。檢察官不同意該書面命令時，得以書面敘明理由，請求檢察總長或檢察長行使法院組織法第六十四條之權限，檢察總長或檢察長如未變更原命令者，應即依第九十三條規定處理。」

二、服從檢察首長之事務分配

法院組織法第64條規定：「檢察總長、檢察長得親自處理其所指揮監督之檢察官之事務，並得將該事務移轉於其所指揮監督之其他檢察官處理之。」檢察官為司法行政官員，其與長官之命令服從關係，實與一般公務人員無異，故而對於檢察首長依法行使事務分配之職權，檢察官應予服從，本無法官審判不受任何干涉之原則之適用。

檢察首長對於所屬檢察官處理檢察事務自有指揮監督之職權，但仍應本於公開透明及尊重謙抑之處理態度，妥慎行使依其職權所衍生事務分配之權責，尤其不得受到政治勢力之影響，以免落入政治干預司法及司法淪為政爭附庸之口實。從而，法官法第93條規定：「檢察總長、檢察長於有

下列各款情形之一者，得依法院組織法第六十四條親自處理其所指揮監督之檢察官之事務，並得將該事務移轉於其所指揮監督之其他檢察官處理：一、為求法律適用之妥適或統一追訴標準，認有必要時。二、有事實足認檢察官執行職務違背法令、顯有不當或有偏頗之虞時。三、檢察官不同意前條第二項之書面命令，經以書面陳述意見後，指揮監督長官維持原命令，其仍不遵從。四、特殊複雜或專業之案件，原檢察官無法勝任，認有移轉予其他檢察官處理之必要時。前項情形，檢察總長、檢察長之命令應以書面附理由為之。前二項指揮監督長官之命令，檢察官應服從之，但得以書面陳述不同意見。」

三、服從檢察首長之職務派兼

法院組織法第65條規定，「高等檢察署及地方檢察署檢察長，得派本署檢察官兼行其檢察分署檢察官之職務」。檢察官執行職務，應於其所屬檢察署管轄區域內為原則，只有在遇有緊急情形時，才有同法第62條但書越境權之適用。但為發揮檢察功能，徹底達成摘奸發伏、打擊不法之任務，高等法院及地方法院檢察署檢察長對於其轄區內之檢察事務應知之最詳，故而賦予其指派本署檢察官兼行其分院檢察署檢察官職務之職權，用以機動整合人力、物力，勿枉勿縱，有效追訴犯罪，維護社區之安寧詳和。檢察官應服從檢察首長之職務派兼，並無法官非經同意不得轉任之原則之適用。

檢察一體係指檢察機關本身在業務之運作行使上，上下彼此一體，構成完整體系，以充分發揮檢察功能者而言。檢察官獨立行使職權，則係指檢察官對外不受其所屬檢察署配置之法院之干涉而言。從而，檢察一體與檢察官獨立行使職權二者，在意涵上尚不發生牴觸或相互矛盾之問題。

第二項　檢察機關之職權

檢察機關由檢察官所組成，行使檢察機關之法定職權。關於檢察機關之職權，法院組織法第60條規定：「檢察官之職權如左：一、實施偵查、

提起公訴、實行公訴、協助自訴、擔當自訴及指揮刑事裁判之執行。二、其他法令所定職務之執行。」茲分述如下：

一、實施偵查

刑事訴訟法第228條第1項規定：「檢察官因告訴、告發、自首或其他情事知有犯罪嫌疑者，應即開始偵查。」現行檢察制度採彈劾主義，刑事訴訟案件除許私人自訴外，概由檢察官進行追訴。檢察官為提起公訴，須先洞悉犯罪事實。為明瞭本案始末原委，則須實施偵查，針對犯罪嫌疑人及有關證據作出必要之調查及蒐集，且以偵查之結果作為起訴、不起訴或緩起訴之判斷基礎。是故，實施偵查乃為檢察官追訴犯罪之起步，亦為提起公訴之準備行為。縱在提起公訴後，檢察官為實行公訴，仍得續為必要之調查。

二、提起公訴

刑事訴訟法第251條規定：「檢察官依偵查所得之證據，足認被告有犯罪嫌疑者，應提起公訴。被告之所在不明者，亦應提起公訴。」所謂公訴，係指檢察官代表國家提出起訴書，向法院刑事庭請求審問處罰被告之訴訟行為而言。依同法第264條規定：「提起公訴，應由檢察官向管轄法院提出起訴書為之。起訴書，應記載左列事項：一、被告之姓名、性別、年齡、籍貫、職業、住所或居所或其他足資辨別之特徵。二、犯罪事實及證據並所犯法條。起訴時，應將卷宗及證物一併送交法院。」

檢察官實施偵查後，認為依偵查所得證據無法滿足起訴之法定要件時，自得依其裁量為不起訴之處分。為避免檢察官行使裁量權有獨斷專擅之情事，刑事訴訟法第252條規定：「案件有左列情形之一者，應為不起訴之處分：一、曾經判決確定者。二、時效已完成者。三、曾經大赦者。四、犯罪後之法律已廢止其刑罰者。五、告訴或請求乃論之罪，其告訴或請求已經撤回或已逾告訴期間者。六、被告死亡者。七、法院對於被告無審判權者。八、行為不罰者。九、法律應免除其刑者。十、犯罪嫌疑不足者。」檢察官於上述各種情形並無起訴與否之自由裁量權限，係採起訴法

定主義，是爲原則。其因著重起訴之合法性要件，故又稱之爲合法主義。惟現代刑罰強調矯治教育與感化犯罪行爲人，對於偶發初犯或案情輕微之被告，非不得站在法律經濟學之立場，肯認刑事上「微罪不舉」政策之妥當性，並賦予實際主持犯罪追訴重責大任之檢察官相當程度之自由裁量權限，使其可針對特殊個案，決定起訴或不起訴之適當性，以收鼓勵自新、刑期無刑之效果。茲此，刑事訴訟法第253條規定：「第三百七十六條第一項各款所規定之案件，檢察官參酌刑法第五十七條所列事項，認爲以不起訴爲適當者，得爲不起訴之處分。」同時，爲求訴訟經濟，減輕檢察官及法官不必要之案件負荷，同法第254條規定：「被告犯數罪時，其一罪已受重刑之確定判決，檢察官認爲他罪雖行起訴，於應執行之刑無重大關係者，得爲不起訴之處分。」檢察官基於上述規定，對於特定犯罪享有起訴與否之裁量權限，係又採起訴便宜主義，是爲例外。

　　此外，檢察官尚得斟酌犯罪情狀及爲維護公益，對於刑事被告作成緩起訴之處分。刑事訴訟法第253-1條第1項規定：「被告所犯爲死刑、無期徒刑或最輕本刑三年以上有期徒刑以外之罪，檢察官參酌刑法第五十七條所列事項及公共利益之維護，認以緩起訴爲適當者，得定一年以上三年以下之緩起訴期間爲緩起訴處分，其期間自緩起訴處分書確定之日起算。」檢察官依刑事訴訟法第252條、第253條、第253-1條、第253-3條、第254條規定爲不起訴、緩起訴或撤銷緩起訴或因其他法定理由爲不起訴處分者，應製作處分書敘述其處分之理由。但處分前經告訴人或告發人同意者，處分書得僅記載處分之要旨。處分書應以正本送達於告訴人、告發人、被告及辯護人。緩起訴處分書，並應送達與遵守或履行行爲有關之被害人、機關、團體或社區。告訴人接受不起訴或緩起訴處分書後，得於七日內以書狀敘述不服之理由，經原檢察官向直接上級檢察署檢察長或檢察總長聲請再議，用以檢驗檢察官作成不起訴、緩起訴或其他有關處分之合法性與適當性。但第253條、第253-1條之處分曾經告訴人同意者，不得聲請再議（刑事訴訟法第255條、第256條）。

三、實行公訴

　　刑事訴訟法第3條明定：「本法稱當事人者，謂檢察官、自訴人及被告」。我國刑事訴訟程序係採彈劾主義，故檢察官提起公訴後，乃代表國家居於原告之身分，立於刑事訴訟當事人之地位，與刑事被告在刑事審判法院前實行言詞辯論、交互詰問及攻擊防禦等訴訟行為。由是，刑事訴訟法第271條第1項規定：「審判期日，應傳喚被告或其代理人，並通知檢察官、辯護人、輔佐人。」為落實檢察官全程到庭實行公訴，檢察署設置公訴專組，置主任檢察官及檢察官若干人，俗稱公訴檢察官，辦理全程到庭實行公訴及其他指定事項[13]。

　　惟檢察官係以公益代表人之身分，代表國家行使對於犯罪行為之偵查與追訴，其目的乃在實現國家對於犯罪之刑罰權。因此，檢察官除應努力提示犯罪證據，使刑事被告俯首認罪，接受法律制裁以外，更應依刑事訴訟法第2條之規定，以實行刑事訴訟程序之公務員之身分，對於被告有利及不利之情形，均應一併注意，俾供刑事法院實施審判認事用法之判斷依據，而非專以針對被告進行不利之攻擊為已足。檢察官不僅在第一審辯論終結前，發見有應不起訴或以不起訴為適當之情形，得撤回起訴外，更得為被告之利益而為上訴。甚至在判決確定後，檢察官尚得為受判決之被告聲請再審，或具意見書送交最高法院檢察署檢察總長，聲請提起非常上訴（刑事訴訟法第269條、第427條第1款、第442條）。檢察官在刑事訴訟程序中扮演公益代表人之角色，可見一斑。

四、協助自訴

　　我國刑事訴訟案件之提起，除採國家訴權主義外，更以兼採個人訴權主義為其特色，故允許犯罪被害人及其一定關係人依刑事訴訟法第319條之規定提起自訴，毋須檢察官之偵查及公訴，逕向管轄法院提起自訴狀，聲請法院刑事庭實現國家對於犯罪之刑罰權。惟犯罪之被害人多不諳法律，如任令其自為犯罪之追訴，不僅容易延誤訴訟，喪失有效制裁犯罪之

---

[13] 參閱臺灣桃園地方法院檢察署實施檢察官全程到庭實行公訴作業要點第1、2點。

契機，同時更將影響自訴人在實體上及程序上之權益，對於個人與國家法益均有損害。職是之故，刑事訴訟法第330條規定：「法院應將自訴案件之審判期日通知檢察官。檢察官對於自訴案件，得於審判期日出庭陳述意見。」檢察官協助自訴，仍以自訴人為刑事訴訟案件之當事人。至於是否予以協助，乃責成檢察官依實際情形自為裁量之。

五、擔當自訴

所謂擔當自訴，係指檢察官擔當自訴人之地位，自為訴訟行為之情形而言。刑事訴訟第332條規定：「自訴人於辯論終結前，喪失行為能力或死亡者，得由第三百十九條第一項所列得為提起自訴之人，於一個月內聲請法院承受訴訟；如無承受訴訟之人或逾期不為承受者，法院應分別情形，逕行判決或通知檢察官擔當訴訟。」以上規定，係為檢察官對於自訴人缺位時之擔當訴訟，用以確保訴訟程序之順利進行，進而促成國家刑罰權之公正實現。

六、指揮刑事裁判之執行

所謂裁判之執行，係指依國家權力作用，實現確定裁判內容之行為而言。關於刑事裁判之執行，刑事訴訟法第457條規定，「執行裁判由為裁判法院之（該管檢察署）檢察官指揮之。但其性質應由法院或審判長、受命法官、受託法官指揮，或有特別規定者，不在此限。因駁回上訴抗告之裁判，或因撤回上訴、抗告而應執行下級法院之裁判者，由上級法院之（該管檢察署）檢察官指揮之。前二項情形，其卷宗在下級法院者，由該法院之（該管檢察署）檢察官指揮執行」。至於應受檢察官指揮執行之刑事裁判內容，除生命刑、自由刑、財產刑和易服勞役外，尚包括保安處分及易以訓誡之執行。惟對於財產刑之執行，檢察官於必要時，得囑託地方法院民事執行處準用民事裁判執行之規定為之。檢察官之囑託執行，免徵執行費。

七、其他法令所定職務之執行

檢察官依其他法律所定職務之執行，例如民法第8條第1項規定：

「失蹤人失蹤滿七年後，法院得因利害關係人或檢察官之聲請，爲死亡之宣告。」民法第14條規定：「對於因精神障礙或其他心智缺陷，致不能爲意思表示或受意思表示，或不能辨識其意思表示之效果者，法院得因本人、配偶、四親等內之親屬、最近一年有同居事實之其他親屬、檢察官、主管機關或社會福利機構、輔助人、意定監護受任人或其他利害關係人之聲請，爲監護之宣告（第1項）。受監護之原因消滅時，法院應依前項聲請權人之聲請，撤銷其宣告（第2項）。」民法第36條規定：「法人之目的或其行爲，有違反法律、公共秩序或善良風俗者，法院得因主管機關、檢察官或利害關係人之請求，宣告解散。」民法第38條規定，「不能定其清算人時，法院得因主管機關、檢察官或利害關係人之聲請，或依職權，選任清算人」。非訟事件法第64條第1項規定：「法人之董事一人、數人或全體不能或怠於行使職權，或對於法人之事務有自身利害關係，致法人有受損害之虞時，法院因主管機關、檢察官或利害關係人之聲請，得選任臨時董事代行其職權。但不得爲不利於法人之行爲。」以及公職人員選舉罷免法第115條第1項規定：「中央公職人員選舉，由最高檢察署檢察總長督率各級檢察官；地方公職人員選舉，由該管檢察署檢察長督率所屬檢察官，分區查察，自動檢舉有關妨害選舉、罷免之刑事案件，並接受機關、團體或人民是類案件之告發、告訴、自首，即時開始偵查，爲必要之處理。」者即是。

檢察官依命令所定職務之執行，例如國家賠償法施行細則第22條第2項後段規定：「請求賠償之金額或回復原狀之費用，在同一事件達一定之金額時，該管地方檢察機關應賠償義務機關之請，得指派檢察官提供法律上之意見。」同施行細則第39條規定：「該管檢察機關應賠償義務機關之請，得指派檢察官爲訴訟上之必要協助。」以及檢察官參與民事及非訟事件注意要點第7點規定：「檢察官應本於公益，依職權或聲請積極參與民事及非訟事件。」上述規定，均屬檢察官依法令所定職務之執行。

第三項　檢察機關之組織

第一款　概說

　　檢察機關之組織，包括檢察機關之編制、員額及職掌等事項。法院組織法第73條規定，「地方檢察署或其檢察分署之類別及員額，依附表之規定。各地方檢察署或其檢察分署應適用之類別及其變更，由行政院定之」。同法第74條規定，「高等檢察署或其檢察分署之類別及員額，依附表之規定。高等檢察署或其檢察分署應適用之類別及其變更，由行政院定之」。同法第75條規定，「最高檢察署員額，依附表之規定」。以上規定，是為區分檢察機關類別及決定其編制員額之法律準據。

　　依據各該員額表之說明，地方檢察署或其檢察分署分為六類，高等檢察署或其檢察分署分為五類，均以每年受理案件件數之多寡作為區分類別之標準，與各級法院或其分院之分類方法完全相同，前已敘明，於茲不贅。惟應注意者，由於檢察機關隸屬於法務部，故而有關各級檢察署應適用之類別及其變更，應由行政院定之。

　　關於高等檢察署智慧財產檢察分署之編制及員額，智慧財產及商業法院組織法第5條第1項規定：「智慧財產及商業法院對應設置高等檢察署智慧財產分署，其類別及員額依附表之規定。」依本條附表說明一之規定，高等檢察署智慧財產檢察分署暫不分類別。附表說明三規定，有關人事、會計、統計、政風、總務、文書、研考、資訊人員等行政人力，由高等檢察署或其檢察分署現有員額中借調人力至該署辦事或兼辦，故所附員額表並未列該等人力之員額。附表說明四規定，表列之員額，由檢察機關現有員額調用之。

第二款　檢察組織

一、檢察官

　　法院組織法第59條規定，「各級檢察署及檢察分署置檢察官，最高檢察署以一人為檢察總長，其他檢察署及檢察分署各以一人為檢察長，分

別綜理各該署行政事務。各級法院及分院檢察署檢察官員額在六人以上者，得分組辦事，每組以一人為主任檢察官，監督各組事務」。智慧財產及商業法院組織法第5條附表說明二規定，高等檢察署智慧財產檢察分署檢察長，得由高等檢察署或其檢察分署檢察長兼任。

法院組織法第66條規定，「最高檢察署檢察總長，特任；主任檢察官，簡任第十四職等；檢察官，簡任第十三職等至第十四等（第1項）。高等檢察署檢察長，簡任第十三職等至第十四職等；其檢察分署檢察長，簡任第十二職等至第十四職等。高等檢察署及檢察分署主任檢察官，簡任第十一職等至第十三職等；檢察官，簡任第十職等至第十一職等或薦任第九職等；繼續服務二年以上者，得晉敘至簡任第十二職等至第十四職等（第2項）。地方檢察署及檢察分署檢察長，簡任第十職等至第十二職等；主任檢察官，簡任第十職等至第十一職等或薦任第九職等；檢察官，薦任第八職等至第九職等或簡任第十職等至第十一職等；試署檢察官，薦任第七職等至第九職等；候補檢察官，薦任第六職等至第八職等。但直轄市地方法院檢察署檢察長，簡任第十一職等至第十三職等（第3項）。曾任高等檢察署或其檢察分署檢察官二年以上，調地方檢察署或其檢察分署檢察長、主任檢察官、檢察官者，得晉敘至簡任第十二職等至第十四職等（第4項）。第三十四條第二項後段於高等檢察署及其檢察分署主任檢察官、檢察官準用之（第5項）。第二項、第四項之規定，溯自中華民國九十年一月十九日生效（第6項）。第十二條第二項至第四項於地方檢察署及檢察分署主任檢察官、檢察官準用之；其審查辦法由法務部定之（第7項）」。

檢察官之職掌，悉依法院組織法、刑事訴訟法及其他有關法令之規定。檢察官辦理案件，應遵照有關辦案期限之規定，妥速處理。檢察官執行職務撰擬之文件，應送請主任檢察官核轉檢察（總）長核定（地方檢察署及其檢察分署處務規程第23條、第27條第1項、高等檢察署及其檢察分署處務規程第24條、第28條第1項）。

最高檢察署檢察官對於裁判確定之案件，應陳請檢察總長令交下級法院檢察署檢察官指揮執行。檢察官辦理前項案件，應注意其有無再審或非

常上訴之原因，如有發現，應隨時簽報檢察總長核辦（最高檢察署處務規程第18條）。高等檢察署與地方檢察署及其檢察分署檢察官收受裁判正本之送達後，應依次登簿送由主任檢察官核轉檢察長核閱。其依法得聲明不服者，並應於法定期間內陳明應否聲明上訴或抗告之理由，經由主任檢察官轉陳檢察長核定；檢察官指揮刑事裁判之執行，應注意其有無再審或非常上訴之原因，如有發見，並應隨時報告主任檢察官轉陳檢察長核辦（地方檢察署及其檢察分署處務規程第28條、高等檢察署及其檢察分署處務規程第31條）。

　　為確保檢察官人事調動之公平、公正與公開，以及為維護檢察官行使職權保持高風亮節之情操，法院組織法第59-1條規定：「法務部設檢察官人事審議委員會，審議高等法院檢察署以下各級法院及其分院檢察署主任檢察官、檢察官之任免、轉任、遷調、考核及獎懲事項[14]。前項審議之決議，應報請法務部部長核定後公告之。法務部部長遴任檢察長前，檢察官人事審議委員會應提出職缺二倍人選，由法務部部長圈選之。檢察長之遷調應送檢察官人事審議委員會徵詢意見。檢察官人事審議委員會置委員十七人，由法務部部長指派代表四人、檢察總長及其指派之代表三人與全體檢察官所選出之代表九人組成之，由法務部部長指派具司法官身分之次長為主任委員。前項選任委員之任期，均為一年，連選得連任一次。全體檢察官代表，以全國為單一選區，以秘密、無記名及單記直接選舉產生，每一檢察署以一名代表為限。檢察官人事審議委員會之組成方式、審議對象、程序、決議方式及相關事項之審議規則，由法務部徵詢檢察官人事審議委員會後定之[15]。」

　　為加強法律專業之研究，以提升辦案品質，法院組織法第66-1條規定，「法務部得調高等法院以下各級檢察署及其檢察分署檢察官或候補檢

---

[14] 法官法第90條第1項明定檢察官人事審議委員會審議高等法院以下各級法院及其分院檢察署主任檢察官、檢察官之任免、轉任、停止職務、解職、陞遷、考核及獎懲事項。

[15] 法官法第90條第8項增定「但審議規則涉及檢察官任免、考績、級俸、陞遷及褒獎之事項者，由行政院會同考試院定之」等文字。

察官至最高檢察署辦事，承檢察官之命，辦理訴訟案件程序之審查、法律問題之分析、資料之蒐集及書類之草擬等事項。法務部得調地方檢察署及其檢察分署試署檢察官或候補檢察官至高等檢察署或其檢察分署辦事，承檢察官之命，協助檢察官辦理訴訟案件程序之審查、法律問題之分析、資料之蒐集及書類之草擬等事項。法務部得調候補檢察官至地方檢察署或其檢察分署辦事，承實任檢察官之命，協助檢察官辦理訴訟案件程序之審查、法律問題之分析、資料之蒐集及書類之草擬等事項。檢察官、試署檢察官或候補檢察官依前三項規定調辦事期間，計入其檢察官、試署檢察官或候補檢察官年資。」

二、檢察首長

最高檢察署檢察總長及高等檢察署以下各級檢察署及其檢察分署檢察長，均為各該檢察機關之檢察首長，除行使檢察官之職權以外，並分別綜理各該署之行政事務。檢察官員額在六人以上之各級檢察署及檢察分署，得分組辦事，每組以一人為主任檢察官，除行使檢察官之職權以外，並監督各該組事務。事務較繁之檢察署，檢察長得指定主任檢察官一人襄助處理有關事務，稱之為襄閱主任檢察官（地方檢察署及其檢察分署處務規程第22條、高等檢察署及其檢察分署處務規程第23條）。

關於高等檢察署以下各級檢察署及其檢察分署檢察長及最高檢察署檢察總長之遴任資格，應依司法人員人事條例第13條、第14條及第16條等有關規定辦理。司法人員人事條例第13條規定，「地方檢察署及其檢察分署檢察長，應就具有高等法院或其分院法官、高等檢察署或其檢察分署檢察官及擬任職等任用資格，並有領導才能者遴任之」。同條例第14條規定，「高等檢察署及其檢察分署檢察長，應就具有最高法院法官、最高檢察署檢察官資格，並有領導才能者遴任之」。同條例第16條並規定，「最高檢察署檢察總長，應就具下列資格之一，並有領導才能者遴任之：一、曾任司法院大法官、最高法院院長、最高檢察署檢察總長、行政法院院長或懲戒法院院長者。二、曾任最高法院法官、最高檢察署檢察官、高等法院院長或高等檢察署檢察長合計五年以上者。三、曾任簡任法官、檢察官十年以

上，或任簡任法官、檢察官並任司法行政人員合計十年以上者」。

　　最高檢察署檢察總長指揮監督全國檢察事務（最高檢察署處務規程第6條）。關於檢察總長之任命、職期及政務責任，法院組織法第66條第8項至第13項規定，「最高檢察署檢察總長由總統提名，經立法院同意任命之，任期四年，不得連任。總統應於前項規定生效後一個月內，向立法院提出最高檢察署檢察總長人選。最高檢察署檢察總長除年度預算案及法律案外，無須至立法院列席備詢。最高檢察署檢察總長因故出缺或無法視事時，總統應於三個月內重新提出人選，經立法院同意任命之，其任期重行計算四年，不得連任。最高檢察署檢察總長於任命時具司法官身分者，於卸任時，得回任司法官。最高檢察署檢察總長於任滿前一個月，總統應依第八項規定辦理。」至於高等檢察署以下各級檢察署及其檢察分署檢察長、主任檢察官之職期及調任等相關規定，則應由法務部依據法官法第89第2項之立法授權訂定之。

　　高等檢察署以下各級檢察署及檢察分署檢察長綜理各該署行政事務。各級檢察署檢察長指揮監督各該檢察署及所屬檢察分署與看守所、少年觀護所。各檢察分署檢察長監督該檢察分署（地方檢察署及其檢察分署處務規程第13條、高等檢察署及其檢察署分處務規程第13條）。

　　檢察長處理或核定下列事項（地方檢察署及其檢察分署處務規程第14條、高等檢察署及其檢察分署處務規程第14條）：

(一)年度工作計畫之決定、變更、執行及考核。

(二)主任檢察官、檢察官辦案書類之核定。

(三)重要行政文稿之核判。

(四)檢察官分組辦事及一般人員配置之核定。

(五)上級機關重要行政函令執行之監督考核。

(六)人民陳訴事件之處理。

(七)所屬職員工作、操行、學識、才能考核監督及任免、獎懲之擬議或核定。

(八)向上級或有關機關建議或報告事項之核定。

(九)律師懲戒之移付。

(十)檢察與司法警察業務之聯繫。

(十一)有關觀護業務之督導考核。

(十二)檢察官協助國家賠償事件之督導考核。

(十三)鄉鎮市調解業務之督導考核。

(十四)檢察官參與民事及非訟事件之監督。

(十五)其他有關檢察及行政事務之處理。

　　檢察長對該檢察署辦理之案件，應隨時考查其進行情形，並注意其辦案期限。有關行政事務或法律問題，檢察長爲徵詢意見，得召集所屬有關職員舉行會議，但不採表決制。檢察長因事故不能執行職務時，由其指定主任檢察官或檢察官代行其職務，並陳報法務部。檢察長每年得召集轄區內司法警察機關舉行檢警聯席會議，以加強檢察功能（地方檢察署及其檢察分署處務規程第16條至第19條、高等檢察署及其檢察分署處務規程第16條至第19條）。

三、主任檢察官

　　主任檢察官監督各該組事務，並掌理下列事項（地方檢察署及其檢察分署處務規程第20條、高等檢察署及其檢察分署處務規程第21條、最高檢察署處務規程第13條）：

(一)本組事務之監督。

(二)本組檢察官辦案書類之審核。

(三)本組檢察官承辦案件行政文稿之審核或決行。

(四)本組檢察官及其他職員之工作、操行、學識、才能之考核與獎懲之擬議。

(五)人民陳訴案件之調查及擬議。

(六)法律問題之研究。

(七)檢察（總）長交辦事項及其他有關事務之處理。

　　主任檢察官在二人以上，其中有因事故不能執行職務者，由其他主任檢察官代理。其僅有一人者，得由檢察（總）長指定檢察官代理（地方檢

察署及其檢察分署處務規程第21條、高等檢察署及其檢察分署處務規程第22條、最高檢察署處務規程第14條）。

第三款　事務組織

一、檢察事務官室

法院組織法第66-2條規定，「各級檢察署及其檢察分署設檢察事務官室，置檢察事務官，薦任第七職等至第九職等；檢察事務官在二人以上者，置主任檢察事務官，薦任第九職等或簡任第十職等；並得視業務需要分組辦事，各組組長由檢察事務官兼任，不另列等」。

檢察事務官執行職務，應受檢察官之指揮監督。檢察事務官執行職務製作之報告、筆錄及其他文書，應送指揮之檢察官核閱。主任檢察事務官或檢察事務官因故不能執行職務時，由檢察長或其授權之主任檢察官或檢察官指定其他主任檢察事務官或檢察事務官代理（地方檢察署及其檢察分署處務規程第32-2條第1項、第32-3條、第32-5條、高等檢察署及其檢察分署處務規程第33-2條第1項、第33-3條、第33-5條、最高檢察署處務規程第22-2條第1項、第22-3條、第22-5條）。

二、觀護人室

法院組織法第67條規定，「地方法院及分院檢察署設觀護人室，置觀護人，觀護人在二人以上者，置主任觀護人。觀護人，薦任第七職等至第九職等；主任觀護人，薦任第九職等或簡任第十職等」。觀護人掌理執行保護管束案件、有關榮譽觀護人工作之指導事項，以及其他長官交辦事項等事務。觀護人辦理觀護事務，應受檢察長之指揮監督，並受主任檢察官及檢察官之監督（地方檢察署及其檢察分署處務規程第34條、第35條）。

三、書記處（廳）

法院組織法第69條規定，「第二十二條、第二十三條第三項、第三十八條、第五十二條之規定，於地方檢察署或其檢察分署、高等檢察署

或其檢察分署、最高檢察署分別準用之。高等檢察署以下各級檢察署及其檢察分署，得設執行科，掌理關於刑事執行事項，並得分股辦事。科長由一等書記官兼任；股長由一等書記官或二等書記官兼任，均不另列等。高等法院或其分院檢察署，得設所務科，掌理關於監督看守所及少年觀護所之行政事務，並得分股辦事。置科長一人，薦任第九職等；科員，委任第五職等或薦任第六職等至第七職等；書記，委任第一職等至第三職等；股長由薦任科員兼任，不另列等」。

　　書記處（廳）置書記官長一人，承檢察（總）長之命，處理該署行政事務，並指揮監督所屬書記官以下職員。書記官長因事故不能執行職務時，由檢察（總）長指定適當人員代理之。書記官以下職員因事故不能執行職務時，由書記官長指定其他適當人員代理之，並報告檢察（總）長（地方檢察署及其檢察分署處務規程第36條至第38條、高等檢察署及其檢察分署處務規程第34條至第36條、最高檢察署處務規程第23條、第25條、第26條）。

四、其他人員

　　法院組織法第68條規定，「高等檢察署以下各級檢察署及其檢察分署，置法醫師，法醫師在二人以上者，置主任法醫師。法醫師，薦任第七職等至第九職等；主任法醫師，薦任第九職等或簡任第十職等。但地方檢察署及其檢察分署法醫師得列委任第五職等。高等檢察署以下各級檢察署及其檢察分署，置檢驗員，委任第三職等至第五職等或薦任第六職等至第八職等」。法醫師承檢察長、主任檢察官及檢察官之命，辦理有關相驗、解剖、檢驗、鑑定等事項。檢驗員承檢察長、主任檢察官、檢察官及法醫師之命，辦理有關相驗、檢驗、鑑定等事項，並協助辦理解剖事務。法醫師、檢驗員執行職務所製作之報告或其他文書，應送請承辦檢察官核閱。法醫師、檢驗員相驗屍體後，應當場製作相驗屍體證明書，經檢察官簽章後發給（地方檢察署及其檢察分署處務規程第57條至第60條、高等檢察署及其檢察分署處務規程第56條至58條）。

　　法院組織法第70條規定，「最高檢察署、高等檢察署及檢察分署置

一等通譯，薦任第八職等至第九職等；二等通譯，薦任第六職等至第七職等；三等通譯，委任第四職等至第五職等；技士，委任第五職等或薦任第六職等至第七職等。地方檢察署及檢察分署置一等通譯，薦任第七職等至第八職等；二等通譯，薦任第六職等至第七職等；三等通譯，委任第四職等至第五職等；技士，委任第五職等或薦任第六職等至第七職等。前二項一等通譯、二等通譯總額，不得逾同一檢察署一等通譯、二等通譯、三等通譯總額二分之一」。同法第71條規定，「各級檢察署及檢察分署置錄事，委任第一職等至第三職等」。

關於法警及法警長、副法警長之設置、職等及管理，法院組織法第69條第1項規定，「第二十二條、第二十三條第三項之規定，於地方檢察署或其檢察分署、高等檢察署或其檢察分署、最高檢察署分別準用之」。

第四款　管理機構

法院組織法第72條規定：「第二十四條至第二十六條、第四十條至第四十二條、第五十四條至第五十六條之規定，於地方法院或其分院檢察署、高等法院或其分院檢察署、最高法院檢察署分別準用之。」

第四項　司法警察之調度

法院組織法第76條規定，「檢察官得調度司法警察，法官於辦理刑事案件時，亦同。調度司法警察條例另定之。」檢察官得依調度司法警察條例之規定，調度警察、憲兵、調查及海岸巡防等人員。此類警察、憲兵、調查、巡防人員受檢察官指揮調度執行偵查犯罪勤務，視爲司法警察官或司法警察，稱之爲兼職或院外司法警察。

調度司法警察條例第1條規定，「檢察官因辦理偵查執行事件，有指揮司法警察官、命令司法警察之權，法官於辦理刑事案件時亦同」。刑事訴訟法第229條第1項規定：「下列各員，於其管轄區域內爲司法警察官，有協助檢察官偵查犯罪之職權：一、警政署署長、警察局局長或警察總隊總隊長。二、憲兵隊長官。三、依法令關於特定事項，得行相當於前二款

司法警察官之職權者。」同法第230條第1項規定：「下列各員爲司法警察官，應受檢察官之指揮，偵查犯罪：一、警察官長。二、憲兵隊官長、士官。三、依法令關於特定事項，得行司法警察官之職權者。」同法第231條第1項規定：「下列各員爲司法警察，應受檢察官及司法警察官之命令，偵查犯罪：一、警察。二、憲兵。三、依法令關於特定事項，得行司法警察之職權者。」以上所列有關人員，均爲檢察官或辦理刑事案件之法官，得依調度司法警察條例指揮調度，辦理偵查執行事件之司法警察官及司法警察。

　　法務部調查局掌理有關危害國家安全與違反國家利益之調查、保防事項，該局人員於執行犯罪調查職務時，分別依其職等視同刑事訴訟法第229條至第231條之司法警察官及司法警察，有受檢察官或辦理刑事案件法官指揮調度之義務（法務部調查局組織法第14條）。海岸巡防機關執行海岸巡防法第4條所定犯罪調查職務時，分別依有關人員職等視同刑事訴訟法第230條之司法警察官或同法第231條之司法警察，亦應受檢察官或辦理刑事案件法官之指揮調度（海岸巡防法第10條）。

　　檢察官、法官請求協助或爲指揮命令時，得以書面或提示指揮證以言詞行之，必要時，得以電話行之。關於指揮證，由行政院制定頒行之。受檢察官、法官指揮命令之人員，應即照辦，不得藉詞延擱。

第四章 | 建置制度

第一節　司法年度及事務分配

第一項　司法年度

　　預算法第12條規定：「政府會計年度於每年一月一日開始，至同年十二月三十一日終了，以當年之中華民國紀元年次爲其年度名稱。」係採曆年制。同法第11條並規定：「政府預算，每一會計年度辦理一次。」司法機關經費之預算，亦屬政府預算之一部分，與國家財政之收支，關係密切，故而司法年度，每年應自1月1日起至同年12月31日止（法院組織法第77條、少年及家事法院組織法第50條、行政法院組織法第29條、智慧財產及商業法院組織法第26條、懲戒法院組織法第26條），期使司法年度與會計年度一致，俾便司法事務之順利推展。關於司法年度事項，少年及家事法院組織法與懲戒法院組織法未定有明文，應依少年及家事法院組織法第50條與懲戒法院組織法第26條之規定，準用法院組織法之相關規定辦理。

　　對於各級法院及其他司法機關而言，司法年度除係指司法預算之編列時效以外，尚包括各級法院、懲戒法院及檢察機關召開年終會議，預定次年度司法事務之分配及代理次序，以及完成人員考核、統計編製、簿冊整理等事項之適當時機在內。舉凡與司法權之行使息息相關之事務，均應依司法年度作成妥愼之規劃。

第二項　事務分配

第一款　處務規程之訂定

　　國家各機關之組織體制、隸屬關係、職權範圍、單位設置及員額編制等事項，多以其組織法爲基本性及準則性之規定，再以其處務規程爲細部

性及細則性之規定。各級法院、懲戒法院及檢察機關等亦然，均有處務規程之制定。

　　法院組織法關於各級法院與各級檢察署之組織分工及職權行使等事項，其規定頗為抽象簡略，但有關細節部分，則經由立法授權責由各級法院及檢察署之最高司法行政監督機關司法院與法務部分別訂定之。依此，各級法院及其分院處務規程與各級檢察署及其檢察分署處務規程，分別由司法院與法務部定之（法院組織法第78條、少年及家事法院組織法第33條、行政法院組織法第30條、智慧財產及商業法院組織法第27條、懲戒法院組織法第25條）。上述處務規程應屬司法行政機關對於下級行政監督機關所發布之行政命令，且為所轄司法機關及其所屬司法人員履行職務之準據，其性質既屬司法行政監督權行使之範疇，各級法院及其分院與各級檢察署及其檢察分署自應受其拘束。

　　至於各個法院及其分院與各個檢察署及其檢察分署固得依職權自訂適用於各該法院與各該檢察署內部事務及勤務執行等有關事項之處務規程，但其性質與位階自與前述基於各該組織法之授權由司法院及法務部所訂頒之處務規程仍有不同，且其內容亦不得牴觸前述處務規程之有關規定，俾便確實履行上級司法行政監督機關對於下級司法單位在行政監督關係上之法定職掌，是應注意。

第二款　年終會議之舉行

　　司法事務範圍廣泛，惟以法院審判事務較為繁重，為使責任收歸，勞逸適度，允宜預為規劃，循序進行。是以，各級法院及其分院、各級行政法院、智慧財產及商業法院等應於每年司法年度終結前舉行法官會議，依法律及司法院所定事務分配辦法，按照各該法院組織法及其處務規程，以及其他相關法令之規定，議決預定次一年度之司法事務分配、代理次序，以及辦理民事、刑事、行政訴訟及其他特殊專業類型案件法官於合議審判時之法官配置事項等有關事宜。法官會議之組成、召開時間、議決事項及議決程序等事項，除另有規定外，適用法官法第四章之規定（法官法第24

條、法院組織法第79條、少年及家事法院組織法第34條、行政法院組織法第31條、智慧財產及商業法院組織法第28條、懲戒法院組織法第13條）。基於上述相關規定，年終法官會議有關司法事務分配之提案，應以關於法院審判之事務分配事宜最為主要，包括法官之事務分配、法官分案符號、法官代理次序及合議審判法官之配置等，咸依法官法及各該法院處務規程等相關規定辦理（地方法院及其分院處務規程第4條、少年及家事法院處務規程第4條、高等法院及其分院處務規程第4條、高等行政法院處務規程第4條、最高法院處務規程第4條、最高行政法院處務規程第4條、懲戒法院處務規程第4條）。

至於各級檢察署及其檢察分署處理檢察事務，亦有擬定年度司法事務分配之必要，各級檢察署應於每年司法年度終結前舉行檢察官會議，檢討業務得失，並討論年度檢察事務分配、分案符號、代理次序及各組檢察官配置之建議事項等事宜，應依法官法及各級檢察署及其檢察分署處務規程等相關規定辦理。但基於檢察一體之原則，有關檢察官會議所擬定檢察官次一年度之事務分配、分案符號、代理次序及各組檢察官之配置等事項，應經各該檢察署檢察首長檢察總長或檢察長核定行之。年終檢察官會議後，各級檢察署遇有人員變更或其他事由時，前述年度司法事務分配事項之變更，則由各該檢察署檢察首長檢察總長或檢察長決定之（法官法第91條第2項第1款、地方檢察署及其檢察分署處務規程第3條、高等檢察署及其檢察分署處務規程第3條、最高檢察署處務規程第3條）。

關於法院司法事務分配之預定及變更程序，分述如下：

一、司法事務分配之預定

如前所述，各法院及其分院暨懲戒法院對於次年度之司法事務分配、代理次序及合議審判時法官配置等事項之預定，應由各該法院所設法官會議於每年度舉行年終會議時議決之。各法院法官會議舉行年終會議前，得組成法官司法事務分配小組或其他小組，研擬法官年度司法事務分配事項之意見，並提出法官會議議決之。對於法官會議所作成關於法官年度司法事務分配之決議，院長應執行之（法官法第24條第1項第1款、第26

條第1項、第29條；法官會議實施辦法第2條、第3條第1項第1款、第30條前段）。院長認為法官會議關於年度司法事務分配議決事項所為決議有違背法令之情事，應於議決後五日內以書面附具理由，交法官會議復議。復議如經三分之二以上法官之出席及出席人數四分之三以上之同意維持原決議時，院長得於復議決議後五日內聲請職務法庭宣告其決議違背法令。法官會議關於第1項第1款或第3項但書議決事項所為決議經職務法庭宣告為違背法令者，其決議無效。法官會議自發交復議日起十五日內未議決，或未作成前項維持原決議之議決者，其原決議失其效力。前項情形，院長得提出事務分配方案取代原決議（法官法第24條第4項至第6項）。

　　法官年終司法事務分配會議，應以院長為主席，其決議以過半數之意見定之，可否同數時，取決於主席（法官法第25條第2項、法院組織法第80條、少年及家事法院組織法第35條、行政法院組織法第32條）。至於各該法院其他職員事務之分配事宜，則由院長決定之，不以提經法官年終會議決議為必要。

　　各級法院及其分院司法事務分配事項在年終會議經預定後，各該法院及其分院應於次一司法年度切實遵行，非有必要，且經院長徵詢有關庭長、法官意見後，不得任意變更之。各級法院年終會議關於事務分配及代理次序之預定或變更，如有未合各該法院組織法相關規定之情事，法官之審判仍屬有效。法院處理非訟事件時，亦同（法院組織法第5條）。此一規定，於少年及家事法院、行政法院、智慧財產及商業法院及懲戒法院，準用之（少年及家事法院組織法第50條、行政法院組織法第47條、智慧財產及商業法院組織法第44條、懲戒法院組織法第26條）。

二、事務分配之變更

　　各級法院有關事務分配、代理次序及合議審判時法官之配置等司法事務分配事項，於年終法官會議經預定後，因案件或法官增減或他項事故，有變更之必要時，得由院長徵詢有關庭長、法官之意見後定之。但遇有法官分發調動，而有大幅變更法官司法事務分配之必要時，應以法官會議議決之（法官法第24條第3項、法院組織法第81條、少年及家事法院組織

法第36條、行政法院組織法第33條、法官會議實施辦法第4條）。對於法官會議所作成關於大幅變更法官年度司法事務分配之決議，院長應執行之（法官法第24條第1項第1款、第26條第1項、第29條、法官會議實施辦法第2條、第3條第1項第1款、第30條前段）。院長認為法官會議關於大幅變更法官司法事務分配議決事項所為決議有違背法令之情事，應於議決後五日內以書面附具理由，交法官會議復議。復議如經三分之二以上法官之出席及出席人數四分之三以上之同意維持原決議時，院長得於復議決議後五日內聲請職務法庭宣告其決議違背法令。法官會議關於第1項第1款或第3項但書議決事項所為決議經職務法庭宣告為違背法令者，其決議無效。法官會議自發交復議日起十五日內未議決，或未作成前項維持原決議之議決者，其原決議失其效力。前項情形，院長得提出事務分配方案取代原決議（法官法第24條第4項至第6項）。

　　司法院釋字第665號解釋理由書表示：「法院經由案件分配作業，決定案件之承辦法官，與司法公正及審判獨立之落實，具有密切關係。為維護法官之公平獨立審判，並增進審判權有效率運作，法院案件之分配，如依事先訂定之一般抽象規範，將案件客觀公平合理分配於法官，足以摒除恣意或其他不當干涉案件分配作業者，即與保障人民訴訟權之憲法意旨，並無不符。法官就受理之案件，負有合法、公正、妥速處理之職責，而各法院之組織規模、案件負擔、法官人數等情況各異，且案件分配涉及法官之獨立審判職責及工作之公平負荷，於不牴觸法律、司法院訂定之法規命令及行政規則（法院組織法第78條、第79條參照）時，法院就受理案件分配之事務，自得於合理及必要之範圍內，訂定補充規範，俾符合各法院受理案件現實狀況之需求，以避免恣意及其他不當之干預，並提升審判運作之效率。」

　　依循上開解釋理由書意旨，各個法院年度司法事務朝向公開合理之程序進行分配，顯係司法自治及法官獨立審判之表徵，其合議審判法官案件之分配雖僅以法官會議及行政命令形成規範，而未盡如德國基本法第101條第1項所定法定法官原則，要求有關規範內容應以事先一般抽象之規範明定案件之分配，不容許案件經恣意操縱而由特定法官承辦以干預審判，

但法官獨立審判不受司法首長、私人利益之恣意操控或任何其他不當干涉，應是當代法治國家所一致推崇與奉行之憲法上原則。

第三款　法官之代理

地方法院及其分院法官因事故不能執行職務時，得由地方法院院長命候補法官暫代其職務。高等法院或地方法院法官因事故不能執行職務時，得由高等法院或地方法院院長調用其分院法官暫代其職務。高等法院及其分院法官因事故不能執行職務時，得由高等法院院長調用地方法院或其分院法官暫代其職務。最高法院法官因事故不能執行職務時，得由最高法院院長商調高等法院或其分院法官暫代其職務。前二項暫代其職務之期間，不得逾六個月（法院組織法第82條）。少年及家事法院法官、行政法院法官、智慧財產及商業法院法官及懲戒法院法官之代理，準用法院組織法第82條有關法官代理之規定（少年及家事法院組織法第50條、行政法院組織法第47條、智慧財產及商業法院組織法第44條、懲戒法院組織法第26條）。

第三項　出版公報

各級法院及分院應定期出版公報或以其他適當方式，公開裁判書。但其他法律另有規定者，依其規定。前項公開，除自然人之姓名外，得不含自然人之身分證統一編號及其他足資識別該個人之資料。高等檢察署以下各級檢察署及其檢察分署，應於第一審裁判書公開後，公開起訴書，並準用前二項規定（法院組織法第83條、少年及家事法院組織法第50條、行政法院組織法第47條、智慧財產及商業法院組織法第44條、懲戒法院組織法第26條）。前述其他法律另有規定不得揭露者，例如智慧財產及商業法院組織法第43條規定：「智慧財產及商業法院及其分院之裁判書，涉及當事人或第三人之營業秘密部分，不得揭露。」為配合政府資訊公開要求及便利民眾閱覽法院裁判書類，以強化司法公信力及維護法官辦案操守與裁判品質，各級法院及其分院應有定期出版公報，或以其他適當途徑，例如刊

行書類、架設官網、上傳網際網路或建立資料檢索系統等方式公開裁判書提供民眾閱覽之職責。由於裁判書性質具有個案性及事件性，其公開如隱去當事人或關係人之姓名，則恐無法令閱覽民眾信服，亦喪失人民監督司法之重要機制。是故，在權衡司法公信公益及個人隱私保障兩項重大利益前提下，裁判書之公開，應以公開包括自然人姓名在內之全貌為原則；惟自然人身分證統一編號及其他足資識別個人之資料，由於其流通將導致當事人或關係人在裁判書內容以外資料類如房地產、稅賦、所得、學經歷或就業情況等其他個人資料之不當洩漏，造成當事人或關係人個人隱私權益之再度傷害，故得由法院視情況決定不予公開之。此外，如其他法律有不予公開自然人姓名之規定者，則應從其規定，是為例外。

司法院訂頒各級法院編印裁判書彙編之方式及例言稿，指示各級法院民事、刑事及行政訴訟裁判書彙編，每冊目錄前應撰印例言，說明編印裁判書彙編之依據、目的、體例及所刊載裁判書之範圍，使閱覽者有所瞭解。至於刊載裁判書之範圍，在民事、刑事、行政訴訟部分，應刊載具有參考價值、有爭議性、原則上重要性、代表性或教育性之裁判。但少年保護事件及少年刑事案件之裁判不得刊載。在公務員懲戒部分，應刊載具有參考價值、有爭議性、原則上重要性、代表性或教育性之確定議決書。各法院裁判書由各法院自行編印，原則上每年出版一期，於每年三月出版；但福建高等法院金門分院、臺灣澎湖地方法院及福建金門地方法院得每二年出版一期。各機關編印彙編時，請同時提供該彙編裁判書或議決書之電子檔予司法院資訊管理處（各級法院編印裁判書彙編之方式第參點至第伍點）。

第二節　法庭之開閉及秩序

第一項　開庭之場所

一、法院內開庭

法庭開庭，應於法院內為之，但法律別有規定者，不在此限（法院

組織法第84條第1項、少年及家事法院組織法第37條第1項、行政法院組織法第47條、智慧財產及商業法院組織法第29條第1項、懲戒法院組織法第26條）。法院開庭，舉凡訴訟事件之審理、言詞辯論之進行、證人鑑定人之訊問及裁判之宣示等，均應以於院內舉行為原則。但如法律有特別規定者，從其規定，例如法院組織法第85條、少年及家事法院組織法第38條及智慧財產及商業法院組織法第30條所規定於法院管轄區域內指定地點臨時開庭之情形是。

二、法院外開庭

如前所述，所謂法院外開庭，即係指法院臨時開庭之情形而言。高等法院以下各級法院或分院於必要時，得在管轄區域內指定地方臨時開庭。前項情形，其法官除就本院法官中指派者外，得以所屬分院或下級法院法官充之。臨時開庭辦法，由司法院定之（法院組織法第85條、少年及家事法院組織法第38條、智慧財產及商業法院組織法第30條）。司法院分別訂頒臺灣高等法院以下各級法院或分院臨時開庭辦法及智慧財產及商業法院臨時開庭辦法，該二種辦法明定所謂臨時開庭，係指高等法院以下各級法院或分院及智慧財產及商業法院，定期或不定期在管轄區域內，利用自有辦公處所或借用當地或其他法院、檢察署、司法警察機關等辦公處所開庭，受理依法應由該法院管轄之訴訟、非訟、智慧財產及商業案件或其他案件者而言。臨時開庭期間，所需辦理審判、行政人員，除視情形得由當地借用機關有關人員兼辦外，應由各法院院長就該院現有編制員額統籌調配之（臺灣高等法院以下各級法院或分院臨時開庭辦法第2條、第3條；智慧財產及商業法院臨時開庭辦法第2條、第3條）。

此外，有關法律亦明定在法庭外臨時開庭之規定。民事訴訟法第157條規定：「期日應為之行為於法院內為之。但在法院內不能為或為之而不適當者，不在此限。」同法第304條規定：「元首為證人時，應就其所在地詢問之。」同法第305條第1項規定：「遇證人不能到場，或有其他必要情形時，得就其所在地訊問之。」刑事訴訟法第177條規定：「證人不能到場或有其他必要情形，得於聽取當事人及辯護人之意見後，就其所在

或於其所在地法院訊問之（第1項）。前項情形，證人所在與法院間有聲音及影像相互傳送之科技設備而得直接訊問，經法院認為適當者，得以該設備訊問之（第2項）。」性侵害犯罪防治法第16條規定，「對被害人之訊問或詰問，得依聲請或依職權在法庭外為之，或利用聲音、影像傳送之科技設備或其他適當隔離措施，將被害人與被告或法官隔離（第1項）。被害人經傳喚到庭作證時，如因心智障礙或身心創傷，認當庭詰問有致其不能自由陳述或完全陳述之虞者，法官、軍事審判官應採取前項隔離詰問之措施（第2項）。」兒童及少年性剝削防制條例第12條第1項規定：「偵查及審理中訊問兒童或少年時，應注意其人身安全，並提供確保其安全之環境與措施，必要時，應採取適當隔離方式為之，另得依聲請或依職權於法庭外為之。」以上規定，均為法律別有規定，應於法院外臨時開庭之適例。

第二項　法庭之布置

所謂法庭之布置，係指法院進行訴訟時，與審判有關之司法人員、當事人、代理人、辯護人、證人及旁聽者席位之安排，包括法桌、應訊處、座椅及其他設備等。法院組織法規定，法院內開庭時，在法庭實施訴訟程序之公務員及依法執行職務之人、訴訟當事人與訴訟關係人，均應設置席位；其席位布置，應依當事人平等之原則為之。除參與審判之法官或經審判長許可者外，在庭之人陳述時，起立，陳述後復坐。審判長蒞庭及宣示判決時，在庭之人均應起立。法庭席位布置及旁聽規則，由司法院定之（法院組織法第84條第2項至第5項、第94條、少年及家事法院組織法第37條第2項、第50條、行政法院組織法第45條、第47條、智慧財產及商業法院組織法第29條第2項、第44條、懲戒法院組織法第26條）。

法庭席位應講求公正平等，法庭布置則應力求莊嚴肅穆。司法院依據前開規定，訂頒法庭席位布置規則。為尊重審判長、法官或委員於開庭時之訴訟指揮權，該規則對於法庭席位之設置，賦予審判長、法官或委員關於法庭席位之指定權與增設權，以符合開庭審判時之實際需要與彈

性。同時，爲因應法庭電子化之需要及考量各級法院法庭空間大小容有不同，該規則並明定法庭電子化設備在法庭內之適當設置位置。法庭席位布置規則依訴訟程序之不同，將各類法院法庭席位分爲下列十一種：一、民事法庭席位（如附圖一）；二、刑事法庭席位（如附圖二）；三、少年法庭席位，分爲少年刑事法庭席位（如附圖三）及少年保護法庭席位（如附圖四）；四、行政訴訟法庭席位（如附圖五）；五、公務員懲戒法庭席位（如附圖六）；六、職務法庭席位（如附圖七）；七、家事法庭席位。分爲一般家事法庭席位（如附圖八）及溝通式家事法庭席位（如附圖九）；八、民事大法庭席位（如附圖十）、刑事大法庭席位（如附圖十一）及行政訴訟大法庭席位（如附圖十二）。其他專業法庭、簡易法庭、臨時法庭之法庭席位布置，則依其訴訟性質，準用前項之規定（法庭席位布置規則第2條）。

法庭，除少年保護法庭、溝通式家事法庭外，以欄杆區分爲審判活動區、旁聽區，並於欄杆中間或兩端設活動門。審判活動區除法官席地板離地面25公分至50公分外，其餘席位均置於地面，無高度。但如法庭相對高度無法配合時，得視實際情況，酌減法官席地板離地面高度。法官席正前右、左兩側下方，分置書記官席及通譯、錄音、卷證傳遞席，均面向旁聽區。審判長、法官爲便利訴訟程序進行，得視法庭空間大小及審判需要，於法庭內適當位置，指定或酌增席位。依法得於審判程序中陪同當事人、關係人或被害人者，其席位以設於被陪同人旁爲原則。庭務員及法警開庭時受審判長或書記官之指揮，執行法庭勤務，不另設席。法警於開庭時站立法庭審判活動區之適當位置，維護法庭秩序及人員安全（法庭席位布置規則第3條至第5條）。

法庭天花板及四周牆壁宜漆乳白色，以顯軒敞莊嚴之氣氛。桌椅褐色或原木色。職稱名牌，木質，置於桌面。其他席位，以塑膠類板片標示，粘著於座椅等適當位置。法官席桌面設置法槌，供法官使用。其使用要點，由司法院定之。錄音、錄影及其他電子或設備，應加固定，設於法庭內適當位置，其附屬線路之鋪設，應力求整潔（法庭席位布置規則第9條、第10條）。

第三項 法庭之旁聽

　　法庭既屬公開場所，法院於審判案件時，當事人以外任何人自可蒞庭旁聽。換言之，法院對於訴訟之審理，應在法庭旁聽民眾可得共見共聞之情形下進行，以昭公允。關於法庭旁聽之申請程序及旁聽者之法庭義務等事項，司法院訂頒法庭旁聽規則，以茲遵守（法院組織法第84條第5項、少年及家事法院組織法第37條第2項、行政法院組織法第45條、智慧財產及商業法院組織法第29條第2項、懲戒法院組織法第26條）。

　　法庭應設旁聽席，並得編訂席位號次，除依法禁止旁聽者外，均許旁聽。法院為維持法庭秩序，於必要時得斟酌法庭旁聽席位之多寡核發旁聽證。法院決定核發旁聽證之法庭，無旁聽證者不得進入法庭旁聽。旁聽證應依請求旁聽者登記之先後次序核發之。旁聽席如有空位，得隨時核發旁聽證。核發旁聽證時，應命請求旁聽者提交國民身分證或其他證明文件查驗，並得登記姓名、住所備查。所提證件於交還旁聽證時發還之。法院核發旁聽證者，得規定旁聽人應於開庭前十分鐘進入法庭，依序就坐。法庭得設記者旁聽席，專供記者旁聽。旁聽人出入法庭及在庭旁聽，應受審判長及其他在法庭執行職務人員所為有關維持法庭秩序之指示（法庭旁聽規則第2條至第5條）。

　　法院經由旁聽席之設置，確保法庭審判程序公開透明，民眾接近法院、近用司法及知情權等權益更可獲得滿足。法庭設旁聽席供民眾蒞庭旁聽，除可維護裁判品質與司法效能外，更可有效提升法官審判之公信力。但為使法庭開庭順暢且不受干擾，並尊重審判長於開庭時之指揮訴訟之權，如遇有下列情形之一者，不論其有無旁聽證，均應即時阻止其開始或禁止其繼續旁聽：一、酒醉、施用毒品或其他管制藥品、迷幻藥，或精神狀態異常；二、攜帶槍砲、彈藥、刀械等有危險性或其他不適在法庭持有之物品；三、未經審判長許可而攜帶攝影、錄影、錄音器材。但攜帶具有上開功能之電子機具已關閉電源，或調整為靜音、震動模式者，不在此限；四、攜同未滿十歲之兒童旁聽。但經審判長許可者，不在此限；五、奇裝異服或衣履不整；六、拒絕安全檢查；七、其他認為有擾亂法庭秩序

或影響法庭莊嚴之虞（法庭旁聽規則第6條）。

旁聽人在法庭旁聽，應保持肅靜，並不得有下列行為：一、大聲交談、鼓掌、喧嘩；二、向法庭攝影、錄影、錄音。但錄音經審判長核准者，不在此限；三、吸煙或飲食物品；四、對於在庭執行職務人員或訴訟關係人等加以批評、嘲笑或有其他類此之行為；五、其他妨害法庭秩序或不當之行為。旁聽人有妨害法庭秩序或其他不當行為者，審判長得依法禁止其進入法庭或命其退出法庭，必要時並得命看管至閉庭時。旁聽人違反審判長維持法庭秩序之命令，足致妨害法院執行職務者，審判長於制止前，得加以警告。旁聽人或其他人於開庭前如有違反法庭旁聽規則之規定時，由在法庭執行職務人員處理之，如有疑義時，應報請該法庭之審判長裁定之（法庭旁聽規則第7條、第9條、第10條）。

第四項　法庭之公開

法院開庭審理訴訟案件，可分為公開審理主義及秘密審理主義二種方式。所謂公開審理主義者，係指訴訟案件之辯論及裁判之宣示，准許與案件無關之第三者自由蒞庭旁聽之審理方式而言。其作用乃在於：一、加強審判之公信力，使社會大眾相信法院公正無私，審判獨立；二、防範審判人員與當事人間之勾結、舞弊，造成裁判不公之情事；三、一般人民得以公開旁聽之機會，參與當事人之陳述及辯論，阻止當事人為虛偽陳述，顛倒是非之訴訟行為；四、增進一般人民之法律智識，藉公開旁聽之場合，增加其對法律實體上及程序上之瞭解，以促進國民法治觀念之建立。

至於所謂秘密審理主義者，則係指法庭開庭時，除本案當事人以外，不容許其他人士蒞庭旁聽之審理方式而言。其原因不論是基於法律所定之事由，或是基於本案特殊之性質，或是基於社會公益之考量，甚或是基於對於本案當事人利益之保護等，足使法院確信應有採行秘密審理主義之必要時，法院可例外以秘密審理方式審理訴訟案件。

各國法院之審判雖以採行公開審理之方式為原則，但亦不乏因有妨害社會秩序或公共利益之虞，而依法律規定或經審判長或合議庭法官之決

議採行秘密審理之方式之例外情形。法院組織法規定，訴訟之辯論及裁判之宣示，應公開法庭行之。但有妨害國家安全、公共秩序或善良風俗之虞時，法院得決定不予公開之（第86條）。法庭不公開時，審判長應將不公開之理由宣示。前項情形，審判長仍得允許無妨礙之人旁聽（第87條）。前二條有關審判長之規定，於其他法院審判長及法院開庭時受命法官、受託法官執行職務時準用之（法院組織法第94條、少年及家事法院組織法第50條、行政法院組織法第47條、智慧財產及商業法院組織法第44條、懲戒法院組織法第26條）。

　　此外，訴訟之辯論，有危害證人生命、身體或自由之虞者，法院亦得決定不公開法庭之審理程序（證人保護法第20條）。依據上述規定，法院之審判應以採行公開審理主義為原則，而以採行秘密審理主義為例外。此與檢察官偵查不公開之原則顯有不同（刑事訴訟法第245條第1項）。至於所謂無妨礙之人，例如少年及家事法院或地方法院少年法庭調查及審理少年保護事件應不公開之，但仍得允許少年之親屬、學校教師、從事少年保護事業之人或其他認為相當之人在場旁聽者即屬之（少年事件處理法第34條）。

　　法院審理訴訟事件，如當事人所提出攻擊或防禦方法涉及當事人或第三人之隱私或業務秘密時，法院除依當事人聲請認為適當而決定法庭不予公開外，亦得允許當事人兩造經合意不予公開其所參與全部或一部之審判過程（民事訴訟法第195-1條、行政訴訟法第132條）。甚且，如為保護被害人之隱私權益或保障少年犯罪行為人之健全人格，法院亦有依法律規定採行秘密審理方式之情形。例如保護令事件之審理不公開、少年保護事件之調查及審理不公開，以及性侵害犯罪案件審判不得公開之情形即是（家庭暴力防治法第12條第1項、少年事件處理法第34條前段、性侵害犯罪防治法第18條第1項前段），是為法律明定法院審理應不予公開之典例。對於上述審理事件，只有在法官認為確有必要，且經當事人、被害人，或其無行為能力或限制行為能力經法定代理人，在充分告知及認知並基於自由意志作成知情同意後，始得公開之。

第五項　法庭之秩序

　　法庭為法官審理訴訟案件之公開場所，而法庭之秩序則將影響法院實施審判之尊嚴及訴訟程序之進行，自應責由審判長、受命法官或委員或受託法官發動訴訟指揮權及法庭警察權予以維護，必要時，並得實施強制處分及作成適當刑事制裁，以儆效尤。法庭秩序之涵義及範圍，包含甚為廣泛，甚且於法庭旁聽規則中所規定有關禁止旁聽及旁聽人不得為之行為，要均與法庭秩序息息相關，法院自應基於法庭指揮權及法庭警察權之行使，嚴予維持法庭之秩序，俾便審判程序之穩定與流暢。要言之，任何在法庭之人，只要其言語或行為，在客觀上足使審判長、受命法官或委員或受託法官確信有妨害或擾亂法庭秩序之虞，且不符合一般社會通念對於法庭秩序之合理期待者，均可成為審判長、受命法官或受託法官為維持法庭秩序所禁止或處罰之對象。例如攜帶有聲響之行動電話進入法庭或於法庭內使用行動電話或其他通訊設備致有影響法庭審判流程之虞者，即屬應予禁止或制止之行為即是。

　　法院組織法規定，審判長於法庭之開閉及審理訴訟，有指揮之權（第88條）。法庭開庭時，審判長有維持秩序之權（第89條）。前二條有關審判長之規定，於其他法院審判長亦有相同之規定，且於法院開庭時受命法官、受託法官執行職務時準用之（法院組織法第94條、少年及家事法院組織法第39條、第43條、行政法院組織法第34條、第36條、第40條、智慧財產及商業法院組織法第31條、第32條、第36條；懲戒法院組織法第14條、第15條、第19條）。前者為審判長之訴訟指揮權；後者則為審判長之法庭警察權。審判長、受命法官或受託法官基於前述指揮訴訟及維持秩序之職權，自得對不服從命令或蔑視法庭之人員實施強制處分或科以適當制裁，用以有效維護司法尊嚴，不容踐踏。

　　但審判長、法官實施法庭警察權並非漫無限制，亦不可無的放矢。為避免審判長、法官維持法庭秩序因缺乏相關準據以茲遵循，致形成獨斷專擅、恣意妄為之情事，損及民眾權益及影響司法公信力，法院組織法明定若干行為類型，期使在法院開庭時之在場人士有所節制。同時，審判長、

法官維持法庭秩序之權亦可有所約制，並能受到事後司法審查之監督。法院組織法第90條規定：「法庭開庭時，應保持肅靜，不得有大聲交談、鼓掌、攝影、吸煙、飲食物品及其他類似之行為（第1項）。在庭之人非經審判長許可，不得自行錄音、錄影；未經許可錄音、錄影者，審判長得命其消除該錄音、錄影內容（第3項）。前項處分，不得聲明不服（第4項）。」第93條規定，「審判長為第九十條第三項之處分時，應命記明其事由於筆錄」。前述二條所定在庭人士涉及妨害法庭秩序應予禁止之行為類型及有關審判長之規定，於其他法院審判長及法院開庭時受命法官、受託法官執行職務時準用之（法院組織法第94條、行政法院組織法第47條、智慧財產及商業法院組織法第44條、懲戒法院組織法第26條）。

法庭秩序應予維持，對於妨害法庭秩序者，法院應速予處分，俾使法庭之審理程序可順利進行，不致因任何在庭人士妨害法庭秩序之行為或情事而受到影響。法院組織法第91條：「有妨害法庭秩序或其他不當行為者，審判長得禁止其進入法庭或命其退出法庭，必要時得命看管至閉庭時。前項處分，不得聲明不服。前二項規定，於審判長在法庭外執行職務時準用之。」第93條，「審判長為第九十一條之處分時，應命記明其事由於筆錄」。前二條有關審判長之規定，於其他法院審判長亦有相同之規定，且於法院開庭時受命法官、受託法官執行職務時準用之（法院組織法第94條、少年及家事法院組織法第40條、第42條、第43條、行政法院組織法第37條、第39條、第40條、智慧財產及商業法院組織法第33條、第35條、第36條、懲戒法院組織法第16條、第18條、第26條）。

對於律師、訴訟代理人或辯護人在庭所為妨害法庭秩序之不當言語或行為，法院更應嚴予克制。法院組織法第92條規定：「律師在法庭代理訴訟或辯護案件，其言語行動如有不當，審判長得加以警告或禁止其開庭當日之代理或辯護。非律師而為訴訟代理人或辯護人者，亦同。」第93條規定，「審判長為第九十二條之處分時，應命記明其事由於筆錄」。前二條有關審判長之規定，於其他法院審判長亦有相同之規定，且於法院開庭時受命法官或委員、受託法官執行職務時準用之（法院組織法第94條、少年及家事法院組織法第41條、第42條、第43條、行政法院組織法第35條、第

39條、第40條、智慧財產及商業法院組織法第34條、第35條、第36條、懲戒法院組織法第17條、第18條、第19條）。

　　為維護法庭尊嚴及確保人民訴權實施免受侵犯，法院組織法第95條參酌部分國家藐視法庭罪之立法例精神，明定違反審判長、法官或委員維持法庭秩序命令之處罰，該條文規定：「違反審判長、受命法官、受託法官所發維持法庭秩序之命令，致妨害法院執行職務，經制止不聽者，處三月以下有期徒刑、拘役或新臺幣三萬元以下罰金。」本條之處罰，於其他法院組織法亦有相同之規定（行政法院組織法第38條、少年及家事法院組織法第44條、智慧財產及商業法院組織法第37條、懲戒法院組織法第20條）。此一規定，為妨害法院執行職務罪，屬於刑事罰則之性質，故與前述由審判長、受命法官、受託法官所為有關維持法庭秩序之司法行政上之強制處分不同，且不問其為一般人或為訴訟代理人，均一體適用之。至於妨害法院執行職務，有構成刑法妨害公務、侮辱公署，甚或偽證等有關罪行之情事時，則仍應依刑法相關規定處罰，自不待言。

第六項　法庭之錄音

　　一般而言，訴訟資料本應僅指當事人或其他關係人於法庭上所提示之書類、卷證或有關證據，以及書記官於開庭時依當事人或其他關係人之陳述所依法製作之筆錄而言。惟筆錄製作後經當事人或其他關係人依法聲請閱覽，如認為筆錄有誤記或遺漏之情事，則將無法就當庭言詞辯論攻防陳述之內容原音原影重現使其還原，形成法院在核對及查證筆錄上之困難，該筆錄之公信力自將受到當事人或其他關係之質疑，對於司法之效能及裁判之公正亦將受到影響。有鑑於當事人及其他關係人當庭所為陳述已無可避免勢將成為訴訟資料之一部分，且拜現代科技數位影音設備之賜，其精確度及還原度已毋庸置疑，錄音錄影具有輔助法庭筆錄製作之功能早已為司法實務所肯定，法院組織法第90條第2項規定：「法庭開庭時，除法律另有規定外，應予錄音。必要時，得予錄影。」為維護法庭之公開透明及司法課責性，法院審理民事、刑事、行政訴訟案（事）件及家事、少年保

護事件於法院內開庭時，應予錄音。其他案（事）件有必要錄音時，亦同。法院於必要時，得在法庭內使用錄影設備錄影（法庭錄音錄影及其利用保存辦法第2條）。

在法庭之錄音應自每案開庭時起錄，至該案閉庭時停止，其間連續始末為之。每案開庭點呼當事人朗讀案由時，法院書記官應宣告當日開庭之日期及時間。前條後段情形，錄音人員應報告審判長，並由書記官將該事由記載於筆錄。法庭開庭時雖經錄音，書記官仍應就當事人或其他關係人之陳述，當庭依法製作筆錄。前項規定，於法庭內使用錄影設備錄影時，亦同。法庭內之錄影，由審判長、受命法官或受託法官指揮實施，並命記明於筆錄（法庭錄音錄影及其利用保存辦法第5條至第7條）。

由於法庭錄音或錄影之內容含有所有參與法庭活動人士之聲音、影像等個人資料，涉及憲法及有關法律人格權及隱私權之規範及保障，為兼顧當事人與其他關係人在庭實施訴訟之權益及人民接近司法參與法庭活動之公益，法院組織法第90條第3項、第4項並規定：「在庭之人非經審判長許可，不得自行錄音、錄影；未經許可錄音、錄影者，審判長得命其消除該錄音、錄影內容。前項處分，不得聲明不服。」茲應注意者，審判長為前項許可時，應審酌錄音、錄影目的及對法庭程序進行之影響，並得徵詢其他在庭之人意見。但有依法不公開法庭審理或其他不適宜情形者，不應許可（法庭錄音錄影及其利用保存辦法第3條）。

法庭錄音或錄影內容既為訴訟資料之一部分，為提升司法品質，增進司法效能，經參酌行政程序法第46條第1項但書之規定，增訂法院組織法第90-1條之規定：「當事人及依法得聲請閱覽卷宗之人，因主張或維護其法律上利益，得於開庭翌日起至裁判確定後六個月內，繳納費用聲請法院許可交付法庭錄音或錄影內容。但經判處死刑、無期徒刑或十年以上有期徒刑之案件，得於裁判確定後二年內聲請。前項情形，依法令得不予許可或限制聲請閱覽、抄錄或攝影卷內文書，法院得不予許可或限制交付法庭錄音或錄影內容。第一項情形，涉及國家機密者，法院得不予許可或限制交付法庭錄音或錄影內容；涉及其他依法令應予保密之事項者，法院得限制交付法庭錄音或錄影內容。前三項不予許可或限制交付內容之裁定，得

爲抗告。」

爲兼顧當事人之訴訟資訊權益及司法資源之合理分配,法院組織法第90-2條規定:「法庭錄音、錄影內容,應保存至裁判確定後二年,始得除去其錄音、錄影。但經判處死刑或無期徒刑確定之案件,其保存期限依檔案法之規定。」法院組織法第90-3條規定:「前三條所定法庭之錄音、錄影及其利用保存等相關事項之辦法,由司法院定之。」此外,經參酌個人資料保護法第47條及行政罰法第29條第1項之有關規定,法院組織法第90-4條並規定:「持有法庭錄音、錄影內容之人,就所取得之錄音、錄影內容,不得散布、公開播送,或爲非正當目的之使用。違反前項之規定者,由行爲人之住所、居所,或營業所、事務所所在地之地方法院處新臺幣三萬元以上三十萬元以下罰鍰。但其他法律另有特別規定者,依其規定。前項處罰及救濟之程序,準用相關法令之規定。」

經由現代通訊與資訊科技之迅速發展,數位即時影音傳播已成爲人們工作與生活不可或缺之利器,將在庭活動之影像及當事人和其他關係人當庭陳述之音流及聲紋等,透過電視、網際網路或其他通訊載具直接傳播於法庭之外,俾供民眾自由觀覽與檢視,是否亦屬法院組織法第90條第2項「法庭開庭時,除法律規定外,應予錄音。必要時,得予錄影」之範疇,不無疑義。論者或謂法院提供法庭直播措施,應係實踐法院組織法第86條規定「訴訟之辯論及裁判之宣示,應公開法庭行之」所揭示公開法庭原則之具體表現。法庭直播除可彌補法院未能適量提供旁聽席位供民眾自由聆聽之缺憾外,更可在第一時間公開法庭資訊,避免法庭審判淪爲黑箱作業或政治打手。

爲兼顧在庭人士人格權與隱私權之保障與民眾對於政府資訊公開之要求與知的權利之滿足,法庭直播如與法庭錄音、錄影相同,僅係以確保訴訟資料無訛爲目的,則在庭人士人格權與隱私權之保障,其利益應優先於民眾知情權滿足之利益。在此,法院組織法第90條第3項、第4項有關「在庭之人非經審判長許可,不得自行錄音、錄影;未經許可錄音、錄影者,審判長得命其消除該錄音、錄影內容。前項處分,不得聲明不服」之規定,對於法庭直播即有適用之餘地。相對而言,法庭直播如係爲因應全

民監督司法不公、提升審判品質及強化法庭效能之訴求，而以擴大法院組織法第86條所揭示公開法庭原則為目的，則維護司法公平、公正、公開之公益，顯然優先於在庭活動人士人格權與隱私權保障之個人利益。若此，除有法院組織法第86條但書所規定「有妨害國家安全、公共秩序或善良風俗之虞時，法院得決定不予公開」之情形外，訴訟之辯論及裁判之宣示，均應經由法庭直播系統全面放送之[1]。但通訊傳播無孔不入、無限轉傳及無遠弗屆之性質應予重視，且應審慎考量在庭人士於網路傳播上之刪除權（Right to Erasure）及被遺忘權（Right to be Forgotten），有關人員之影音串流及附隨聲紋資料等，仍應依通訊保障及監察法、個人資料保護法及其他相關法令之規定，採取例如去識別化或打馬賽克等必要之措施嚴予保障，方屬正辦。至於法庭直播事務主管機關之歸屬、層級及管理等事項，因牽涉在庭審判長、法官、委員與當事人及其他關係人身分及人格自主及隱私之保障，自應以法律定之。法院組織法有關法庭錄音錄影之規定，於其他法院組織法有準用之規定者，準用之（少年及家事法院組織法第50條、行政法院組織法第47條、智慧財產及商業法院組織法第44條、懲戒法院組織法第26條）。

第七項　法庭之服制

法院組織法第96條規定：「法官及書記官在法庭執行職務時，應服制服，檢察官、公設辯護人及律師在法庭執行職務時，亦同。前項人員之服制，由司法院會同行政院定之。」前條規定，於其他法院組織法有準用之規定者，準用之（少年及家事法院組織法第50條、行政法院組織法第47條、智慧財產及商業法院組織法第44條、懲戒法院組織法第26條）。法

---

[1] 法院開庭，全面開放通訊傳播媒體採訪及直播究非常態，應以涉及重大公共議題之案（事）件為限。但如為普及全民法治教育及期使民眾鄰近司法、加強法律常識之目的而建構，由法院擇選爭點單純或屬較簡易類型之民、刑事及行政訴訟案（事）件，經審判長許可並獲在庭當事人及其他關係人同意後，定期定頻開放媒體採訪及直播，應屬現階段可行之作法。

官、檢察官、公設辯護人及書記官，在法庭上執行職務，應著制服，整肅儀容，為司法公信力之象徵。律師雖非公職司法人員，但其執行業務伸張正義，早已獲得在野法曹之美譽，亦為司法正義之代言人，故而規定律師在法庭上執行職務，亦應著制服。

司法院依據前揭立法授權，訂頒法官、檢察官、公設辯護人、律師及書記官服制規則。法官、檢察官、公設辯護人、律師及書記官服式如附圖（一），均用黑色，領、袖及對襟鑲邊，邊寬12公分。各制服鑲邊之色別如下：一、法官用藍；二、檢察官用紫；三、公設辯護人用綠；四、律師用白；五、書記官用黑。法官、檢察官、公設辯護人及書記官於法庭開庭執行職務時，男性，應於制服內穿著有領襯衫並打領結或領帶；女性穿著無領上衣時，應於制服內配以白色領套，形式如附圖（二）。律師於法庭開庭執行職務時，比照前項規定辦理（法官、檢察官、公設辯護人、律師及書記官服制規則第3條至第5條）。

第三節　法院之用語

法院組織法第97條規定：「法院為審判時，應用國語。」本條規定，於其他法院組織法有準用之規定者，準用之（法院組織法第100條、少年及家事法院組織法第50條、行政法院組織法第47條、智慧財產及商業法院組織法第44條、懲戒法院組織法第26條）。司法審判力求公平對等，法官審問案情及訴訟當事人在法庭內為陳述或辯論，均應使用通用語言相互溝通及傳達信息。甚且，法院為國家主權自主及統治權行使之象徵，法官應使用國語指揮訴訟及宣示裁判，以明確表達政府以公平、公正、公開之態度執行國家公權力及嚴肅展現司法公信力之決心。

由於人民活動日益頻繁、無遠弗屆，法律生活所拓展及接觸之範圍已非如昔日僅以本國地域為限；同時，外籍人士僑居我國土地者亦所在多有，本國人士不諳通用國語者更是比比皆是。如其一旦涉及訴訟事件，有關當事人、證人或鑑定人恐有難與法院所用國語相通之情形，對於人民訴訟權益不無影響。更有甚者，我國領域幅員遼闊，方言龐雜，國人雖能普

遍使用中文，但未必可全然操用及瞭解通用國語。且如遇聽覺或語言障礙之人，法院無法順暢與其正常溝通，訴訟程序如何順利進行，亦令人堪憂。爲補救上述缺憾，法院組織法第98條規定：「訴訟當事人、證人、鑑定人及其他有關係之人，如有不通曉國語者，由通譯傳譯之；其爲聽覺或語言障礙者，除由通譯傳譯外，並得依其選擇以文字訊問，或命以文字陳述。」本條規定，於其他法院組織法有準用之規定者，準用之（法院組織法第100條、少年及家事法院組織法第50條、行政法院組織法第47條、智慧財產及商業法院組織法第44條、懲戒法院組織法第26條）。

　　法院審判既用國語，則有關訴訟文書，自應使用中國文字。惟爲記錄訴訟情境、還原眞相，並確保訴訟文書之眞實性及正確性可供日後查考，在法院開庭時，訴訟當事人、證人、鑑定人及其他關係人所使用之方言或外國語言有供參考之必要時，訴訟文書應附記訴訟當事人或其他關係人所用之該地方言或外國語言。由是，法院組織法第99條規定：「訴訟文書應用我國文字。但有供參考之必要時，應附記所用之方言或外國語文。」本條規定，於其他法院組織法有準用之規定者，準用之（法院組織法第100條、少年及家事法院組織法第50條、行政法院組織法第47條、智慧財產及商業法院組織法第44條、懲戒法院組織法第26條）。

第四節　裁判之評議

第一項　合議庭之組成

　　所謂裁判之評議，係專指採行合議審判之訴訟案件，法院在宣判前，由參與合議庭之全體法官，共同決議應爲如何之判決或裁定之程序而言。至於採行獨任審判之訴訟案件，既係僅以法官一人獨任爲之，故無實施裁判評議程序之需要。合議審判至少應有法官三人合議行之，爲形成決議對外宣判，合議庭法官自有依法定程序爲裁判評議之必要。換言之，裁判之評議，乃係合議審判所應遵循之法定程序。評議之作用，乃在使參與合議審判之法官，依循公開及民主之程序平亭曲直、各抒所見，用以避免

各別法官耽於個人好惡、恣意偏頗，並防止營私舞弊之情事發生，進而俾使法院開庭在認事用法上公正平允、客觀周延，足以經得起人民對於司法公信力之考驗與期待。

關於合議庭法官組成之人數，法院組織法第101條規定：「合議裁判案件，應依本法所定法官人數評議決定之。」前條規定，於其他法院組織法有準用之規定者，準用之（少年及家事法院組織法第50條、行政法院組織法第47條、智慧財產及商業法院組織法第44條、懲戒法院組織法第26條）。亦即地方法院及少年及家事法院行合議審判案件，高等法院、高等行政法院、智慧財產及商業法院民事、刑事第二審上訴、抗告程序案件及行政訴訟通常程序案件，懲戒法院第一審懲戒案件之審理及裁判等，以法官三人合議行之。最高法院、最高行政法院之審判，懲戒法院第二審懲戒案件之審理及裁判，以法官五人合議行之（法院組織法第3條、少年及家事法院組織法第4條、行政法院組織法第3條、智慧財產及商業法院組織法第6條第1項後段、懲戒法院組織法第4條第2項）。

法院組織法第102條規定：「裁判之評議，以審判長為主席。」前條規定，於其他法院組織法有準用之規定者，準用之（少年及家事法院組織法第50條、行政法院組織法第47條、智慧財產及商業法院組織法第44條、懲戒法院組織法第26條）。

第二項　評議之秘密

法院組織法第103條規定：「裁判之評議，於裁判確定前均不公開。」前條規定，於其他法院組織法有準用之規定者，準用之（少年及家事法院組織法第50條、行政法院組織法第47條、智慧財產及商業法院組織法第44條、懲戒法院組織法第26條）。裁判之評議，就民事事件而言，關係訴訟當事人之勝負；就刑事事件而言，關係被告之罪名成立與否及罪刑之輕重。如在裁判確定前驟予公開，不免將引起無謂之滋擾與弊端及引發私人間之恩怨，對於參與評議法官之身家性命亦有影響。是故，為使法院審判程序公正平允，裁判之評議在裁判確定前，應以不予公開為適當。惟

為順應人民監督司法之決心及維護知的權利之強烈要求，並兼顧法官審判之客觀公正及承審法官之人身安全，裁判之評議於裁判確定後，應可在權衡類如保守業務機密之有關公益之後，隱去當事人或有關人員之姓名或其他個人資訊，將裁判之評議予以適度公開之，以坦然面對律師、媒體、民眾及社會各界對於法院審判事務之公評與檢驗。如此，對於司法公信力之提升及全民法治精神之培養，亦將有直接之助益。

法官在評議程序中所發表之意見，亦應依上述方式處理。法院組織法第106條規定：「評議時各法官之意見應記載於評議簿，並應於該案裁判確定前嚴守秘密。案件之當事人、訴訟代理人、辯護人或曾為輔佐人，得於裁判確定後聲請閱覽評議意見。但不得抄錄、攝影或影印。」前條規定，於其他法院組織法有準用之規定者，準用之（少年及家事法院組織法第50條、行政法院組織法第47條、智慧財產及商業法院組織法第44條、懲戒法院組織法第26條）。以上規定，明定記載於評議簿之法官意見，於裁判確定前應嚴予保密。但於裁判確定後，案件之關係人，包括當事人、訴訟代理人、辯護人或曾為輔佐之人等，均得向法院聲請閱覽法官之評議意見，俾使有關人員及民眾瞭解承審法官形成心證作成裁判之心路歷程及審理過程，用以保障當事人之訴訟權益。

惟評議簿具有公文書之性質，聲請人非依法定程序，不得任意閱覽或充為私人用途，故而案件關係人於閱覽法官評議意見時，不得抄錄、攝影或影印。閱畢後，閱覽人應迅即將有關評議簿交還法院有關人員保管，自不待言。但於智慧財產及商業法院及其分院之裁判書，如涉及當事人或第三人之營業秘密部分，則不得揭露（智慧財產及商業法院組織法第43條）。

第三項　評議之程序

合議庭法官評議案件陳述意見時，其表決方式及發言次序應依民主程序及資深倫理規範為之。法院組織法第104條規定：「評議時法官應各陳述意見，其次序以資淺者為先，資同以年少者為先，遞至審判長為終。」

前條規定，於其他法院組織法有準用之規定者，準用之（少年及家事法院組織法第50條、行政法院組織法第47條、智慧財產及商業法院組織法第44條、懲戒法院組織法第26條）。基於上述規定，合議庭法官對於裁判之評議，應先由資淺或年少之法官陳述意見，其作用乃在保障資淺法官在評議程序中之發言地位，使其能暢所欲言，自由發表己見，並兼顧資深法官及審判長可在評議決定時以豐富審判經歷爲本次裁判評議作成最後定調意見之機會。

關於裁判評議決定之議決，法院組織法第105條規定：「評議以過半數之意見決定之。關於數額，如法官之意見分三說以上，各不達過半數時，以最多額之意見順次算入次多額之意見，至達過半數爲止。關於刑事，如法官之意見分三說以上，各不達過半數時，以最不利於被告之意見順次算入次不利於被告之意見，至達過半數爲止。」前條規定，於其他法院組織法有準用之規定者，準用之（少年及家事法院組織法第50條、行政法院組織法第47條、智慧財產及商業法院組織法第44條、懲戒法院組織法第26條）。基於上述規定，於法官三人合議之情形，應以法官二人以上之同意爲達成過半數之決議；於法官五人合議之情形，則應以法官三人以上之同意爲達成過半數之決議。

惟在法官意見分爲三說以上，致無法達成過半數之決議時，則其決定方法則從對於被告最不利之意見起計，順次算入次不利於被告之意見，直至達成過半數之決議爲止。關於數額之評議，如就法官五人合議之情形言之，甲法官主張10萬元，乙法官主張9萬元，丙法官主張8萬元，丁法官主張7萬元，戊法官主張6萬元；則以甲法官10萬元之最多額意見，順次算入次多額乙法官9萬元之意見及丙法官8萬元之意見，既已達成過半數之決議，故以8萬元作爲本案合議庭決議之數額。

關於刑期之評議，如就法官三人合議之情形言之，甲法官主張處無期徒刑，乙法官主張處有期徒刑十二年，丙法官主張處有期徒刑十年，則甲法官主張之無期徒刑，爲最不利於被告之意見；乙法官主張之有期徒刑十二年，爲次不利於被告之意見；而丙法官主張之有期徒刑十年，則爲最有利於被告之意見。是故，應以甲法官最不利被告無期徒刑之意見，順次

算入次不利於被告有期徒刑十二年之意見，既已達成過半數之決議，故以有期徒刑十二年作爲本案合議庭決議之刑罰。

關於懲戒之評議，如就法官五人合議之情形言之，甲法官主張撤職，乙法官主張休職，丙法官主張降級，丁法官及戊法官主張減俸；撤職爲最不利於被付懲戒人之意見，休職爲次不利於被付懲戒人之意見，減俸爲最有利於被付懲戒人之意見，應以甲法官最不利於被付懲戒人撤職之意見，順次算入乙法官次不利於被付懲戒人休職之意見及丙法官降級之意見，既已達成過半數之決議，故以降級作爲本案合議庭決議之懲戒處分。裁判之評議程序，已如上述。爲加強各法院合議審判功能，審判長主持評議時，應設定每案事實及法律之爭點，促使庭員就各項爭點爲充分之陳述，以免評議不周全。評議時，應嚴格遵守法院組織法之規定，由參與審判之法官充分陳述意見後，再行評決；各法官之意見應分別載於評議簿。案件經辯論終結後，如認有再開言詞辯論之必要者，應列舉理由交付評議，並記載於評議簿。評議之結果，對於事實之認定及法律之適用見解各異，無法依法院組織法第105條規定獲致決議時，宜再開言詞辯論，續行研究案件之內容，再行評議。裁判書原則上由受命（主辦）法官負責撰寫，於必要時，審判長亦得指定陪席法官或自行爲之。撰寫裁判書之法官簽名後，應將裁判書交參與審判之其他法官先行閱覽簽名，再送審判長核閱，如發現有欠妥適者，應予修正（臺灣高等法院及其分院加強合議審判功能實施要點第10點至15點）。

第五節　司法上之互助

第一項　法院之互助

法院組織法第107條規定：「法院處理事務，應互相協助。」前條規定，於其他法院組織法有準用之規定者，準用之（少年及家事法院組織法第50條、行政法院組織法第47條、智慧財產及商業法院組織法第44條、懲戒法院組織法第26條）。在此所謂之法院，應係指無隸屬關係之各個法院

而言。法院之互相協助，不得影響各個法院管轄事件之審級及法官獨立審判之職權。至於互助法院相互間之等級或類別是否相同，以及法院間互相協助之事務是否應以法律所規定者為限，則在非所問，是應注意。

關於法律所定法院應互相協助之事務，舉其若干項目，俾供參考。

一、民事訴訟事件

(一)法院得向送達地地方法院為送達之囑託（民事訴訟法第125條）。

(二)法院認為適當時，得囑託他法院指定法官調查證據。囑託他法院法官調查證據者，審判長應告知當事人，得於該法院所在地指定應受送達之處所，或委任住居該地之人為訴訟代理人，陳報受囑託之法院。受託法院如知應由他法院調查證據者，得代為囑託該法院。前項情形，受託法院應通知其事由於受訴法院及當事人（民事訴訟法第290條至第292條）。

(三)調查證據筆錄，由命保全證據之法院保管。但訴訟繫屬他法院者，應送交該法院（民事訴訟法第375條）。

二、刑事訴訟事件

(一)審判長或檢察官得開具拘票應記載之事項，囑託被告所在地之檢察官拘提被告；如被告不在該地者，受託檢察官得轉囑託其所在地之檢察官。搜索或扣押，得由審判長或檢察官囑託應行搜索、扣押地之法官或檢察官行之。受託法官或檢察官發現應在他地行搜索、扣押者，該法官或檢察官得轉囑託該地之法官或檢察官。第153條之規定，於勘驗準用之。保全之證據於偵查中，由該管檢察官保管。但案件在司法警察官或司法警察調查中，經法院為准許保全證據之裁定者，由該司法警察官或司法警察所屬機關所在地之地方法院檢察署檢察官保管之。審判中保全之證據，由命保全之法院保管。但案件繫屬他法院者，應送交該法院（刑事訴訟法第82條、第153條、第219條、第219-7條）。

(二)審判長或檢察官得囑託證人所在地之法官或檢察官訊問證人；如證人不在該地者，該法官、檢察官得轉囑託其所在地之法官、檢察官。第

177條第3項之規定，於受託訊問證人時準用之。受託法官或檢察官訊問證人者，與本案繫屬之法院審判長或檢察官有同一之權限（刑事訴訟法第195條）。

（三)執行裁判由爲裁判法院之檢察官指揮之。但其性質應由法院或審判長、受命法官、受託法官指揮，或有特別規定者，不在此限。因駁回上訴抗告之裁判，或因撤回上訴、抗告而應執行下級法院之裁判者，由上級法院之檢察官指揮之。前二項情形，其卷宗在下級法院者，由該法院之檢察官指揮執行。罰金、罰鍰、沒收及沒入之裁判，應依檢察官之命令執行之。但罰金、罰鍰於裁判宣示後，如經受裁判人同意而檢察官不在場者，得由法官當庭指揮執行。前項命令與民事執行名義有同一之效力。罰金及沒收，得就受刑人之遺產執行。前條裁判之執行，準用執行民事裁判之規定。前項執行，檢察官於必要時，得囑託地方法院民事執行處爲之。檢察官之囑託執行，免徵執行費（刑事訴訟法第457條、第470條、第471條）。

三、行政訴訟事件

（一)行政法院得向送達地之地方法院爲送達之囑託（行政訴訟法第63條）。

（二)行政法院得囑託普通法院或其他機關、學校、團體調查證據。行政法院認爲適當時，得使庭員一人爲受命法官或囑託他行政法院指定法官調查證據（行政訴訟法第138條、第139條）。

（三)假處分之聲請，由管轄本案之行政法院管轄。但有急迫情形時，得由請求標的所在地之地方法院行政訴訟庭管轄（行政訴訟法第300條）。

（四)地方法院行政訴訟庭爲辦理行政訴訟強制執行事務，得囑託民事執行處或行政機關代爲執行。執行程序，除本法別有規定外，應視執行機關爲法院或行政機關而分別準用強制執行法或行政執行法之規定。債務人對第1項囑託代爲執行之執行名義有異議者，由地方法院行政訴訟庭裁定之（行政訴訟法第306條）。

法院之互相協助，不僅在本國法院間理應如此，即便對於外國法院之委託，亦應儘予協助。外國法院委託事件協助法第1條規定：「法院受外國法院之委託協助處理民事或刑事事件，除條約或法律有特別規定外，依本法辦理。」依據上述規定，委託事件之轉送，應以書面經由外交機關為之。法院受託送達民事或刑事訴訟上之文件，應依民事或刑事訴訟法關於送達之規定辦理。法院受託調查民事或刑事訴訟上之證據，依委託本旨，按照民事或刑事訴訟法關於調查證據之規定辦理之（外國法院委託事件協助法第3條、第5條、第6條）。

第二項　檢察官之互助

　　法院組織法第108條規定：「檢察官執行職務，應互相協助。」前條規定，於其他法院組織法有準用之規定者，準用之（智慧財產及商業法院組織法第44條）。檢察機關上下一體，階級服從關係明顯，上級檢察首長自得依檢察一體之原則，將受其指揮監督檢察官之事務移轉於同受其指揮監督之其他檢察官處理，本無所謂檢察官互相協助辦理檢察事務之情形。是故，解釋上，本條文在此所指稱檢察官之互助，應係指在檢察體制中無上下隸屬及指揮監督關係之檢察官相互間在執行職務上之互相協助而言。例如臺北法院檢察署檢察官與臺東法院檢察署檢察官於執行職務時之互相協助即是。

第三項　其他人員之互助

　　法院組織法第109條規定：「書記官於權限內之事務，應互相協助，觀護人、執達員、法警，亦同。」前條規定，於其他法院組織法有準用之規定者，準用之（少年及家事法院組織法第50條、行政法院組織法第47條、智慧財產及商業法院組織法第44條、懲戒法院組織法第26條）。書記官、觀護人、執達員、法警應服從指揮監督長官之命令，執行職務，對於其權限範圍內所辦理之事務，應互相協助。

第六節　司法行政之監督

第一項　行政之監督

司法行政係指除審判職權以外，與司法權行使息息相關之行政事務而言。其性質與一般行政事務相同，長官與部屬之間在此乃具有指揮監督及命令服從之關係。此與法官依據法律，獨立審判，不受任何干涉之情形顯有不同。

司法行政事項，包含甚廣，舉凡審判以外有關司法之行政事務均屬之。是以，凡關於各級法院及各級檢察機關之設置配署、司法管轄區域之劃分調整、司法經費之籌撥分配、司法人員之任免考核、司法裁判之執行、司法風紀之整飭、司法效能之促進、監所之設施、律師之登錄等事務，其性質均屬司法行政事項。對於此類事項之指揮監督，即概稱為司法行政之監督。

司法行政監督之權，有屬於各級法院或各級檢察署之首長者，有屬於上級法院或上級檢察署之首長者，亦有屬於司法院或法務部之首長者，無論受指揮監督法院之層級或類別究竟為何，悉依有關法令之規定而定其歸屬。法院組織法及其他相關組織法律所規定司法行政之監督，僅係原則性及準則性之規定。為使上級司法行政監督機關有關行政監督權之行使，落實於各個法院、各個檢察署及其所掌理之司法事務之上，司法行政監督機關自應依有關法律之立法授權，另行訂定相關細節性或補充性之規定。

一、各級法院行政之監督

各級法院行政之監督，依下列規定（法院組織法第110條）：

(一)司法院院長監督各級法院及分院。

(二)最高法院院長監督該法院。

(三)高等法院院長監督該法院及其分院與所屬地方法院及其分院。

(四)高等法院分院院長監督該分院與轄區內地方法院及其分院。

(五)地方法院院長監督該法院及其分院。

(六)地方法院分院院長監督該分院。

二、各級檢察署行政之監督

各級檢察署行政之監督，依下列規定（法院組織法第111條、法官法第94條）：

(一)法務部部長監督各級檢察署及其檢察分署。

(二)最高檢察署檢察總長監督該檢察署。

(三)高等檢察署檢察長監督該檢察署及其檢察分署與所屬地方檢察署及其檢察分署。

(四)高等檢察分署檢察長監督該檢察署與轄區內地方檢察署及其檢察分署。

(五)地方檢察署檢察長監督該檢察署及其檢察分署。

(六)地方檢察分署檢察長監督該檢察署。

前項行政監督權人為行使監督權，得就一般檢察行政事務頒布行政規則，督促全體檢察官注意辦理。但法務部部長不得就個別檢察案件對檢察總長、檢察長、主任檢察官、檢察官為具體之指揮、命令。

三、少年及家事法院行政之監督

少年及家事法院行政之監督，依下列規定（少年及家事法院組織法第45條）：

(一)司法院院長監督少年及家事法院及其分院。

(二)高等法院院長監督少年及家事法院及其分院。

(三)少年及家事法院院長監督該法院及其分院。

四、各級行政法院行政之監督

各級行政法院行政之監督，依下列規定（行政法院組織法第41條）：

(一)司法院院長監督各級行政法院。

(二)最高行政法院院長監督該法院。

(三)高等行政法院院長監督該法院。

五、智慧財產及商業法院行政之監督

智慧財產及商業法院行政之監督，依下列規定（智慧財產及商業法院組織法第39條）：

(一)司法院院長監督智慧財產及商業法院及其分院。

(二)智慧財產及商業法院院長監督該法院及其分院。

六、懲戒法院之監督

懲戒法院行政之監督，依下列規定（懲戒法院組織法第22條）：

(一)司法院院長監督懲戒法院。

(二)懲戒法院院長監督該法院。

第二項　職務之監督

法官應依據憲法及法律，本於良心、超然、獨立、公正審判，不受任何干涉。法官於就職時應依法宣誓，其誓詞如下：「余誓以至誠，接受國家任命，恪遵憲法及法律之規定，秉持超然獨立之精神，公正廉明，勤奮謹慎，執行法官職務，如違誓言，願受最嚴厲之制裁。謹誓。」法官於其獨立審判不受影響之限度內，受職務監督。職務監督包括制止法官違法行使職權、糾正法官不當言行及督促法官依法迅速執行職務等（法官法第13條第1項、第14條、第19條）。

法官之職務監督，依下列規定（法官法第20條）：

(一)司法院院長監督各法院法官及懲戒法院委員。

(二)最高法院院長監督該法院法官。

(三)最高行政法院院長監督該法院法官。

(四)懲戒法院院長監督該法院法官。

(五)高等法院院長監督該法院及其分院與所屬地方法院及其分院法官。

(六)高等法院分院院長監督該分院與轄區內地方法院及其分院法官。

(七)高等行政法院院長監督該法院及其分院法官。

(八)高等行政法院分院院長監督該分院法官。

(九)專業法院院長監督該法院法官。

(十)地方法院院長監督該法院及其分院法官。

(十一)地方法院分院院長監督該分院法官。

第三項　監督之處分

　　依據法院組織法及其他法院組織法行政監督之有關規定，有監督權者，對於被監督之人員得為下列處分：一、關於職務上之事項，得發命令使之注意；二、有廢弛職務，逾越權限或行為不檢者，加以警告。被監督之人員，如有前條第2款情事，而情節較重或經警告不悛者，監督長官得依公務員懲戒法辦理（法院組織法第112條、第113條、少年及家事法院組織法第46條、第47條、行政法院組織法第42條、第43條、智慧財產及商業法院組織法第40條、第44條、懲戒法院組織法第23條、第26條）。

　　依據法官法第20條職務監督之有關規定，職務監督權人，對於被監督之法官得為下列處分：一、關於職務上之事項，得發命令促其注意；二、違反職務上之義務、怠於執行職務或言行不檢者，加以警告。基於保障人民之訴訟權及服公職權益，各法院或分院院長，得對該院法官遲延未結之案件，提經法官會議決議改分同院其他法官辦理，或為其他適當之處理（法官法第21條）。法官認職務監督危及其審判獨立時，得請求職務法庭撤銷之（同法第19條第2項）。

　　被監督之法官有法官法第21條第1項第2款之情事，情節重大者，同法第20條所定職務監督權人得以所屬機關名義，請求法官評鑑委員會評鑑[2]，或移由司法院依同法第51條第2項、第3項規定辦理。被監督之法官有法官法第21條第1項第2款之情事，經警告後一年內再犯，或經警告累計達三次者，視同情節重大（法官法第22條、第30條第2項第2款）。被監督之檢察官有法官法第95條第2款之情事，情節重大者，同法第94條所定監

2　法院組織法第30條第2項第2款規定，「法官有下列各款情事之一者，應付個案評鑑：……二、有第二十一條第一項第二款情事，情節重大。」

督權人得以所屬機關名義，請求檢察官評鑑委員會評鑑，或移由法務部準用同法第51條第2項、第3項規定辦理。被監督之檢察官有法官法第95條第2款之情事，經警告後一年內再犯，或經警告累計達三次者，視同情節重大（法官法第96條）。

　　基於上述規定，有行政及職務監督權者，得依法官法、法院組織法及其他法院組織法等有關法律之規定，對於被監督者爲下列各種處置：

一、發布命令

　　關於職務上之事項，監督長官得直接發布命令，使被監督之司法人員注意。惟監督長官爲職務上之命令，切不可恣意而爲或無的放矢，更不得針對特定被監督者或特殊事例而作成個案性或差異性之命令。爲使監督長官對於被監督者下達命令具明確性且有所規準，並使被監督者對於監督長官下達命令之意旨充分認知且知所進退，司法院訂頒有關規章提供院方長官遵循。茲列舉若干凡例如下：(一)臺灣各地方法院行合議審判暨加強庭長監督責任實施要點；(二)各級法院辦案期限實施要點；(三)辦理民事訴訟案件應行注意事項；(四)法院辦理刑事訴訟案件應行注意事項；(五)法院辦理重大刑事案件速審速結注意事項；(六)辦理強制執行事件應行注意事項；(七)法院適用鄉鎮市調解條例應行注意事項；(八)辦理刑事補償事件應行注意事項；(九)法院處理扣押物應行注意事項；(十)司法院所屬各機關業務檢查實施要點；(十一)司法院及所屬各機關業務管制考核實施要點；(十二)法院便民禮民實施要點等規定均是。以上規章，均寓有司法院對於各級法院司法行政監督之作用及功能。

　　法務部亦訂頒若干規章提供檢方長官遵循，列舉如下：(一)高等檢察署以下各級檢察署及其檢察分署檢察官辦案成績考查辦法；(二)各級檢察署及其檢察分屬團體績效評比辦法；(三)檢察官參與民事及非訟事件注意要點；(四)檢察署辦理扣押物，沒收物應行注意事項；(五)檢察機關辦理竊盜犯贓物犯保安處分條例應行注意事項等規定均是。以上規章，體現法務部對於各級檢察署司法行政監督之權限與範疇。

二、行政懲處

有廢弛職務，逾越權限或行為不檢者，應加以警告。所謂廢弛職務，包括違反職務上義務及怠於執行職務等。所謂逾越權限，則應就有關法令及客觀事實，依具體事件個案認定之。違反監督長官關於職務上事項所發布之注意命令，亦得構成廢弛職務或逾越權限之情事。至於所謂行為不檢者，則係指被監督人員之言行涉及職務品德及司法風紀等問題之情形。法官、檢察官及其他被監督之司法人員如有前述不當之情事，有監督權者即應依法官法、法院組織法及其他法院組織法之相關規定加以警告，或依公務人員考績法之有關規定辦理專案考績，核予申誡、記過、記大過等之行政懲處，信賞必罰，以肅官箴（公務人員考績法第12條）。

三、司法懲戒

被監督之人員，如有廢弛職務、逾越權限或行為不檢等情事，而情節較重或經警告不悛或無效者，監督長官得依公務員懲戒法之規定，對於被監督之人員辦理公務員之懲戒。監察院對於包括法官在內之司法人員成立彈劾案，認為被彈劾人員應付懲戒者，應將彈劾案移送懲戒法院審理。監督長官認為所屬法官或檢察官以外司法人員有應付懲戒之情形時，應備文敘明事由，連同證據送請監察院審查。但對於所屬薦任第九職等或相當於薦任第九職等以下之法官以外之司法人員，得逕送懲戒法院審理（公務員懲戒法第23條、第24條第1項、公務人員任用法第5條）。

法官之懲戒，應由監察院彈劾後移送懲戒法院職務法庭審理。司法院認法官有應受懲戒之情事時，除依法官評鑑之規定辦理外，得逕行移送監察院審查。司法院依前項規定逕行移送監察院審查前，應予被付懲戒法官陳述意見之機會，並經司法院人事審議委員會決議（法官法第2條第1項、第47條第1項第1款、第51條、第96條第1項後段）。

依司法院暨所屬機關維護優良司法風紀實施要點之規定，司法院對於所屬人員，其違法貪污有據者，一律依法嚴究。司法人員涉嫌刑事，縱經處分不起訴或判決無罪確定，仍應追究其行政責任。辦理訴訟審判或非訟事件之司法人員，如有破壞優良司法風紀行為，依法從重處罰。各級主管

（官）對所屬重大破壞優良司法風紀行為，未能事先防範者，應負監督不週責任。各級主管（官）對所屬明知破壞優良司法風紀行為，如有庇護或處理不當者，應追究其刑事或行政責任（司法院暨所屬機關維護優良司法風紀實施要點第14至18點）。

第三項　監督之限制

　　法官法第19條規定：「法官於其獨立審判不受影響之限度內，受職務監督。職務監督包括制止法官違法行使職權、糾正法官不當言行及督促法官依法迅速執行職務。法官認職務監督危及其審判獨立時，得請求職務法庭撤銷之。」同時，法院組織法及其他法院組織法有關司法行政監督之規定，不影響審判權之行使（法院組織法第114條、少年及家事法院組織法第48條、行政法院組織法第44條、智慧財產及商業法院組織法第41條、懲戒法院組織法第24條）。司法行政之監督，不得影響法官獨立行使審判之職權，是為監督長官對於法官行使司法行政監督權限之分際。

　　關於法官審判獨立及監督長官司法行政監督權限之關係，司法院釋字第530號解釋表示：「審判獨立乃自由民主憲政秩序權力分立與制衡之重要原則，為實現審判獨立，司法機關應有其自主性；又基於保障人民有依法定程序提起訴訟，受充分而有效公平審判之權利，以維護人民之司法受益權，最高司法機關自有司法行政監督之權限。司法自主性與司法行政監督權之行使，均應以維護審判獨立為目標，因是最高司法機關於達成上述司法行政監督之目的範圍內，雖得發布命令，但不得違反首揭審判獨立之原則。最高司法機關依司法自主性發布之上開規則，得就審理程序有關之細節性、技術性事項為規定。本於司法行政監督權而發布之命令，除司法行政事務外，提供相關法令、有權解釋之資料或司法實務上之見解，作為所屬司法機關人員執行職務之依據，亦屬法之所許。司法院本於司法行政監督權之行使所發布之各注意事項及實施要點等，亦不得有違審判獨立之原則。」

　　司法監督機關基於司法自主性所行使對於所屬司法人員之行政監督權

限，應以維護法官審判之獨立爲其目的，故而任何司法行政監督機制如有妨礙法官審判獨立之情事，即非憲法第80條所揭櫫法官審判獨立之原則所認許。由是，依少年及家事法院組織法、行政法院組織法及智慧財產法院組織法之規定，訴訟之審理應由司法院以命令規定其期限（少年及家事法院組織法第49條、行政法院組織法第46條、智慧財產及商業法院組織法第42條），惟有關期限之訂定，雖屬司法行政監督事項之範疇，但仍不得影響法官審判權之獨立行使，自不待言。

附錄一 ｜ 法庭席位布置規則

民國109年10月30日司法院令修正發布第12條條文及第2條條文之附圖二、附圖三、附圖四

第1條

本規則依法院組織法第八十四條第五項、行政法院組織法第四十五條、懲戒法院組織法第二十六條、智慧財產法院組織法第三十條第二項、少年及家事法院組織法第三十七條第二項規定訂定之。

第2條

各類法院法庭席位依訴訟程序之不同，分爲下列十一種：

一、民事法庭席位（如附圖一）。

二、刑事法庭席位（如附圖二）。

三、少年法庭席位。分爲少年刑事法庭席位（如附圖三）及少年保護法庭席位（如附圖四）。

四、行政訴訟法庭席位（如附圖五）。

五、公務員懲戒法庭席位（如附圖六）。

六、職務法庭席位（如附圖七）。

七、家事法庭席位。分爲一般家事法庭席位（如附圖八）及溝通式家事法庭席位（如附圖九）。

八、民事大法庭席位（如附圖十）、刑事大法庭席位（如附圖十一）及行政訴訟大法庭席位（如附圖十二）。

其他專業法庭、簡易法庭、臨時法庭之法庭席位布置，依其訴訟性質，準用前項之規定。

第3條

前條第一項之法庭，除少年保護法庭、溝通式家事法庭外，以欄杆區分爲審判活動區、旁聽區，並於欄杆中間或兩端設活動門。

第4條

審判活動區除法官席地板離地面二十五公分至五十公分外，其餘席位均置於地

面，無高度。但如法庭相對高度無法配合時，得視實際情況，酌減法官席地板離地面高度。

法官席正前右、左兩側下方，分置書記官席及通譯、錄音、卷證傳遞席，均面向旁聽區。

審判長或法官為利訴訟程序進行，得視法庭空間大小及審判需要，於法庭內適當位置，指定或酌增席位。

依法得於審判程序中陪同當事人、關係人或被害人者，其席位以設於被陪同人旁為原則。

第5條

庭務員及法警開庭時受審判長或書記官之指揮，執行法庭勤務，不另設席。

法警於開庭時站立法庭審判活動區之適當位置，維護法庭秩序及人員安全。

第6條

旁聽區置學習法官（檢察官）席、學習律師、記者席，並得視法庭空間大小增減旁聽席座椅。但本規則另有規定者，依其規定。

旁聽區出入口之門上，得視需要設計探視窗。

第7條

少年保護法庭之席位，應用橢圓型或長方型會議桌布置，以親和、教化與輔導之方法，取代嚴肅之審判氣氛。

第8條

法官、檢察官、參審員及書記官由法庭後側門進出法庭，刑事在押被告之通路應與其他訴訟關係人分開，其設計由各法院依實際情形酌定之。

第9條

法庭天花板及四周牆壁宜漆乳白色，以顯軒敞莊嚴之氣氛。桌椅褐色或原木色。職稱名牌，木質，置於桌面。其他席位，以塑膠類板片標示，粘著於座椅等適當位置。

法官席桌面設置法槌，供法官使用。其使用要點，由司法院定之。

第10條

錄音、錄影及其他電子化設備，應加固定，設於法庭內適當位置，其附屬線路之鋪設，應力求整潔。

第11條

為調整法庭席位布置，司法院於修正本規則前，得先行指定法院試辦，以進行實證評估。

前項試辦期間，不得逾一年。。

第12條

本規則自中華民國一百零九年七月十七日施行。

本規則中華民國一百零九年十月三十日修正發布之條文，自一百十年二月一日施行。

附圖一　民事法庭布置圖

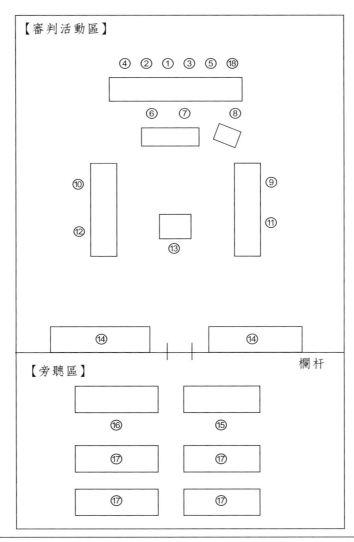

説明：（編號在框內者，僅置座椅，但必要時得於審判活動區內席位置桌）

① 審判長席　⑧ 技術審查官席　⑭ 證人、鑑定人、獨立
② 法官席　　⑨ 原告（上訴人、參加人）代理人席　　參加人（含智慧財產專責機
③ 法官席　　⑩ 被告（被上訴人、參加人）代理人席　　關參加人）席
④ 法官席　　⑪ 原告（上訴人、參加人）席　　⑮ 學習法官（檢察官）席
⑤ 法官席　　⑫ 被告（被上訴人、參加人）席　　⑯ 學習律師、記者席
⑥ 書記官席　⑬ 應訊台（供當事人以外之人應訊用）　⑰ 旁聽席
⑦ 通譯、錄音、卷證傳遞席　　　　　　　　　　⑱ 調辦事法官席

附圖二　刑事法庭布置圖

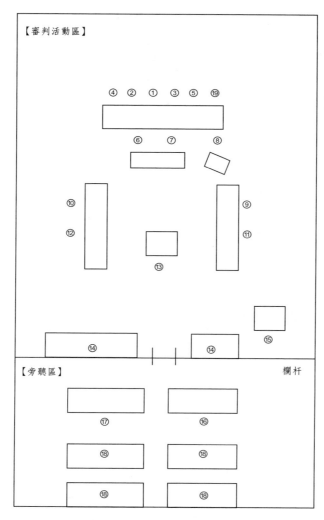

```
【審判活動區】

        ④ ② ① ③ ⑤ ⑲

        ⑥    ⑦    ⑧

    ⑩                    ⑨

    ⑫                    ⑪

         ⑬

                              ⑮

    ⑭          ⑭

【旁聽區】                  欄杆

      ⑰          ⑯

      ⑱          ⑱

      ⑱          ⑱
```

說明：（編號在框內者，僅置座椅，但必要時得於審判活動區內席位置桌）

①審判長席　　　　　　⑧技術審查官席　　　　　　⑭證人、鑑定人席
②法官席　　　　　　　⑨檢察官席（自訴代理人席）　⑮被害人、告訴人及代理人席
③法官席　　　　　　　⑩辯護人席　　　　　　　　　　（陪同人、訴訟參與人及代理人席）
④法官席　　　　　　　⑪自訴人席（附帶民事訴訟原告及代理人席）　⑯學習法官（檢察官）席
⑤法官席　　　　　　　⑫被告及輔佐人席　　　　　⑰學習律師、記者席
⑥書記官席　　　　　　　（附帶民事訴訟被告及代理人席）　⑱旁聽席
⑦通譯、錄音、卷證傳遞席　⑬應訊台（供當事人以外之人應訊用）　⑲調辦事法官席

附註：如現行被害人席位不適於布置遮蔽設備，審判長或法官得指定法庭內適當位置為被害人席位並
布置遮蔽設備（如編號⑧或其他適當位置）。

附圖三　少年刑事法庭布置圖

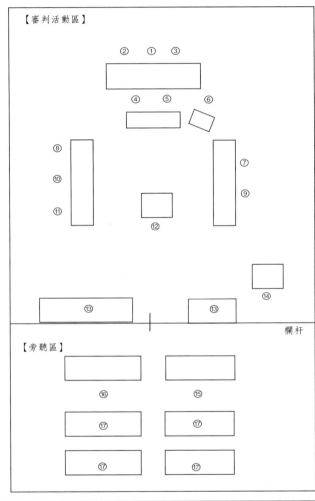

説明：（編號在框內者，僅置座椅，但必要時得於審判活動區內席位置桌）

①審判長席　　　　　　　⑦檢察官席　　　　　　　⑫應訊台（供當事人以外之人應訊用）

②法官席　　　　　　　　⑧辯護人席　　　　　　　⑬證人、鑑定人席（少年調查官席）

③法官席　　　　　　　　⑨附帶民事訴訟原告及代理人席　⑭被害人、告訴人及代理人席

　　　　　　　　　　　　　　　　　　　　　　　　　　（陪同人、訴訟參與人及代理人席）

④書記官席　　　　　　　⑩少年被告及法定代理人席　⑮學習法官（檢察官）席

⑤通譯、錄音、卷證傳遞席（附帶民事訴訟被告及代理人席）　⑯學習律師、記者席

⑥技術審查官席　　　　　⑪輔佐人席　　　　　　　⑰旁聽席

附註：如現行被害人席位不適於布置遮蔽設備，審判長或法官得指定法庭內適當位置為被害人席位並布置遮蔽設備（如編號⑥或其他適當位置）。

附圖四　少年保護法庭布置圖

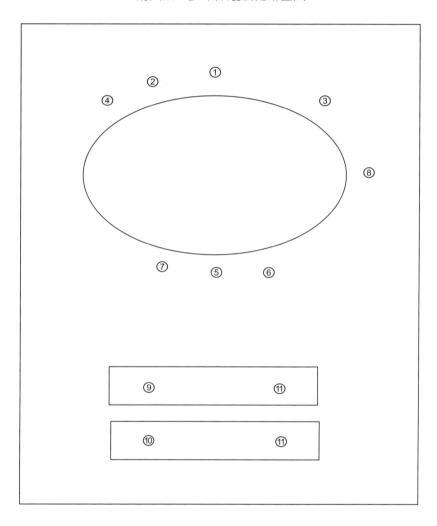

說明：
①法官席　　　　　　　　⑤少年席　　　　　　⑨被害人席
②書記官席　　　　　　　⑥輔佐人席　　　　　⑩證人席
③少年調查官席　　　　　⑦少年法定代理人席　⑪經許可旁聽席
④通譯、錄音、卷證傳遞席　⑧被害人、證人陳述意見席

附註：如現行被害人席位不適於布置遮蔽設備，審判長或法官得指定法庭
內適當位置為被害人席位並布置遮蔽設備。

附圖五　行政法庭布置圖

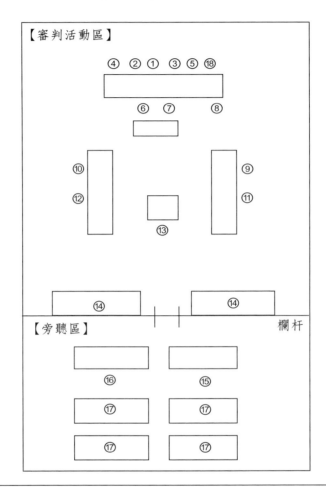

【審判活動區】

④ ② ① ③ ⑤ ⑱

⑥ ⑦ ⑧

⑩　⑨

⑫　⑪

⑬

⑭　⑭

【旁聽區】　欄杆

⑯　⑮

⑰　⑰

⑰　⑰

說明：（編號在框內者，僅置座椅，但必要時得於審判活動區內席位置
桌；司法事務官席⑧僅選用於高等行政法院）

①審判長席　⑦通譯、錄音、卷證傳遞席　⑬應訊台（供當事人以外之人應訊用）
②法官席　　⑧技術審查官席、司法事務官席　⑭證人、鑑定人、獨立參加
③法官席　　⑨原告（上訴人、參加人）代理人席　　人席
④法官席　　⑩被告（被上訴人、參加人）代理人席　⑮學習法官（檢察官）席
⑤法官席　　⑪原告（上訴人、參加人）席　⑯學習律師、記者席
⑥書記官席　⑫被告（被上訴人、參加人）席　⑰旁聽席
　　　　　　　　　　　　　　　　　　　⑱調辦事法官席

附圖六　懲戒法庭布置圖

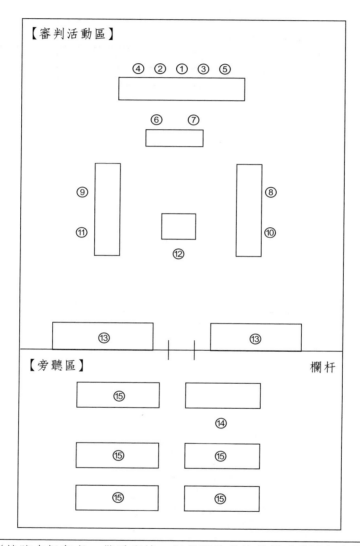

說明：(編號在框內者，僅置座椅，但必要時得於審判活動區內席位置桌)

①審判長席	⑦通譯、錄音、卷證傳遞席	⑬證人、鑑定人席
②委員席	⑧代理人（辯護人）席	⑭學習律師、記者席
③委員席	⑨辯護人（代理人）席	⑮旁聽席
④委員席	⑩移送機關（上訴人）席	
⑤委員席	⑪被付懲戒人（代理人）席	
⑥書記官席	⑫應訊台（供當事人以外之人應訊用）	

附圖七　職務法庭席位布位圖

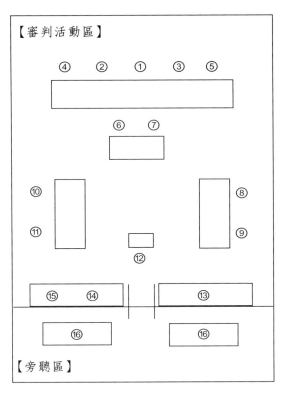

①～⑤	法官席（第一審審理懲戒案件時，編號④⑤為參審員）
⑥	書記官席
⑦	通譯、錄音、卷證傳遞席
⑧～⑨	原告（上訴人、移送機關、代理人、辯護人）席
⑩～⑪	被告（被付懲戒人、被上訴人、代理人、辯護人）席
⑫	應訊台
⑬	評鑑委員會代表席
⑭	證人席
⑮	鑑定人席
⑯	旁聽（記者）席

附圖八　一般家事法庭布置圖

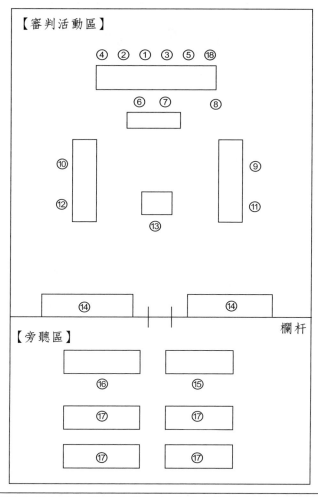

説明：（編號在框內者，僅置座椅，但必要時得於審判活動區內席位置桌）
① 審判長席
② 法官席
③ 法官席
④ 法官席
⑤ 法官席
⑥ 書記官席
⑦ 通譯、錄音、卷證傳遞席
⑧ 家事調查官
⑨ 原告（上訴人、聲請人、參加人）代理人（含程序監理人）席
⑩ 被告（被上訴人、相對人、參加人）代理人（含程序監理人）席
⑪ 原告（上訴人、聲請人、參加人）席
⑫ 被告（被上訴人、相對人、參加人）席
⑬ 應訊台（供當事人以外之人應訊用）
⑭ 證人、鑑定人、獨立參加人、關係人（含程序監理人）席
⑮ 學習法官（檢察官）席
⑯ 學習律師、記者席
⑰ 旁聽席
⑱ 調辦事法官席

註：陪同人坐於被陪同人之側

附圖九　溝通式家事法庭布置圖

（全部席位均置於地面，無高度。實際尺寸依現場情形調整）

① 審判長席
② 法官席
③ 法官席
④ 書記官席
⑤ 通譯、錄音、卷證傳遞席
⑥ 家事調查官席
⑦ 關係人（證人、鑑定人）席
⑧ 原告代理人席
⑨ 原告（聲請人）席
⑩ 陪同社工席
⑪ 程序監理人席
⑫ 被告代理人席
⑬ 被告（相對人）席
⑭ 陪同社工席
⑮ 程序監理人席
⑯ 證人、鑑定人席
⑰ 關係人席
⑱ 調辦事法官席

附圖十 民事大法庭布置圖

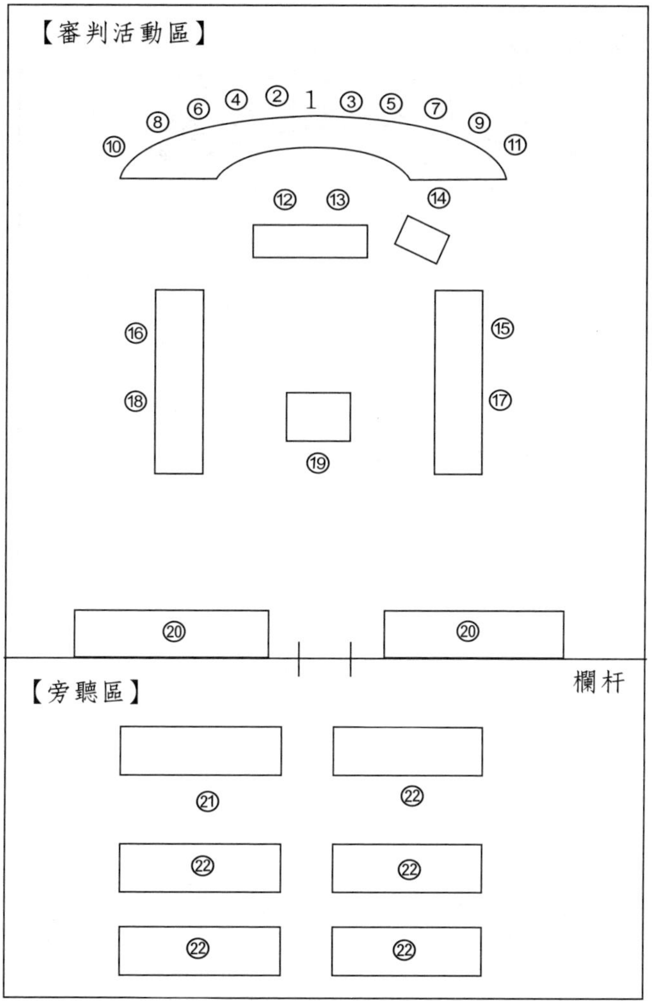

説明：（編號在框內者，僅置座椅，但必要時得於審判活動區內席位置桌）

① 審判長席
② 至 ⑪ 法官席
⑫ 書記官席
⑬ 通譯、錄音、卷證傳遞席
⑭ 技術審查官席

⑮ 原告（上訴人、參加人）代理人席
⑯ 被告（被上訴人、參加人）代理人席
⑰ 原告（上訴人、參加人）席
⑱ 被告（被上訴人、參加人）席
⑲ 應訊台（供當事人以外之人應訊用）

⑳ 證人、鑑定人、獨立參加人（含智慧財產專責機關參加人）及專家學者席
㉑ 學習律師、記者席
㉒ 旁聽席

附圖十一　刑事大法庭布置圖

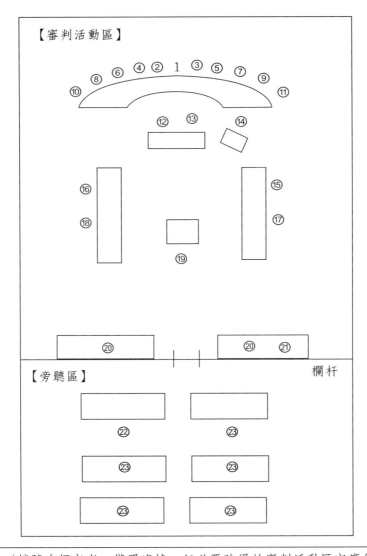

說明：(編號在框內者，僅置座椅，但必要時得於審判活動區內席位置桌)

①審判長席　　　　⑮檢察官席（自訴代理人席）　　　⑳證人、鑑定人及專家
②至⑪法官席　　　⑯辯護人席　　　　　　　　　　　　　學者席
⑫書記官席　　　　⑰自訴人席（附帶民事訴訟原告及代理　㉑被害人、告訴人及代
　　　　　　　　　　人席）　　　　　　　　　　　　　　理人
⑬通譯、錄音、　　⑱被告及輔佐人席　　　　　　　　　　㉒學習律師、記者席
　卷證傳遞席　　　　（附帶民事訴訟被告及代理人席）　　㉓旁聽席
⑭技術審查官席　　⑲應訊台（供當事人以外之人應訊用）

附圖十二 行政訴訟大法庭布置圖

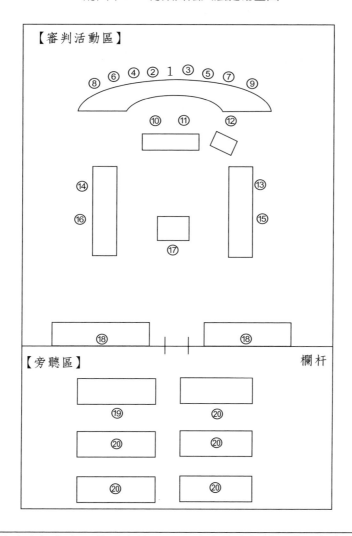

説明：(編號在框內者，僅置座椅，但必要時得於審判活動區內席位置桌)

①審判長席　　　⑬原告（上訴人、參加人）代理人席　　⑱證人、鑑定人、獨立
②至⑨法官席　　⑭被告（被上訴人、參加人）代理人　　　參加人及專家學者席
⑩書記官席　　　　　席　　　　　　　　　　　　　　　⑲學習律師、記者席
⑪通譯、錄音、　⑮原告（上訴人、參加人）席　　　　　⑳旁聽席
　卷證傳遞席　　⑯被告（被上訴人、參加人）席
⑫技術審查官席　⑰應訊台（供當事人以外之人應訊用）

附錄二 | 法庭旁聽規則

民國109年9月17日司法院令修正發布第1條條文

第1條

本規則依法院組織法第八十四條第五項、行政法院組織法第四十五條、懲戒法院組織法第二十六條、智慧財產法院組織法第三十條第二項、少年及家事法院組織法第三十七條第二項規定訂定之。

第2條

法庭應設旁聽席,並得編訂席位號次,除依法禁止旁聽者外,均許旁聽。

第3條

法院爲維持法庭秩序,於必要時得斟酌法庭旁聽席位之多寡核發旁聽證。

法院決定核發旁聽證之法庭,無旁聽證者不得進入法庭旁聽。

旁聽證應依請求旁聽者登記之先後次序核發之。旁聽席如有空位,得隨時核發旁聽證。

核發旁聽證時,應命請求旁聽者提交國民身分證或其他證明文件查驗,並得登記姓名、住所備查。所提證件於交還旁聽證時發還之。

法院核發旁聽證者,得規定旁聽人應於開庭前十分鐘進入法庭,依序就坐。

第4條

法庭得設記者旁聽席,專供記者旁聽。

第5條

旁聽人出入法庭及在庭旁聽,應受審判長及其他在法庭執行職務人員所爲有關維持法庭秩序之指示。

第6條

有下列情形之一者,不論有無旁聽證,均禁止旁聽:

一、酒醉、施用毒品或其他管制藥品、迷幻藥,或精神狀態異常。

二、攜帶槍砲、彈藥、刀械等有危險性或其他不適在法庭持有之物品。

三、未經審判長許可而攜帶攝影、錄影、錄音器材。但攜帶具有上開功能之電子機具已關閉電源,或調整爲靜音、震動模式者,不在此限。

四、攜同未滿十歲之兒童旁聽。但經審判長許可者，不在此限。

五、奇裝異服或衣履不整。

六、拒絕安全檢查。

七、其他認為有擾亂法庭秩序或影響法庭莊嚴之虞。

第7條

旁聽人在法庭旁聽，應保持肅靜，並不得有下列行為：

一、大聲交談、鼓掌、喧嘩。

二、向法庭攝影、錄影、錄音。但經審判長許可者，不在此限。

三、吸煙或飲食物品。

四、對於在庭執行職務人員或訴訟關係人等加以批評、嘲笑或有其他類似之行為。

五、其他妨害法庭秩序或不當之行為。

第8條

審判長蒞庭及宣示判決時，在法庭之人均應起立。

第9條

旁聽人有妨害法庭秩序或其他不當行為者，審判長得依法禁止其進入法庭或命其退出法庭，必要時並得命看管至閉庭時。

旁聽人違反審判長維持法庭秩序之命令，足致妨害法院執行職務者，審判長於制止前，得加以警告。

第10條

旁聽人或其他人於開庭前如有違反本規則之規定時，由在法庭執行職務人員處理之，如有疑義時，應報請該法庭之審判長裁定之。

第11條

本規則有關審判長之規定，於受命法官、受託法官執行職務時準用之。

第12條

本規則自發布日施行。

本規則修正條文，除中華民國一百零五年三月十四日修正之條文，自一百零五年五月二日施行外，自發布日施行。

附錄三 | 法庭錄音錄影及其利用保存辦法

民國105年5月23日司法院令修正發布第8條條文

第1條

本辦法依法院組織法（以下簡稱本法）第九十條之三規定訂定之。

法庭錄音、錄影之利用及保存，除法律別有規定外，依本辦法之規定。

第2條

為維護法庭之公開透明及司法課責性，法院審理民事、刑事、行政訴訟案（事）件及家事、少年保護事件於法院內開庭時，應予錄音。其他案（事）件有必要錄音時，亦同。

法院於必要時，得在法庭內使用錄影設備錄影。

第3條

在庭之人非經審判長許可，不得自行錄音、錄影；未經許可錄音、錄影者，審判長得命其消除該錄音、錄影內容。

審判長為前項許可時，應審酌錄音、錄影目的及對法庭程序進行之影響，並得徵詢其他在庭之人意見。但有依法不公開法庭審理或其他不適宜情形者，不應許可。

第4條

法院應於法庭置數位錄音設備，以供開庭時錄音之用；開庭過程中，如遇有切換數位磁碟或偶發之事由，致錄音無法繼續進行時，得以錄音機或其他機器設備備援。

第5條

在法庭之錄音應自每案開庭時起錄，至該案閉庭時停止，其間連續始末為之。

每案開庭點呼當事人朗讀案由時，法院書記官應宣告當日開庭之日期及時間。

前條後段情形，錄音人員應報告審判長，並由書記官將該事由記載於筆錄。

第6條

法庭開庭時雖經錄音，書記官仍應就當事人或其他關係人之陳述，當庭依法製作筆錄。

前項規定，於法庭內使用錄影設備錄影時，亦同。

第7條

法庭內之錄影，由審判長、受命法官或受託法官指揮實施，並命記明於筆錄。

第8條

當事人及依法得聲請閱覽卷宗之人，因主張或維護其法律上利益，聲請交付法庭錄音或錄影內容時，應敘明理由，由法院為許可與否之裁定。

法院受理前項聲請，如認符合聲請人要件，並在聲請期間內提出，且就所主張或維護法律上之利益已敘明者，除法令另有排除規定外，應予許可。

第一項聲請經法院裁定許可者，每張光碟應繳納費用新臺幣五十元。

持有第一項法庭錄音、錄影內容之人，就取得之錄音、錄影內容，不得散布、公開播送，或為非正當目的使用。

第9條

法庭錄音、錄影內容，應保存至裁判確定後二年，始得除去。但經判處死刑或無期徒刑確定之案件，其保存期限依檔案法之規定。

法庭錄音、錄影內容儲於數位媒體者，案件終結後由各法院資訊室保管；儲於錄音、錄影帶及其他錄音、錄影媒體者，案（事）件終結後由各法院檔案室自行列冊保管。

第10條

前條第一項錄音、錄影內容除去之相關規定，由保管錄音、錄影內容之法院訂定之。

第11條

法院院長或其指定之人，及其他司法行政監督人員，於必要時，得調取法庭錄音、錄影內容。

第12條

本辦法之規定，於其他法院組織法有準用本法之規定者，亦適用之。

第13條

本辦法自發布日施行。

附錄四 | 法官、檢察官、公設辯護人、律師及書記官服制規則

民國93年12月29日司法院令、行政院令會銜修正發布第4、5條條文

第1條

本規則依法院組織法第九十六條第二項規定訂定之。

第2條

法官、檢察官、公設辯護人、律師及書記官在法庭執行職務時,除法令另有規定外,應依本規則服制服。

第3條

法官、檢察官、公設辯護人、律師及書記官服式如附圖（一）,均用黑色,領、袖及對襟鑲邊,邊寬十二公分。

（編註:附圖一請參閱中華民國現行法規彙編83年5月版（三七）第25761～25762頁）

第4條

前條各制服鑲邊之色別如下:

一、法官用藍。

二、檢察官用紫。

三、公設辯護人用綠。

四、律師用白。

五、書記官用黑。

第5條

法官、檢察官、公設辯護人及書記官於法庭開庭執行職務時,男性,應於制服內穿著有領襯衫並打領結或領帶;女性穿著無領上衣時,應於制服內配以白色領套,形式如附圖（二）。

律師於法庭開庭執行職務時,比照前項規定辦理。

第6條

本規則自發布日施行。

國家圖書館出版品預行編目資料

法院組織法—建構與實證／史慶璞著. -- 五
版. -- 臺北市：五南圖書出版股份有限公
司，2021.04
　　面；　公分
　　ISBN 978-986-522-544-5（平裝）

1.法院

589.2　　　　　　　　　　110003039

1R09

法院組織法—建構與實證

作　　　者 — 史慶璞(462)

發 行 人 — 楊榮川

總 經 理 — 楊士清

總 編 輯 — 楊秀麗

副總編輯 — 劉靜芬

責任編輯 — 林佳瑩

封面設計 — 王麗娟

出 版 者 — 五南圖書出版股份有限公司

地　　　址：106台北市大安區和平東路二段339號4樓

電　　　話：(02)2705-5066　　傳　　　真：(02)2706-6100

網　　　址：https://www.wunan.com.tw

電子郵件：wunan@wunan.com.tw

劃撥帳號：01068953

戶　　　名：五南圖書出版股份有限公司

法律顧問　林勝安律師事務所　林勝安律師

出版日期　2007年6月初版一刷
　　　　　2008年9月二版一刷
　　　　　2012年3月三版一刷
　　　　　2017年7月四版一刷
　　　　　2021年4月五版一刷

定　　　價　新臺幣400元

有·欲利用本書內容，必須徵求本公司同意※

五 南
WU-NAN

全新官方臉書

五南讀書趣

WUNAN
Books

since1966

Facebook 按讚

1 秒變文青

★ 專業實用有趣
★ 搶先書籍開箱
★ 獨家優惠好康

不定期舉辦抽
贈書活動喔！！

五南讀書趣 Wunan Books

經典永恆・名著常在

五十週年的獻禮 —— 經典名著文庫

五南，五十年了，半個世紀，人生旅程的一大半，走過來了。

思索著，邁向百年的未來歷程，能為知識界、文化學術界作些什麼？

在速食文化的生態下，有什麼值得讓人雋永品味的？

歷代經典・當今名著，經過時間的洗禮，千錘百鍊，流傳至今，光芒耀人；

不僅使我們能領悟前人的智慧，同時也增深加廣我們思考的深度與視野。

我們決心投入巨資，有計畫的系統梳選，成立「經典名著文庫」，

希望收入古今中外思想性的、充滿睿智與獨見的經典、名著。

這是一項理想性的、永續性的巨大出版工程。

不在意讀者的眾寡，只考慮它的學術價值，力求完整展現先哲思想的軌跡；

為知識界開啟一片智慧之窗，營造一座百花綻放的世界文明公園，

任君遨遊、取菁吸蜜、嘉惠學子！